民法 7　家族

CIVIL LAW 7

監修・山本敬三

著・金子敬明
幡野弘樹
羽生香織

有斐閣ストゥディア

はしがき

初学者が新しいことを学ぼうとするときには，その手ほどきをしてくれるものがあると助かります。一度学ぼうとしたけれども，むずかしすぎたり，時間が足りなくなったりして，あきらめてしまった後で，もう一度やりなおしたいと思うこともあります。そのときも，今度こそうまく学べるような手助けをしてくれるものがあるとありがたいでしょう。大学などで，「○○入門」という授業が最初におこなわれたり，書店に行けば，さまざまな入門書が並んでいたりするのは，そのようなニーズにこたえるためです。

法律に関しても，このような入門を助けてくれるものが必要です。ところが，法律には，簡単に入門させてくれないようなむずかしさがあります。

まず，法律には，日常生活ではあまり使わないような専門用語がたくさん使われています。意味がわからないだけでなく，読めないようなものも少なくありません。さらに，専門用語というほどではないけれども，法律家が使う独特の言い回しのようなものもあります。それらが説明もなく当たり前のように使われていますと，日本語としてもよくわからないということになりかねません。必要な言葉の意味と読み方はていねいに説明してもらいたいものです。

また，大きな法律ですと，たくさんの条文が書かれています。しかも，それらの条文の解釈については，たくさんの判例がありますし，たくさんの学説があります。それらをいくらわかりやすく説明してくれても，あまりの情報量に圧倒されて，いやになってしまうこともあるでしょう。木ばかりみえて，森がみえないままでは，先に進めません。最初は，基本的で大事なことがらにしぼって教えてもらいたいものです。

さらに，法律の条文をみても，非常に抽象的に書かれています。それが具体的に，どのような場合について，どのような結論をみちびくのか，条文だけをみていても，思い浮かばないことがよくあります。しかし，それでは，結局，法律の実際の意味がわからないままになってしまいます。まず，具体的に，どのような場合について，何がどう問題になるかということを示してくれると，イメージがわいて，理解できるようになります。抽象的な話は，その後でしてもらえれば，頭に入りやすくなるでしょう。

この本をふくむ『ストゥディア民法』シリーズは，以上のような法律の初学者のニーズにこたえることをめざしています。ただ，それだけであれば，当然のことであって，ほかの入門書とあまり違いはないでしょう。このシリーズに特徴があるとすれば，それは，単に「わかりやすく」「かみくだく」だけでなく，「当たり前の前提とされていることまで言葉にして示す」ことをめざしていることです。

ある知識が説明されても「わかりにくい」と感じられるのは，その知識の前提になっていることがきちんと説明されていないためであることがよくあります。とくに専門家は，自分はよくわかっていますので，当たり前と思うことはもう省略して，そこから先のことだけを述べがちです。ところが，初学者は，その当たり前とされる前提がわかっていませんので，そこから先のことだけを示されても，わけがわかりません。そこで，通常の教科書には書かれていない「行間」を言葉にして，論理のステップが飛ばないように説明することを，このシリーズではめざすことにしました。

もちろん，暗黙の前提は，当たり前のことすぎて，多くは意識もされないようなものです。それを意識して言葉にするのは，簡単ではありません。しかし，そこが明らかになりますと，格段に理解がしやすくなるはずです。本書を通じて，読者の皆さんにそれを実感していただければと願っています。

＊

この本は，『ストゥディア民法』シリーズの６冊目の本です。2018 年 12 月に刊行された１冊目の『民法４　債権総論』は，おかげさまで多くの読者の方々から好評を得て，早く続刊をという声をお寄せいただきました。ご期待にそうことがなかなかできず，大変申し訳ない思いでいっぱいでしたが，何とか『民法１　総則』，『民法３　担保物権』，『民法６　事務管理・不当利得・不法行為』，『民法５　契約』に続いて，ここに６冊目をお届けすることができました。この本は，親族法と相続法という，民法の中でも家族に関することがらを定めた法を対象とするものです。皆さんがこの世界に無理なく入っていくための案内役として活用していただけることを願っています。

この本は，１人の（ベテランというしかない）監修者と３人の（若手というにはもう失礼すぎる）執筆者の共同作業によって作られたものです。「共同作業」というのは，それぞれの章を担当者に単に割り振って，分担して執筆したものとは違うということです。各章を執筆する担当者は決めましたが，それぞれの担当者が1章ないし2章分を書いたものを持ち寄って，一緒に検討会をおこなうという作業を繰り返してできあがったものです。具体的には，2015年10月から2019年3月までに，第1ラウンドとしてひととおりすべての章を検討した後，2022年7月まで，第2ラウンドとしてもう一度書き直したものを検討し，その後，2022年11月と2023年2月に，第3ラウンドとして法改正の影響を踏まえた最終の検討会を開催しました。合計すると，20回も集まったことになります。さらに，原稿が校正刷りになった後も，執筆者間で会合などを持ち，最後まで熱心に検討を重ねました。

監修者と執筆者が住んでいる場所が京都，東京，途中からは千葉から名古屋に移るなど，バラバラでしたので，当初からスカイプ等を活用して検討会をおこないました。今ではテレワークが当たり前のことになっていますが，時代を少し先取りしていたといえるかもしれません。

監修者は，各章の執筆は担当していませんが，あらかじめ原稿をチェックして，毎回検討会に参加しました。また，本書では，法律を学んだことがない方にもモニターをお願いしました。毎回，担当者が執筆した原稿を事前に読んで，文章としておかしいところ，初学者にはわかりにくいところを指摘してくださいました。私たち法律の専門家にとっては当たり前と思われることが実はそうでないことがわかり，目からうろこが落ちる思いがすることもよくありました。

しかし，考えてみますと，それぞれの大学で「先生」と呼ばれる執筆者の方々にとって，他人からこのようなダメ出しがされることは，ふつうはありえないことでしょう。怒りだしてもおかしくないところですが，どの執筆者も，出された指摘を真剣に受け止めて，よりよい表現や説明の仕方を目指して工夫を重ねてくださいました。監修者として，心より感謝申し上げたいと思います。

この本の出版にいたるまでお世話をしてくださった有斐閣学習書編集部の一村大輔さん，小野美由紀さん，中野亜樹さん，中村希穂さん，さらに原稿のチェックを助けてくださったモニターさんにも，厚く御礼を申し上げます。

2023年11月

山本敬三

目　次

離婚と未成年の子 108

CHAPTER 9

後見・扶養 123

CHAPTER 10 相続法の全体像 138

CHAPTER 11 相 続 人 148

CHAPTER 12 相続の承認・放棄 161

CHAPTER 13 相続の対象 170

CHAPTER 14 相 続 分 184

Column●コラム一覧

本書の使い方

この本をふくむ『ストゥディア民法』シリーズの章立てと各章の構成について，最初に紹介しておきます。

章立て　まず，章立ては，それぞれの巻が対象とする分野の一般的な体系をもとにしていますが，1つの章が読みやすい長さになるようにしています。そのため，1つの項目が2つ以上の章に分けて説明されることもあります。ただし，その場合は，それらの章が全体として1つの項目をあつかうものであることがわかるようにしてあります。例えば，本書でいいますと，第2章「婚姻――夫婦①」，第3章「離婚――夫婦②」，第4章「婚姻外の男女関係――夫婦③」は，すべて夫婦に関することがらをあつかうものですので，それぞれの章に「夫婦①」から「夫婦③」という副題をつけることにしています。これで，全体の体系とそれぞれの章の読みやすさの両立をはかることにしています。

各章の構成　次に，それぞれの章は，①INTRODUCTION，②本論，③POINTという3つの部分から構成されています。さらに，ところどころで，④Columnという欄ももうけています。

①INTRODUCTIONでは，その章で学ぶ項目を簡単に整理して示しています。それぞれの項目に対応する民法の条文も示すことにしています。

②本論では，できるかぎり，はじめにCASEとして具体的な設例をあげて，それに即して説明をするという形式にしています。設例は，その項目で説明するのに必要な要素にしぼったシンプルなものにするようにしています。また，理解しやすくするために，図を入れるようにしました。

説明にあたっては，複雑になるところは，図表を使って整理するようにしています。また，とくに重要な言葉を青字で示して，目に入りやすくしています。読みづらいかもしれない言葉には，ふりがなを入れてみました。必要がなければ，無視してください。そのほか，前のところで学んだことや，後のところでもっと詳しく学ぶことは，「⇒」という印で参照箇所を示すようにしましたので，参照していただければと思います。

さらに，本文にくわえて，noteとして3つの種類の注を用意しています。

用語は，専門用語の意味をわかりやすく説明したものです。

説明は，本文で述べたことをよりよく理解することができるように，補足的な説明をしたものです。

発展は，応用的なことや一歩先で学ぶことを紹介したものです。

③POINTは，その章で学んだ基本的で重要なことがらをまとめたものです。復習のために活用していただければと思います。

④Columnでは，本文の少しわかりづらいかもしれないところについて，なぜそのようになるか，そもそもどうしてそのようなことが問題とされるかといったことを初学者にもわかるようにていねいに説明しています。法律の世界で当たり前のこととされている「お約束」の説明や，意外に知られていない豆知識の紹介もしていますので，きっとためになるでしょう。

略語表

●法令名略語

本文中（　）内の条文引用で法令名の表記がないものは，原則として民法の条文であることを示しています。そのほかに用いている略語は以下のとおりです。

家事	家事事件手続法	**児福**	児童福祉法
旧	明治民法	**人訴**	人事訴訟法
刑	刑法	**不登**	不動産登記法
憲	日本国憲法	**民執**	民事執行法
戸	戸籍法	**民訴**	民事訴訟法
公証	公証人法		

●裁判例略語

最大判(決)	最高裁判所大法廷判決(決定)
最判(決)	最高裁判所判決(決定)
大連判(決)	大審院連合部判決(決定)
大判(決)	大審院判決(決定)

●判例集略語

民集	最高裁判所民事判例集，大審院民事判例集
民録	大審院民事判決録
判時	判例時報
判タ	判例タイムズ
家月	家庭裁判月報

●ストゥディア民法シリーズ各巻名略語

本シリーズは以下の7巻構成になっており，ある記述について別の巻を参照してほしいときは「○巻」として示しています。 例／**民法1 総則 →1巻**

1　総則／2　物権／3　担保物権／4　債権総論／5　契約／
6　事務管理・不当利得・不法行為／7　家族

著者紹介

監修者

山本敬三（やまもと けいぞう）　京都大学教授
［本書の使い方，民法の全体像と本巻の位置付け］

著　者

金子敬明（かねこ よしあき）　名古屋大学教授
［第**5**章・第**7**章・第**9**章・第**10**章・第**12**章・第**14**章・第**20**章，Column 4・5・7〜9］

幡野弘樹（はたの ひろき）　立教大学教授
［第**3**章・第**6**章・第**8**章・第**13**章・第**15**章〜第**17**章・第**21**章，Column 3・6］

羽生香織（はぶ かおり）　上智大学教授
［第**1**章・第**2**章・第**4**章・第**11**章・第**18**章・第**19**章，Column 1・2・10］

民法の全体像と本巻の位置付け

民法は，私たちの暮らしと経済活動を成り立たせる，もっとも基本的な法律です。

この民法があつかうのは，財産にかかわることがらと家族にかかわることがらです。財産にかかわることがらを定めた部分を財産法，家族にかかわることがらを定めた部分を家族法といいます。

まず，財産法は，物に対する権利をあつかう部分と人に対する権利をあつかう部分に分かれます。「物に対する権利」を物権，「人に対する権利」を債権といい，物権をあつかう部分を物権法，債権をあつかう部分を債権法といいます。

物権の代表例は，所有権です。これは，持ち主が物を自由に使ったり，そこから利益をあげたり，他に処分したりすることができる権利です。この所有権のうち，物を利用することができるという部分を切り出したものを用益物権，物を売り払うなどしてお金にかえることができるという部分を切り出したものを担保物権といいます。担保物権は，例えばお金を貸す場合に，後で返してもらえなくなったときにその物を売り払うなどしてお金にかえて，そこから借りたお金を返してもらうという使われ方をするものです。物権には，さらに，所有権や用益物権，担保物権があるかどうかにかかわりなく，自分のところにある物を勝手に奪ったりするななどといえる権利として，占有権というものもあります。

債権の代表例は，物を売り買いするという契約をした場合に，買主が売主にその物を引き渡してもらうという権利や，売主が買主にその代金を支払ってもらうという権利です。このような債権は，契約から発生するほか，交通事故などのように，他の人から自分の権利を侵害されて，損害が生じた場合（これを不法行為といいます）にも，その損害を賠償してもらう権利という形で発生します。債権法には，このように債権を生じさせる場合として，契約と不法行為のほか，さらに事務管理，不当利得が定められています。

次に，家族法は，親族法と相続法に分かれます。

親族法は，家族の関係を定めた法です。ここでは，夫婦にかかわる婚姻や親子，後見や扶養について定められています。

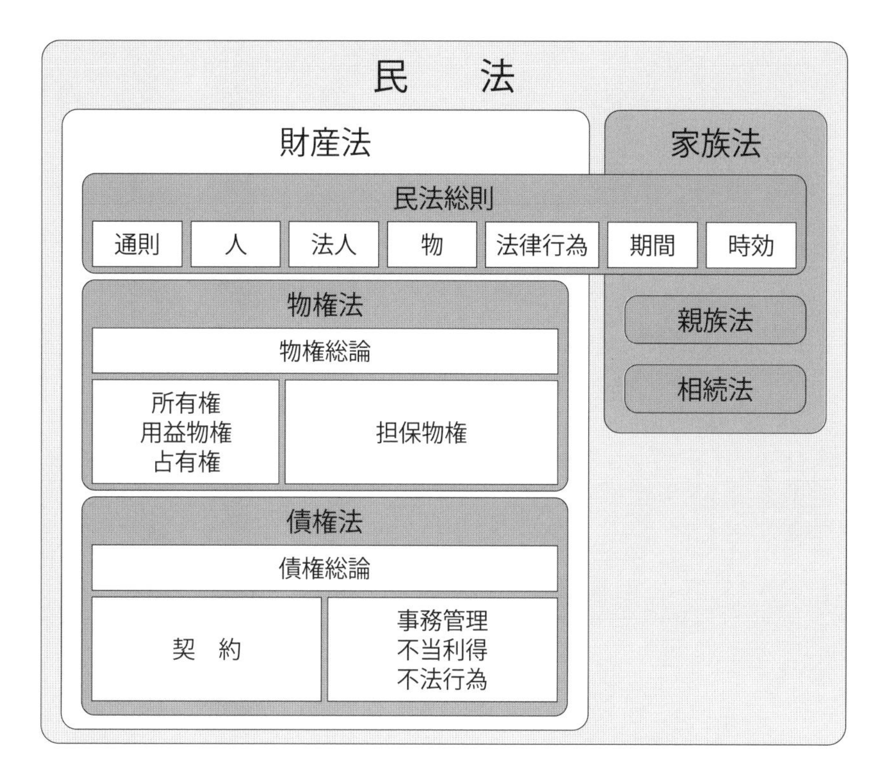

相続法は，人が死んだ場合にその財産が誰のものになるかということを定めた法です。遺言（いごん）がある場合とそれがない場合の法定相続がここに規定されています。

さらに，民法の最初の部分には，以上の物権法・債権法，親族法・相続法のすべてに共通することがらがまとめて規定されています。この部分のことを民法総則といいます。ここでは，人，法人（人と同じあつかいを受ける団体のことです），物，法律行為（先ほどの契約などの行為です），期間，時効などが定められています。

この『ストゥディア民法』のシリーズでは，第1巻で民法総則，第2巻で物権（物権の総論と所有権・用益物権・占有権），第3巻で担保物権，第4巻で債権総論（債権に共通することがら），第5巻で契約，第6巻で事務管理・不当利得・不法行為，第7巻で家族法を取り上げます。このうち，本巻で取り上げるのは，家族法です。

CHAPTER

第1章

家族法の基礎と親族法の全体像

INTRODUCTION

家族法とは，民法第4編「親族」(これを親族法といいます) と第5編「相続」(これを相続法といいます) をあわせた総称です。

第**1**章では，家族法を学ぶ上で知っておきたい基本的な事柄について説明します。その後で，親族法の全体像を説明します。相続法の全体像については，第**10**章を参照してください。

家族法の歴史と家族モデル

家族のあり方は時代とともに変化しています。1 では日本の家族法の歴史について説明します。

親族　725条

血のつながりや婚姻 (結婚のことです) などを通じて自分とつながりのある人たちのうち，法律が，一定の範囲に限って，特別の効果を与えている人のことを親族といいます。2 では親族について説明します。

家事紛争の解決方法

3 では夫婦，親子，兄弟姉妹などの間で起きた紛争を解決するための手続について説明します。

親族法の全体像

ここでは，民法第４編「親族」で扱う内容について大まかに説明します。

1 家族法の歴史と家族モデル

歴史的にみて，人間の社会にはどこにも家族があり，１つの共同体を形成していました。国家は，家族を社会の基礎単位と捉え（とら），夫と妻，親と子という特定の地位（これを身分といいます）にあることに基づいた身分関係（夫妻であること，親子であること，親族であることの総称）を規律してきました。婚姻（⇒第2章）や協議離婚（⇒第3章），普通養子縁組（⇒第6章）のように，身分の取得や変動という効力を生じる法律行為のことを，身分行為と呼び，このような身分関係を定める法律を，かつて身分法と呼んでいました。これが，現在の親族法にあたります。

家族法は，第２次世界大戦後，新しい憲法（日本国憲法）の理念に合わせて，全面的に改正されました。戦前の家族法（現行の民法と区別するために明治民法といいます）と戦後の新しい家族法（現行の民法）を比較しながら，家族法がモデルとする家族について考えてみましょう。

1 明治民法

家制度

1898年（明治31年）に制定された明治民法は，家（いえ）制度を根幹として，「第４編」では，戸主（こしゅ）と家族の間の権利義務などについて，「第５編」では，家の承継方法（これを家督相続（かとくそうぞく）といいます。第**10**章**Column 7**参照）について定めていました。

家制度とは，家の長である戸主が，強い権限（これを戸主権といいます）をもって家族をまとめていく仕組みをいいました。

家

家とは，建物を意味するのではなく，戸籍上の観念的な親族集団（戸主と家族）

を意味します。すべての日本人は，いずれかの家に帰属していました。

家　族

家族とは，戸主の親族（旧725条）のうち戸主の家に帰属する人とその配偶者をいいました（旧732条1項）。

誰が誰の家に帰属しているのかという問題（旧733条〜旧745条）は，次に説明する戸主と家族の権利義務の範囲を決定するだけでなく，戸籍の記載範囲とも連動していました（Column 1 参照）。

戸主と家族の間の権利義務

戸主と家族は同一の氏（「家ノ氏」）を名乗ります（旧746条）。

戸主は，家族に対して扶養義務を負います（旧747条）。他方，戸主は，家族に対して，居所指定権があり，これに従わない家族を扶養する義務はなく，また，家から廃除（はいじょ）（これを離籍（りせき）といいます）することができました（旧749条）。戸主には，家族が婚姻または養子縁組をする際の同意権があり，戸主の同意なしに婚姻または養子縁組がされた場合には，戸主はその人を離籍することができ，離籍によって他の戸籍に入った人が，離婚や離縁によって元の戸籍に戻る（これを復籍といいます）ことを拒むことができました（旧750条）。

明治民法の家族モデル

明治民法は，家という集団を基礎に，戸主と家族の関係を規律しました。戸主は家族を保護する代わりに，家族を支配するという関係にあったため，夫と妻の関係も，親と子の関係も，一方が他方を支配するという関係になっていました。例えば，夫婦間では，妻は夫の家に入り（旧788条），その行為能力が制限され，一定の重要な行為については夫の許可を必要とする（旧14条）などとされており，女性は，法律上，男性よりも低い地位にありました。

Column 1　戸籍

親族法は，夫婦または親子の間の権利義務を規定しています。誰と誰がどのような身分関係にあるかは，当事者だけでなく，それらの人たちと関係がある第三者にとっても重要な意味をもちます。そこで，身分関係を記録して，公証する制度がどこの国にも設けられています。日本では，これを戸籍といいます。戸籍は日本の国籍をもつ人についてのみ作成（これを編製といいます）されます。戸籍の記載は，原則として，当事者の届出によって行われます（戸 15 条）。

明治民法の下では，戸籍は家（戸主および家族）を単位として編製されました。そうしますと，戸主の家に帰属しているか否か（家族であるか否か）を確定した上で，その戸籍に記載すべきことになります。このこととは反対の観点（戸籍に記載されるか否かによって家族であるか否かが決定される）から，同一戸籍に記載されている人が家族であると考えられるようになりました。

現行の戸籍法の下では，戸籍は，夫婦およびこれと氏を同じくする子を単位として編製され（戸 6 条），氏を異にする人が同一戸籍に記載されることはありません（これを同氏同籍の原則といいます）。子が婚姻すると，その夫婦はいずれも従来の戸籍からは除かれ，新たに夫婦中心の戸籍が編製されます（戸 16 条）。したがって，2 組以上の夫婦が同一戸籍に記載されることはなく（これを一夫婦一戸籍の原則といいます），3 世代にわたって同一の戸籍に記載されることもありません（これを三世代同一戸籍禁止の原則といいます）。

かつては，家と戸籍が連動していました。しかし，家制度が廃止され，現在の戸籍は，家とは何のかかわりもありません。したがって，戸籍は，親族，夫婦，親子であることを示すものであればよいはずです。それにもかかわらず，戸籍の編製において，「夫婦およびこれと氏を同じくする子」という，現行の民法の背後にある家族モデルを体現することから，同一戸籍に記載されている人が家族であるとの考えや家制度の観念（妻は夫の家に入るなど）がまだ残っています。同一の戸籍ではなくても（あるいは，氏を異にしても），親子であること（親権者になれるかどうか，扶養する義務を負うかどうか，相続することができるかどうか）とは無関係です。

2　現行の民法

家制度の廃止

第 2 次世界大戦の後，1947 年に制定された日本国憲法 24 条は，個人の尊厳と男女平等を定めました。**1** でみたように，従来の家制度はこれと相容れませんので，同年に民法「第 4 編」「第 5 編」が改正され，家制度を廃止するとともに，家に関する規定（戸主権，家督相続など）を削除しました。

現行の民法の家族モデル

1947年の民法改正（家制度の廃止）の結果，「家族」という用語も削除されました。

現行の民法は，「家族」そのものを規定することなく，夫と妻，親と子の関係を規律しました。つまり，婚姻した夫婦とその間の子で形成される家族モデル（これを婚姻核家族といいます）を基礎に構成されています。

3 現状と課題

時代や社会の変化とともに家族のあり方や家族に対する意識も変化しています。

現行の民法は，婚姻核家族をモデルとして構成されています。しかし，家族のあり方が多様化・複雑化した現在，婚姻核家族モデルは大多数の国民に当てはまるモデルとはいえません。民法の家族モデルを社会に現れた新たな家族に合わせるべきか。それとも，民法の定める定型の家族モデルのとおりに行動することを社会に要求するべきか。婚姻核家族の枠を超えて広がる家族は，私達に様々な問題を提起しています。

現在では，夫婦同氏の原則を定める750条を見直すべきかという問題（第**2**章参照），同性間のカップルに家族として保護を与えるべきかという問題（第**4**章参照），生殖補助医療技術の発達により，法律上の親子関係について，従来の考え方をそのまま当てはめてよいかという問題（第**6**章参照），父母の離婚後も父母双方が子に関する法的な決定責任を負うべきではないかという問題（第**8**章参照），判断能力が不十分な人を誰がケアすべきかという問題（第**9**章参照）などが議論されています。詳細は本書の個別部分で説明します。

2 親　族

人は，血縁や婚姻を通じて，特定の人たちとつながりをもち，これらの人々に囲まれて生活しています。そこで，法律は，ある人とこれらの人たちとの関係に，他人とは異なる特別の効果を与えて保護しています。ただし，血縁や婚姻を通じたつながりは無限に広がるので，民法は，血縁がある人（これを血族（けつぞく）といいます）および婚姻を通じてつながりのある人（これを姻族（いんぞく）といいます）のうちでも一定の範囲にいる人に限って，特別の効果を与えています。この特別の効果を与えられる人を親族（しんぞく）といいます。

民法は，6親等内の血族，配偶者（はいぐうしゃ），3親等内の姻族をもって親族としています（725条）。これから説明することを下の親族関係図（親族の範囲の一部分です）を確認しながらみていきましょう。

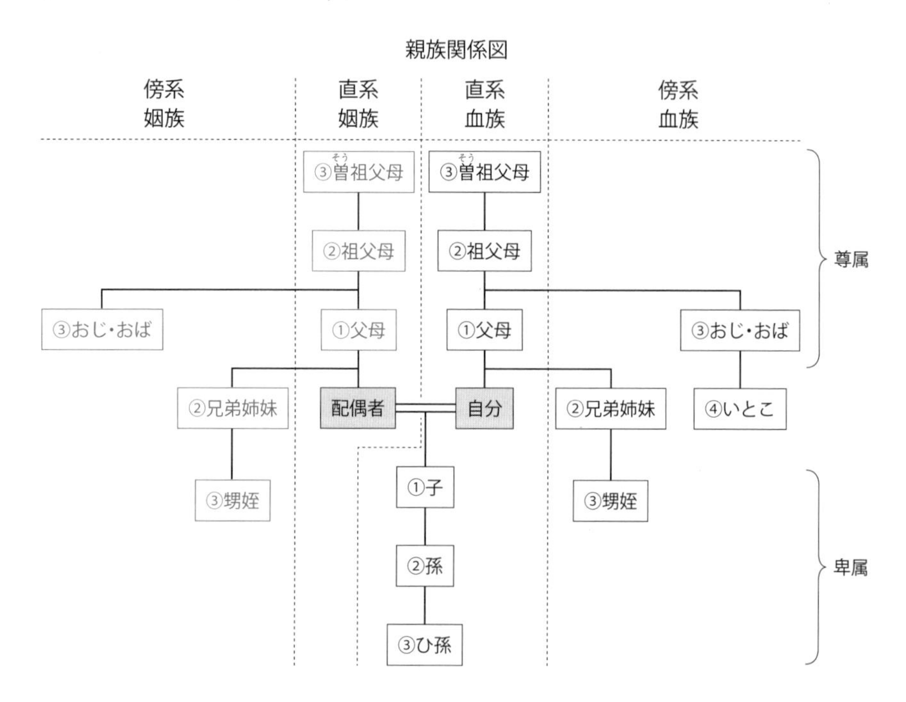

1　親族の範囲

6親等内の血族

(a)　血族　　血族には，血縁のある人（これを自然血族といいます）あるいは血縁があると同視される人（これを法定血族といいます）があります。法定血族は，養子縁組をした場合に，養子と養親およびその血族との間に認められます（727条。離縁により法定血族関係は終了します〔729条〕）。

(b)　直系・傍系　　血族のうち，親と子，祖父母と孫のように，2人の血族のどちらか一方が他方の子孫である場合に，「この2人は直系（ちょっけい）血族である」といいます。これと違って，兄と妹のように，2人の血族が共通の始祖（祖先のことです。兄と妹の場合は父母がこれにあたります）の子孫である場合に，「互いに傍系血族である」といいます。

(c) **尊属・卑属**　血族のうち，父母，祖父母のように，自分からみて上の世代にある人を尊属といいます。父母，祖父母は直系尊属であり，おじ・おばは傍系尊属です。これと違って，子，孫のように，自分からみて下の世代にある人を卑属といいます。子，孫は直系卑属であり，甥・姪は傍系卑属です。兄弟姉妹，いとこのように，自分と同じ世代にある人は尊属でも卑属でもありません。

配偶者

夫と妻を相互に配偶者といいます。

配偶者は，血族でも姻族でもなく，親等もありません。

3親等内の姻族

配偶者の一方と他方の血族を相互に姻族といいます。例えば，夫と妻の父母や兄弟姉妹との関係は姻族です。姻族関係は，婚姻により発生し，離婚により終了します（728条1項）。

姻族も，血族と同様に，直系・傍系，尊属・卑属の区別があります。しかし，単に直系尊属，直系卑属という場合には，血族のみを指し，姻族を含みません（887条，889条など）。

2 親　等

血族と姻族について，親族関係の遠近をはかる単位を親等といいます。

親等の数え方について，親等の世代の数[1]を数えて親等を定めます（726条1項）。自分を「0」として，1親等，2親等など数字で表し，数字が小さいほど近い親族，数字が大きいほど遠い親族であることを示します。

直系血族間では，その間の世代の数がそのまま親等になります。自分と親は1親等，自分と祖父母は2親等，自分と子は1親等，自分と孫の間は2親等です。

傍系血族間では，その一方から共通の始祖にさかのぼり，他の一方に下るまで

note

[1] 用語　世代の数とは，親等を定める際に単位となる数をいいます。親と子の間を1世代と数えます。

の世代数を数えて親等を定めます（726条2項）。自分と姉は2親等，自分とおじ・おばは3親等，自分といとこは4親等です。

姻族間では，夫婦を一体として数えます。夫からみて妻の父母は1親等の姻族，夫からみて妻の兄弟姉妹は2親等の姻族です。

3 親族の効果

直系血族および同居の親族は，互いに扶（たす）け合わなければなりません（730条）。その他，親族のうちどのような関係（血族・姻族，直系・傍系，尊属・卑属）にあるかによって，婚姻の禁止（734条〜736条），養子とすることの禁止（793条），扶養義務（877条），相続（887条）などの効果が及びます。

3 家事紛争の解決方法

夫婦，親子，兄弟姉妹の間で起きる紛争を家事紛争といいます。家事紛争はどのようにして解決されるのでしょうか。お金の貸し借りをめぐる争いのような通常の民事紛争と比べてみていきましょう。

1 民事訴訟

貸したお金の返済を例として，民事訴訟の流れを確認しましょう。

CASE 1-1

Bは A に「100万円貸してほしい。2030年4月1日までに100万円を返すから」と頼み，これに応じた A から B は 100万円を受け取りました（このような約束を消費貸借契約〔587条〕といいます。5巻参照）。しかし，約束の日が過ぎ，A は B に 100万円を返してくれと何度も求めていますが，B は返してくれません。

裁判所が，法を適用して，紛争を解決する手続のことを裁判といいます。Aの求めにBが応じないとき，Aは，地方裁判所に，Bに対して100万円を返してほしいという訴え（これを請求といいます）を提起することができます（訴えを提起するかどうか，どのようなことを解決してほしいと請求するかはAが自由に決めることができます。これを処分権主義といいます）。

原告Aと被告Bは，対審（両当事者が向き合った形）で，公開の法廷で，主張・

立証をします（憲82条）。裁判所としては，Aの請求（「100万円を返してほしい」）が正しいかどうかを判断する資料がないので，当事者は，自分の責任で，裁判所が判断をするのに必要な事実や証拠を収集します（これを弁論主義といいます）。裁判所は，当事者が提出した資料のみに基づいて，Aの訴えに対する判断（これを判決といいます）を下します。そして，判決の効力は，訴訟の当事者（A・B）に対してのみ及びます（民訴115条1項）。このように，当事者が，裁判所での裁判を経て，判決による紛争の解決を求める手続を，訴訟といいます。

2 家事紛争を解決するための手続

家事紛争が起きた場合には，どの裁判所でどのような手続に従えばよいのでしょうか。

家事紛争の特殊性

家事紛争には次の3つの特徴があります。

(1) 人間関係の調整

家事紛争の多くは，感情的な対立がその背景にあります。紛争を解決するには，法律的な判断だけでなく，感情的な対立を解消することが求められます。また，解決後も円満な人間関係を保持することができるよう人間関係を調整し，当事者にとって納得が得られるような解決が求められます。

(2) 公益性の要請

家事紛争は家族や人間関係のプライバシーにかかわる個人的な問題である反面，国家や社会にとって重要な問題です。認知の場合，AとBの間に親子関係があること（またはないこと）は，AとBだけでなく，AとBにかかわるすべての人の利害にもかかわることから，国家や社会にとっても放置することはできません。このように，家事紛争は公益的な性格をもっています。

(3) 弱者への配慮

家族の中には，子ども，老人，障害者，生活困窮者など，自分の意思と能力だけでは適切に行動したり，問題を解決したりすることができない人々がいます。家庭裁判所は，紛争の解決にあたって，これらの人々の権利や利益を保護したり，これらの人々のための適切な支援や援助をすること等に十分配慮した解決をする必要があります。

前記のような特徴をもつ家事紛争の解決は，通常の民事紛争と同じやり方ではうまく解決することができません。そこで，家事紛争は，家庭裁判所において，通常の民事紛争とは異なる解決方法を用いて，具体的に妥当な解決を図ります（3(1)参照）。このような家庭裁判所の関与の仕方を，後見的な関与といいます。

紛争解決機関

家庭に関する事件（および非行を犯した少年の事件）を専門的に取り扱う裁判所として，家庭裁判所が設置されています。

家庭裁判所の特徴として，家庭裁判所調査官が配置されていることが挙げられます。家庭裁判所調査官は，心理学，社会学，社会福祉学，教育学などの専門的な知識を持っています。家庭裁判所調査官は，裁判官の命令に従って，問題の原因や背景を調査し，その結果を裁判官に報告します。

家庭裁判所で行われる手続

家庭に関する事件に関わる手続法として，家事事件手続法，人事訴訟法，民事訴訟法があります。

家事事件手続法が定める調停と審判の手続および人事訴訟法が定める人事訴訟の手続は，家庭裁判所で行われます。家庭裁判所に家事紛争を解決してほしいと求める（調停や審判の場合は「申し立てる」といい，人事訴訟の場合は「訴えを提起する」「訴訟を起こす」といいます）と，紛争は事件として扱われます。

3　手続の種類

家庭に関する事件には多種多様のものがあるので，それぞれに適した手続が準備されています。次のページの家庭裁判所での紛争の解決手続の図を確認しながらみていきましょう。

家事事件に関する手続

家庭裁判所は，家事事件を扱います。家事事件とは，家事審判（家庭裁判所で扱う審判のことです）および家事調停（家庭裁判所で扱う調停のことです）に関する事件をいいます（人事訴訟事件を含めて家庭裁判所で扱う事件を家事事件という場合もあります）。

家庭裁判所での紛争の解決手続

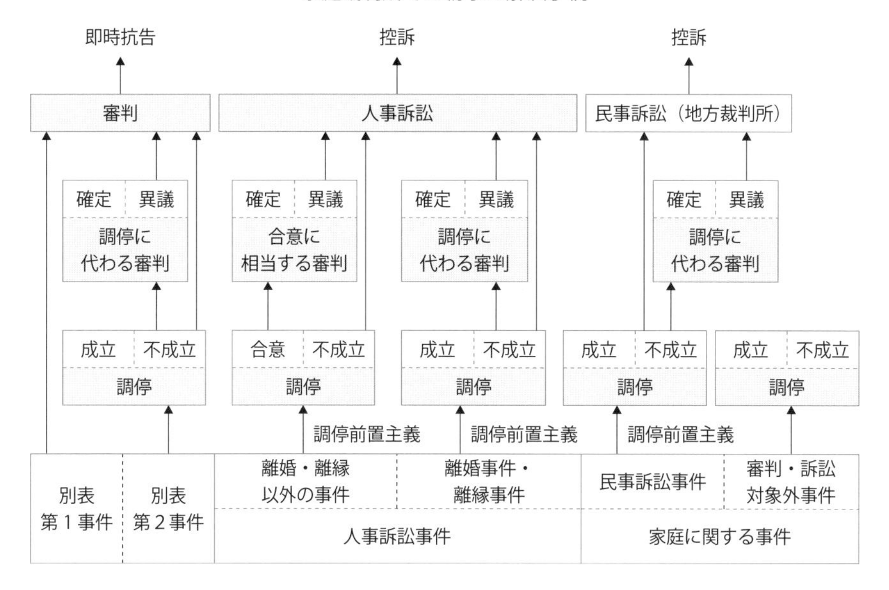

(1) 家事事件手続の特徴

手続の対象となる家事紛争の真実発見とそれによる公益を保護する必要があることから，手続は，個人のプライバシーに配慮して，非公開で行われます（家事33条)。また，家庭裁判所が判断をするのに必要な事実や証拠の収集は，職権で，つまり家庭裁判所が責任をもってしなければなりません（これを職権探知主義といいます。家事56条1項)。

このような紛争解決の手続を，訴訟と区別して非訟（ひしょう）といいます。

(2) 家事審判

(a) 家事審判

家事審判とは，家庭裁判所が，当事者から提出された書類や家庭裁判所調査官の行った調査の結果などの資料に基づいて判断する手続です。この家庭裁判所の判断を，判決ではなく審判といいます。家庭裁判所は，民間人である参与員を立ち会わせ，その意見を聴いて，審判をします（家事40条)。確定した審判は，執行力のある債務名義と同一の効力があります（家事76条）から，例えば，養育費（金銭）の支払を命ずる審判に基づいて，給与の差押えや金銭の取立てなどの強制執行ができます。

審判に不服があれば高等裁判所に即時抗告をすることができ（家事85条），高等裁判所の決定（抗告裁判所の判断を決定といいます。家事91条1項）に不服があれば最高裁判所に特別抗告（決定に憲法違反があるとするとき。家事94条）または許可抗告（高等裁判所が最高裁判所への抗告を許可したとき。家事97条）をすることができます。

(b) 家事審判に関する事件

家庭裁判所は，家事事件手続法別表第1・別表第2に掲げる事項を対象として審判をします（家事39条）。

(i) **別表第1事件**　別表第1に掲げる事項に関する事件（別表第1事件といいます）には，後見の開始，成年後見人の選任，未成年者を養子とする養子縁組の許可，特別養子縁組の成立，親権喪失，相続放棄の申述の受理，特別縁故者に対する相続財産の分与などがあります。これらの事件は，重要な身分行為の許可や認証[2]，権利のはく奪を内容とし，当事者間の紛争の解決を目的とするというよりも，家庭裁判所が公の機関として裁定すべき事件です。また，これらの事件は当事者が対立して争う性質の事件ではなく，当事者間の合意による解決（家事調停）になじまないことから，家事審判のみが行われます。

(ii) **別表第2事件**　別表第2に掲げる事項に関する事件（別表第2事件といいます）には，婚姻費用の分担に関する処分，財産の分与に関する処分，子の監護に関する処分（面会交流，養育費など），親権者の指定，遺産分割などがあります。これらの事件は，当事者間に争いのある事件であることから，まずは当事者間の合意による自主的な解決が期待されます。通常は，最初に家事調停の対象となり，調停が成立しなかった場合に，事件は自動的に審判手続に移行します（家事272条4項）。

(iii) **人事訴訟事件**　人事訴訟事件⇒13頁は，最初に家事調停の対象となります（調停前置主義）。人事訴訟事件のうち，離婚・離縁を除く身分関係の形成または存否の確認に関する事件（嫡出否認，強制認知など）は，調停が成立した場合に，合意に相当する審判（家事277条）が行われます。離婚・離縁に関する事件は，調停が成立しなかった場合でも，職権で，事件を解決するため調停に代わる審判（家

note

[2] 用語　認証とは，一般にある行為または文書が正当な手続・方式に従っていることを公の機関が証明することをいいます。

事284条）が行われる場合があります。

(3) 家事調停

(a) 家事調停　家事調停とは，裁判官1人と民間人である家事調停委員2人以上で構成される調停委員会（家事248条）が，当事者双方から事情や意見を聴いて，助言やあっせんをしながら，双方が話合いにより合意することで紛争の解決を図る手続です。当事者間に合意が成立し，これを調書に記載すると，合意した内容を記載した調書は確定した家事審判と同一の効力が認められます（家事268条）。

(b) 家事調停に関する事件　家庭裁判所は，人事訴訟事件その他家庭に関する事件（別表第1事件を除く）について調停を行います（家事244条）。

人事訴訟に関する手続

(1) 人事訴訟手続の特徴

家庭裁判所は，人事訴訟の第1審の裁判を扱います（人訴1条参照）。ただし，原則として，家庭裁判所に人事訴訟を起こす前に，調停の申立てをしなければなりません。これを調停前置主義といいます（家事257条1項）。調停が成立しなかった場合や，調停に代わる審判がされなかった場合，審判が異議の申立てにより失効した場合には，当事者は人事訴訟を起こすことができます。

人事訴訟は，民事訴訟の一種ですから，基本的には民事訴訟の手続と同じ手続で行われます。ただし，通常の民事訴訟とは異なり（人事訴訟法は民事訴訟法の特例を定めるものです。人訴1条），身分関係の形成または存否の確認という公益性の高い事件を扱うことから，処分権主義や弁論主義の適用が排除され（人訴19条），職権探知主義が採用されています（人訴20条）。また，当事者のプライバシーにかかわることから，手続は非公開で行うことができます（人訴22条1項）。手続には，必要に応じて，参与員（人訴9条）や検察官（人訴23条）が関与します。そして，人事訴訟の判決が確定すると，判決の効力は，当事者だけでなく第三者にも及びます（これを「対世効（たいせいこう）を有する」といいます。人訴24条）。

判決に不服があれば高等裁判所に控訴することができ（民訴281条），高等裁判所の判決に不服があれば最高裁判所に上告することができます（民訴311条）。

(2) 人事訴訟に関する事件

人事訴訟とは，身分関係の形成または存否の確認を目的とする訴えをいいます

（人訴 2 条）。婚姻の無効の訴え，離婚の訴え，嫡出否認の訴え，認知の訴え，実親子関係の存否の確認の訴え，離縁の訴えなどがこれにあたります。

民事事件のうち家庭に関する事件

家事審判や人事訴訟の対象となる事件は法定されているため，これらを除く家庭に関する事件は，通常の民事訴訟手続により解決します。内縁解消にともなう損害賠償請求，不貞行為の相手方に対する損害賠償請求，遺言の無効確認請求，遺留分侵害額請求がこれにあたります。これらの事件は，通常の裁判所に訴訟を提起する前に調停の申立てをしなければなりません（家事257条1項，調停前置主義）。

4 親族法の全体像

本書の第 **2** 章から第 **8** 章では，家族のうち夫婦と親子を中心に，夫婦の関係や親子の関係の成立と解消，それにともなう権利や義務について学びます。また，第 **4** 章と第 **9** 章では，家族をめぐる問題として，婚姻していない男女の関係や，後見（父母のいない子や高齢者などの家族を見守る仕組み），扶養（経済的に困窮する家族を扶け合う仕組み）についても学びます。

<table>
<tr><td rowspan="4">夫婦</td><td rowspan="2">婚姻</td><td>成立</td><td rowspan="2">第 2 章</td></tr>
<tr><td>効果</td></tr>
<tr><td rowspan="2">離婚</td><td>成立</td><td rowspan="2">第 3 章</td></tr>
<tr><td>効果</td></tr>
<tr><td colspan="3">婚姻外の関係</td><td>第 4 章</td></tr>
<tr><td rowspan="8">親子</td><td rowspan="2">実親子</td><td>嫡出子</td><td rowspan="2">第 5 章</td></tr>
<tr><td>嫡出でない子</td></tr>
<tr><td rowspan="2">養親子</td><td>普通養子縁組</td><td rowspan="3">第 6 章</td></tr>
<tr><td>特別養子縁組</td></tr>
<tr><td colspan="2">生殖補助医療による出生子</td></tr>
<tr><td rowspan="2">親権</td><td>親権者</td><td rowspan="2">第 7 章</td></tr>
<tr><td>親権の内容</td></tr>
<tr><td colspan="2">離婚後の親子</td><td>第 8 章</td></tr>
<tr><td colspan="3">後見</td><td rowspan="2">第 9 章</td></tr>
<tr><td colspan="3">扶養</td></tr>
</table>

POINT

1 民法第４編「親族」と第５編「相続」をあわせて家族法といいます。

2 民法第４編「親族」では，夫婦の関係や親子の関係がどのように成立または解消するのか，それに伴ってどのような権利が発生するのかについて定めています。

3 明治民法では家を中心とした家族制度（家制度）がありました。

4 第２次世界大戦後，憲法の基本原理に基づいて民法が改正され，家制度は廃止されました。

5 現行の民法は，婚姻と親子に関する規定を設け，婚姻した夫婦とその間の子で構成される家族（婚姻核家族）を対象としてルールを定めています。

6 家事審判とは，家事事件手続法に審判事項として掲げられた事項について，家庭裁判所が行う手続です。

7 家事調停とは，人事訴訟事件その他家庭に関する事件について，家庭裁判所が行う手続です。調停委員会が関与し，当事者の合意によって紛争の解決を図ります。

8 人事訴訟とは，身分関係の形成または存否の確認を目的とする訴えをいいます。離婚の訴え，嫡出否認の訴え，認知の訴えなどがこれにあたります。第１審の管轄は家庭裁判所です。

CHAPTER

第2章

婚姻
——夫婦①

INTRODUCTION

第2章では，婚姻について説明します。具体的には，以下の3つの事柄を扱います。

婚姻とは

法によって承認された夫婦関係（あるいは，夫婦であること）を婚姻といいます。1では婚姻とはどのようなものかということを説明します。

婚姻の成立

731条～749条

結婚は，法律的には婚姻の成立を意味します。

憲法24条1項は「婚姻は，両性の合意のみに基いて成立」するとしています。しかし，1組の男女間に婚姻することについての合意があったとしても，婚姻は成立しません。2では婚姻が成立するための要件について説明します。

婚姻の効力

750条～762条

婚姻が成立すると，成立した夫婦関係にいくつかの権利義務が生じます。この権利義務の内容は「婚姻の効力」として定められています。大きく分けて，財産に関する効果とそれ以外の効果に分けられます。3～5ではそうした婚姻の効果について説明します。

1 婚姻とは

もともとは他人だった１組の男女が，夫婦という特別な関係であることを社会的に承認するため，昔から婚姻という仕組みが認められてきました。かつては，周囲による承認や慣習上の儀式，宗教上の儀式などにより，婚姻が成立するとされていました。

これに対し，現在では，多くの国で，国家が定めた方式にしたがうことによって婚姻が成立するという法律婚主義が採用されています。そして，国家が法的に承認した婚姻には，夫婦とその間に生まれた子が共同生活を送る上での法的な保護（婚姻の効果）が与えられます。このように国家が定めた方式にしたがって成立した婚姻のことを，単に婚姻というだけでなく，婚姻外の男女関係（第**4**章参照）と区別するために，法律婚または法律上の婚姻ということもあります。

婚姻の成立

1 国家が定めた婚姻の成立方式

ある男女関係を婚姻（夫婦である）として国家により法的に承認してもらうためには，一定の要件を満たす必要があります。この要件として形式的要件と実質的要件が定められています。

形式的要件として，婚姻の成立には，国家が定めた一定の方式（届出）にしたがわなければならないことが定められています。

実質的要件として，婚姻の効力が生じるためには，①1組の男女の婚姻する意思（これを婚姻意思といいます）が合致していること，②法律で婚姻をすることができないとされているとき（これを婚姻障害（こんいんしょうがい）といいます）でないことが定められています。

2 届 出

届出婚主義

婚姻の成立には，婚姻意思の合致だけでは十分でなく，届出という方式が必要です。婚姻の届出により当事者双方の婚姻意思を書面で確認します。これを届出婚主義といいます。

婚姻を届け出るとは，市役所，区役所または町役場に，当事者双方および成年の証人2人以上が署名した書面（定められた届出の書式のことを婚姻届といいます）を提出することを意味します（739条2項）[1]。

なぜ婚姻の届出が必要なのかというと，①民法は，法令に違反しないことを確認しなければ届出を受理することはできないと定めていること（740条）を承(う)けて，届出の際に，婚姻障害がないかどうかなど婚姻の要件が充足されているかどうかを審査するためです。また，②婚姻の届出がなされた後，夫婦の新戸籍が編製され（戸16条1項），夫または妻であるとの記載がされる（戸13条6号）ことにより，婚姻を公示(こうじ)するためです。

婚姻の成立要件

739条1項は，婚姻は，届け出ることによって「その効力を生ずる」と定めていますので，婚姻は，届出の前の時点（例えば，婚姻届の作成の時，挙式の時など）ですでに成立していて，届出はその効力を発生させる要件であるとも読めます。しかし，一般的には，民法が届出婚主義を採用していることから届出によって婚姻が成立する（かつ，婚姻の効力が生じる）と理解されています。

婚姻の届出をしないとき

婚姻の届出をしないとき（742条2号），「婚姻は……無効とする」と規定されています。しかし，婚姻は届出により成立すると理解されていますので，婚姻の届出をしないとき，婚姻はそもそも成立しないと理解されています。

note

[1] 発展 婚姻の届出は，書面で届け出るほかに，口頭で届け出ることができます（739条2項）。

3 婚姻意思の合致

婚姻意思の合致

婚姻の届出をしても，婚姻が有効に成立するためには，婚姻する意思（婚姻意思）が合致していることが必要です。このルールを定めている民法の規定はありませんが，当事者間に婚姻する意思がないときには婚姻は無効であること（742条1号）から，そのように理解されています。

当事者間に婚姻する意思がないとき

当事者間に婚姻する意思がないとき，届け出た婚姻は無効です（742条1号）。特別な手続をとらなくても，婚姻の効力ははじめから生じなかったことになります。

婚姻意思の内容

CASE 2-1

AとBは，6年間同居していましたが，Aの両親から反対され婚姻できずにいたところ，AとBの間に子Cが生まれました。しかし，Aは心変わりし，D女との婚姻を望み，Bに別れ話をもちかけました。Cを嫡出子（第**5**章参照）にしたいとBが強く希望したので，A・Bは，とりあえず婚姻の届出をしてすぐに離婚することを約束してから，婚姻の届出をしました。その後，AはBに離婚を求めましたが，Bがこれに応じないため，Aは，届出の時に婚姻意思がなかったとして，A・Bの婚姻は無効であると主張しました。

AとBは婚姻の届出をしましたが，2人には現実に夫婦として認められるような関係を形成しようとする意思（これを実質的意思といいます）はありません。このようなA・Bの婚姻を仮装婚（かそうこん）といいます。このとき，A・Bに婚姻意思があったといえるのでしょうか。

判例は，CASE 2-1 の事例で，「当事者間に婚姻をする意思がないとき」（742条1号）とは，「当事者間に真に社会観念上夫婦であると認められる関係の設定を欲する効果意思を有しない場合」であるとしました。その上で，婚姻の届出時に，A・B間には，婚姻の届出をすることについての意思の合致があり，届出により，A・B間に，一応，法律上の夫婦という身分関係を設定する意思はあったと認められる場合であるけれども，婚姻の届出が，単に他の目的（子Cに嫡出子という身分を与える目的）を実現するための一時しのぎの方法として利用されたにすぎない（判例は，「単に他の目的を達するための便法として仮託されたものにすぎない」としています）のであって，真に夫婦関係の設定を欲する効果意思がなかったのであるから，A・Bの婚姻は無効であるとしました（最判昭和44年10月31日民集23巻10号1894頁）。

4 婚姻障害

社会的に適切でないと考えられる婚姻の成立を防止するため，婚姻することができない場合が定められています。婚姻意思の合致があっても，婚姻障害がある婚姻の届出は受理されない（740条）ので，婚姻は成立しないことになります。

婚姻障害事由

(1) 婚姻適齢

男女とも，18歳にならなければ婚姻することができません（731条）。このように，婚姻をすることができる最低年齢を婚姻適齢（こんいんてきれい）といいます。

(2) 重婚の禁止

すでに配偶者のある人は，重ねて婚姻をすること（これを重婚といいます）ができません（732条）。これは一夫一婦制を意味しています。刑法では，重婚罪（刑184条）として処罰の対象になります。

(3) 近親婚の禁止

一定の親族関係にある者の間での婚姻（これを近親婚といいます）はできません（734条～736条）。例えば，親子間の婚姻（734条），元夫・元妻の連れ子間の婚姻（735条），元養親・元養子間の婚姻（736条）はできません。

婚姻の取消し

(1) 婚姻の取消しが認められる場合

婚姻障害があるにもかかわらず，誤って届出が受理された場合（これを不適法な婚姻といいます），あるいは，詐欺（さぎ）または強迫（きょうはく）によって婚姻した場合に限り，民法が定める一定の要件の下で家庭裁判所に婚姻の取消しを請求することができます（743条～749条）。

(2) **婚姻の取消しの効果**

通常の取消しの効果（121条。1巻第**11**章参照）を適用すると，さかのぼってはじめから効力が生じなかった（つまり，婚姻をしなかった）ことになります。そうしますと，婚姻当事者，子，第三者に大きな影響を及ぼします（例えば，嫡出子として生まれた子が非嫡出となってしまいます）。そのため，婚姻の取消しの効果は，原則として，将来に向かってのみ生じることとされています（748条1項。したがって，嫡出子は婚姻の取消し後も嫡出子の地位を失うことはありません）。また，婚姻の取消しの効果は離婚の効果に共通することから，離婚の効果に関する規定（姻族関係の終了，財産分与など）が準用されています（749条）。

婚姻の効力

婚姻をすると，夫婦間にどのような効果が生じるのでしょうか。婚姻の効果には，夫婦の財産に関する効果（「第4編第2章第3節　夫婦財産制」）とそれ以外の一般的効果（「同第2節　婚姻の効力」）があります。これら効果のほかにも，婚姻の効果としての一面をあわせ持つ規定があります。それぞれの箇所で説明します。

<table>
<tr><td rowspan="11">婚姻の効果</td><td rowspan="4">一般的効果</td><td colspan="2">夫婦の氏</td><td>750条・751条</td></tr>
<tr><td colspan="2">同居協力扶助義務</td><td>752条</td></tr>
<tr><td colspan="2">夫婦間の契約の取消権</td><td>754条</td></tr>
<tr><td colspan="2">貞操義務</td><td>明文規定なし</td></tr>
<tr><td rowspan="2">夫婦の財産に関する効果</td><td rowspan="2">夫婦財産制</td><td>夫婦財産契約</td><td>755～759条</td></tr>
<tr><td>法定財産制</td><td>760～762条</td></tr>
<tr><td rowspan="5">その他の効果</td><td colspan="2">姻族関係の発生</td><td>725条3号（第1章）</td></tr>
<tr><td colspan="2">嫡出推定</td><td>772条（第5章）</td></tr>
<tr><td colspan="2">親権</td><td>818条以下（第7章）</td></tr>
<tr><td colspan="2">配偶者の相続権</td><td>890条（第11章）</td></tr>
<tr><td colspan="2">配偶者居住権
配偶者短期居住権</td><td>1028条以下（第16章）
1037条以下（第15章）</td></tr>
</table>

4 婚姻の一般的効果

1 夫婦の氏

夫婦同氏の原則とその課題

(1) 夫婦同氏の原則とは

姓（せい）や名字（みょうじ）といわれるもののうち，民法・戸籍法が定めるものを氏（うじ）といいます。

夫婦は，婚姻の際に定めるところにしたがい，夫の氏または妻の氏のいずれかを名乗ります。夫婦が同じ氏を名乗ることを夫婦同氏（ふうふどうし）の原則といいます（750条）。

婚姻をしようとする者は，婚姻届に「夫婦が称する氏」を記載して届け出なければなりません（戸74条1号）。その記載がない届出は受理されません（740条）。

すなわち，春山太郎と夏川花子は，婚姻の際に，夫の氏（春山）または妻の氏（夏川）のいずれか一方を選択し，決定しなければなりません。夫の氏または妻の氏以外の氏（秋谷）を名乗ることは認められません。婚姻の際に，夫の氏を夫婦の氏として選択したとき，夏川花子は，その氏を春山に変更する（民法は「改める」としています）ことになります。

(2) 夫婦同氏の原則の問題点

しかし，氏を変更すると，婚姻前の夏川花子と婚姻後の春山花子が同一人物であるのか，氏名だけで判断することができなくなります。そのため，日常生活では，運転免許証，パスポート，銀行口座などの名義変更の手続が必要になったり，仕事の場面では，これまでの信用や評価を維持することができなくなったりするなどの現実的な不利益を受ける場合があります。また，自分が自分でなくなると感じてしまうこと（これをアイデンティティの喪失といいます）もあります。

現状では，婚姻に際して夫の氏を夫婦の氏として選択する例が圧倒的多数（約95%）を占めていることから，妻となる女性が氏の変更による不利益を受ける場合が多い状況が生じていることになります。

なお，女性活躍の推進の観点から，婚姻の際に氏を春山に改めた花子が，仕事の場面などで婚姻前の氏（夏川）を通称（つうしょう）として使用することが認められつつあります。また，マイナンバーカード，運転免許証，パスポートなどでは旧姓（夏川）の併記が可能となっています。

(3) 選択的夫婦別氏制度の提唱と現在の状況

婚姻の際に夫婦は同じ氏を名乗ることもできれば（夫婦同氏），婚姻によっても氏を変更せずに夫婦それぞれの婚姻前の氏を名乗り続けることもできる（これを夫婦別氏（ふうふべっし）といいます）という制度を選択的夫婦別氏制度（一般的には，選択的夫婦別姓制度といいます）といいます。

1996年民法改正案要綱では，選択的夫婦別氏制度の導入が提案されました。しかし，選択的夫婦別氏制度をめぐって国民に様々な意見があることなどから，いまだ改正は実現していません。

Column 2　氏と名

氏名（春山太郎，夏川花子）は，社会的にみれば，個人を他人から識別し特定する機能があります。それと同時に，その個人からみれば，人が個人として尊重される基礎であり，その個人の人格の象徴であって，人格権の一内容を構成します（最判昭和63年2月16日民集42巻2号27頁）。そうであるならば，夫婦同氏の原則を定める750条は，婚姻の際に氏の変更を強制されない自由（憲13条）および婚姻の自由（憲24条1項）を制約するものであり，ほとんどの夫婦において夫の氏を選択するという現状から男女平等（憲14条1項）および個人の尊厳と両性の本質的平等の要請（憲24条2項）に反するのではないかが争われました。

最高裁判所は，750条は憲法に違反していないと判断しました（最大判平成27年12月16日民集69巻8号2586頁，最大決令和3年6月23日判時2501号3頁）。平成27年の最高裁大法廷判決は，夫婦同氏について，氏（春山，夏川）には，名（太郎，花子）と同様に個人の呼称としての意義があるものの，名とは切り離された存在として，夫婦とその間の未婚の子が同一の氏を称することにより，社会の構成要素である家族の呼称としての意義があり，同一の氏を定めることにも合理性があるとしています。また，選択的夫婦別氏制度について，合理性がないというのではなく，夫婦の氏の在り方（750条を改正するかどうか）は，国会で論ぜられ，判断されるべき事柄だとしています。

2 同居・協力・扶助義務

夫婦の共同生活を維持するために，夫婦は同居し，互いに協力し扶助しなければなりません（752条）。夫婦は，同じ住居に住み，それぞれが協力しながら家事や子育てをし，衣食住などの生活費をまかなう義務を負います。

3 貞操義務

CASE 2-2
AとBは，2010年に婚姻しました。Aは，2020年春，C女と知り合いました。Cは，Aに妻がいることを知りながら，Aと肉体関係をもつようになりました。A・Cの交際が発覚した後，Aは，Bと別居し，Cと同居を開始しました。

貞操義務とは

貞操とは，配偶者以外の者との間に肉体関係を持たないことをいいます。夫婦は互いに貞操を守る義務（これを貞操義務といいます）があります。このルールを定めている民法の規定はありませんが，不貞行為は離婚原因となること（770条1項1号）から，そのように理解されています。貞操義務に違反する行為を不貞行為といいます。

不貞行為を行った夫婦の一方に対する損害賠償請求

CASE 2-2では，Bは，Aに対して，離婚の訴えを提起することができます（770条1項1号。第**3**章）。また，Aの行為は貞操義務に違反する行為ですから，Bは，Aに対して，債務不履行（415条。4巻第**3**章）または不法行為（709条。6巻第**4**章）による損害賠償を請求することができます。言い換えると，AはBに対して損害賠償責任を負います。

不貞行為の相手方（第三者）に対する損害賠償請求

では，Bは，不貞行為の相手方Cに対しても，不法行為（709条）による損害賠償（精神的損害に基づく慰謝料）を請求することができるのでしょうか。そもそもCは，Bとの間で貞操義務を負っているわけではありませんから，Cの行為を不法行為として，これを理由とするＣの損害賠償責任が認められるかが問題となります。

判例は，Ｃの行為が不法行為となるのは，Ｂの夫または妻としての権利を侵害した場合であるとしました（最判昭和54年3月30日民集33巻2号303頁）。ただし，後の判例は，Ｃの行為が不法行為となるのは，婚姻共同生活の平和の維持という権利または法的保護に値する利益を侵害した場合であるとしました（最判平成8年3月26日民集50巻4号993頁）。そうしますと，すでにＡ・Ｂの婚姻関係が破綻（はたん）していたときは，原則として，Ｂにこのような権利または法的保護に値する利益があるとはいえないので，不法行為は成立しません。

したがって，不貞行為が行われた当時に婚姻関係が破綻していたかどうかが争点となります。CASE 2-2 では，ＡがＣと肉体関係を持った当時，Ａ・Ｂの婚姻関係が破綻していたとはいえないので，Ｂは，Ｃに対して，不法行為による損害賠償を請求することができます。言い換えると，ＣはＢに対して損害賠償責任を負います。

5 婚姻の財産的効果

1 夫婦財産制

夫婦の共同生活においては，夫婦の財産は誰の財産なのか，夫婦間で生活費をどのように負担するのか，夫または妻の取引により生じた債務についてどちらが責任を負うのかなど夫婦の財産関係についてのルールを定めておく必要があります。このルールを夫婦財産制といいます。夫婦は契約（合意）でルールを定めることができ，契約をしていない場合には，法律に従うことになります。

夫婦財産契約

夫婦は，婚姻の届出前に，法定財産制と異なる内容の契約を結ぶことができます（755条）。この契約を夫婦財産契約といいます。

欧米諸国では夫婦財産契約に相当する制度が普及していますが，日本では夫婦財産契約があまりよく知られていないことや，多くの制約があって利用しにくいため，夫婦財産契約が結ばれることは稀（まれ）です（年間20件程度）。

法定財産制

夫婦が夫婦財産契約を締結しなかったときは，民法が定める夫婦の財産関係のルールに従います。これを法定財産制といいます。

2 法定財産制

別産制

夫婦各自が婚姻前から有する財産（婚姻前から所有している財産）および婚姻中自己の名で得た財産（婚姻後に取得した財産）[2]は，その特有財産（夫婦各自が単独で所有する財産）とされます（762条1項）。これは，夫のものは夫のもの，妻のものは妻のものというルールで，別産制といわれます。ただし，夫婦のいずれが取得したか明らかでない財産は，夫婦の共有財産と推定されます（762条2項）。

婚姻費用の分担

夫婦が共同生活を営む以上は，夫婦は婚姻から生ずる費用を分担する必要があります（760条）。この婚姻から生ずる費用を婚姻費用といいます。例えば，衣食住の費用，子どもの養育費，医療費など夫婦の共同生活に必要な一切の費用がこれに含まれます。

分担の割合や方法は，「その資産，収入その他一切の事情」を考慮して決定します。分担の方法には，金銭を支払うだけでなく，家事や育児に従事することも含まれます。夫婦がこのようにして負う義務を婚姻費用分担義務といいます。

日常家事債務の連帯責任

(1) 日常家事債務の連帯責任

CASE 2-3

教育熱心であった妻Aは，子のために，事業者Bとの間で高額な幼児向け英語学習

note

[2] 説明 婚姻中自己の名で得た財産とは，①自分で相続したり贈与を受けたりした財産，②自分の財産（例えば預金）から対価を支出して購入した財産（例えば土地，建物，自動車など），③自分の財産（例えば土地，建物，株式など）から収益をあげた財産（地代，家賃，配当金など），④自分で働いて得た財産（賃金，報酬），⑤自分が負った債務（借金，損害賠償金）のことです。

教材セット一式を購入する契約をしました。Aの夫Cは，AがBとの間で結んだ契約によって，教材代を支払わなくてはならないのでしょうか。

(a) **日常家事債務**　762条1項によると，妻がした契約から生じた債務は妻のみが責任を負います（夫に関しても同じく，夫がした契約から生じた債務は夫のみが責任を負います)。契約の当事者ではない夫に責任が生じることはありません。それが原則です。

これに対して，761条は，夫婦の一方が第三者と日常の家事に関して法律行為をした場合について，例外を定めています。

この日常の家事に関する法律行為から生じる債務のことを，日常家事債務といいます。そして，日常家事債務について，他方も連帯してその責任を負うこととされています。連帯責任とは，夫婦が連帯債務（436条～445条）を負うということです。CASE 2-3 では，AがBから子どもの学習教材を購入したとき（これは売買契約という法律行為にあたります)，BはCに対して，教材代の支払いを請求できます（Cは教材代を支払わなくてはなりません)。

このルールを，日常家事債務の連帯責任といいます。

(b) **連帯責任が認められる根拠**　しかし，761条は，日常の家事に関する法律行為の効果として，夫婦は連帯責任を負うとしか定めていません。

判例は，761条は，実質的には，夫婦は相互に日常の家事に関する法律行為について他方を代理する権限（代理権）をもっていることを規定しているとの解釈を示しました（最判昭和44年12月18日民集23巻12号2476頁)。この代理権を日常家事代理権といいます。

(2) 日常の家事の意味と範囲

(a) **日常の家事とは**　日常の家事とは，夫婦（その子を含む）の共同生活に通常必要とされる一切の事柄をいい，衣食住に関する日用品の購入，保険への加入などが含まれます。

(b) **日常の家事の範囲**　日常の家事の範囲内であれば，夫婦の連帯責任が生じることになります。ここでは，日常の家事の範囲が問題となります。

判例は，日常の家事に関する法律行為とは，「個々の夫婦がそれぞれの共同生活を営むうえにおいて通常必要な法律行為」をいうとしました。そうしますと，日常の家事の範囲内かどうかを判断する場合には，日常の家事の範囲は個々の夫婦ごとに異なるので，個々の夫婦の社会的地位，職業，資産，収入や地域社会の慣習を考慮することになります。他方，第三者の保護を重視するのであれば，個々の夫婦の内部的な事情や行為の個別的な目的だけでなく，法律行為の種類，性質等を客観的に考慮しなければなりません（前掲最判昭和44年12月18日）。

子どもの学習教材を購入する契約について検討しますと，一般的に，子どもの教育のために学習教材を購入することは日常の家事の範囲内といえますが，CASE 2-3のように商品代金が高額である場合には必ずしも日常の家事の範囲内であるとはいえません。そのため，CASE 2-3の事例で，商品代金（60万円）およびCの収入（年収約550万円），1回あたりの分割金の支払額（約1万2500円）等を考慮して，A・C夫婦にとって不相当に高額とはいえないとして，日常家事の範囲内であると判断した（そして，Cに支払を命じた）裁判例があります。同様の事例でも，個々の夫婦の個別的な事情を考慮して，日常家事の範囲内であるとしたものと範囲外としたものとがあります。

(3) 日常の家事の範囲外の行為

(a) 日常の家事に関する法律行為といえないとき　夫婦の一方が第三者とした法律行為が日常の家事の範囲外と判断された場合は，無権代理（⇒1巻第13章）です。一方が行った日常家事の範囲外の行為の効果は，他方に帰属しません（113条1項）。

(b) 第三者の保護　民法は，無権代理の相手方を保護するために，代理人による権限外の行為の効果が例外的に本人に帰属する場合を認めています（110条）。これを表見代理（⇒1巻第13章）といいます。

日常家事について，夫婦は相互に代理権をもっているとの解釈に立てば，この法定代理権を基本代理権（表見代理を認めるための基本となる代理権という意味です）として，110条を適用することができそうです。

つまり，夫婦の一方が第三者とした法律行為が日常の家事の範囲外と判断された場合であっても，第三者からみて，夫婦はお互いに代理権をもっているのだから，その行為についても代理権があったに違いないと信じたのはもっともであるという事情がある場合には，表見代理が成立し，他方に行為の効果が帰属することになります。

(c) 表見代理の成否　判例は，夫婦の財産的独立を損なうおそれがあるとして，110条の適用を否定しました。日常の家事の範囲内に限定して，他方にも責任が生じる代理権を認めているにもかかわらず，日常の家事の範囲外の行為についてまで代理権があった場合と同様に扱うことはできないからです。

しかし，761条が第三者の保護を目的とする規定であることから，第三者が「その行為が当該夫婦の日常の家事に関する法律行為の範囲内に属すると信ずるにつき正当の理由のあるときにかぎり」，110条の趣旨を類推適用して，第三者の保護を図れば充分であるとしました（前掲最判昭和44年12月18日）。しかし，裁判例で，第三者が日常家事の範囲内と信ずるにつき正当な理由があるとして，110条の類推適用が認められた裁判例はほとんどありません。

POINT

1 婚姻の届出をしないとき，婚姻は成立しません。
2 当事者間に婚姻意思がない場合，その婚姻は無効となります。
3 不適法な婚姻（婚姻適齢違反，重婚，近親婚）や詐欺または強迫による婚姻は，取り消すことができます。
4 婚姻中の夫婦は同じ氏を称するとされていることを，夫婦同氏の原則といいます。
5 夫婦には，同居し，互いに協力し扶助する義務があります。
6 夫婦の一方と肉体関係を持った第三者（不貞行為の相手方）は，不法行為を理由とする損害賠償責任を負います。ただし，夫婦の一方と肉体関係を持った当時，夫婦の婚姻関係がすでに破綻していたときには，特段の事情のない限り，第三者は，不法行為を理由とする損害賠償責任を負いません。
7 夫婦の一方が婚姻前から有する財産および婚姻中自己の名で得た財産は，その特有財産とされます。これを，別産制といいます。
8 夫婦は，その資産，収入その他一切の事情を考慮して，婚姻から生ずる費用（婚姻費用）を分担します。
9 夫婦の一方が第三者と日常の家事に関して法律行為をした場合，法律行為をしていない他方は，これによって生じた日常家事債務について，連帯してその責任を負います。これを日常家事債務の連帯責任といいます。

CHAPTER

第3章

離婚
――夫婦②

INTRODUCTION

本章では，離婚について説明します。具体的には，以下の3つの問題を見ていきます。

離婚手続 763条，770条

離婚をするためには，一定の手続を行わなければなりません。もっとも，夫婦双方が離婚をすることについて合意をしている場合もあれば，夫婦の一方が離婚を求めているけれども他方は離婚をしたくないと思っていることもあります。本章では，どのような手続により離婚が認められるのかを説明します。

離婚原因 770条

夫婦の一方が離婚を求めているが，他方は離婚をしたくないという場合，最終的には裁判により離婚が認められるかどうかを決めます。裁判所は，民法（770条1項）に定められた事情がある場合に限り，離婚を認めます。この民法に定められた事情のことを離婚原因といいます。本章では，離婚原因としてどのようなものが定められているのかについて説明します。

離婚の効果　768条

離婚が認められた場合，いくつかの効果が生じます。そのうち，主な効果としては，財産に関する効果と夫婦に子がいた場合の離婚後の子の養育に関する効果があります。

財産に関する効果として，離婚の際に，夫婦の一方が他方に対して財産上の給付を行う場合があります。これを財産分与といいます。本章では，財産分与が認められるのはどのような場合か，どのような内容の給付が認められるかなどについて説明します。

夫婦に子がいた場合に，離婚後の子を誰が養育するのかという問題については，第**8**章で説明します。

1　離婚手続

1　6つの手続

離婚手続の流れ

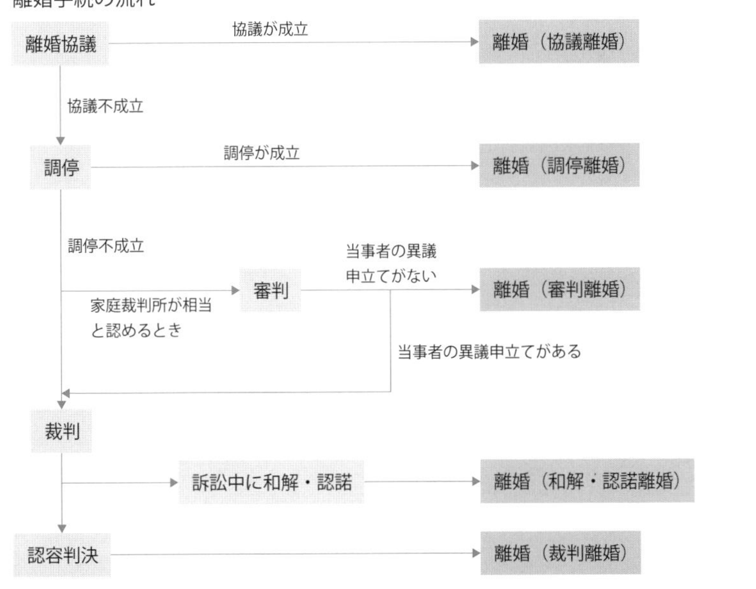

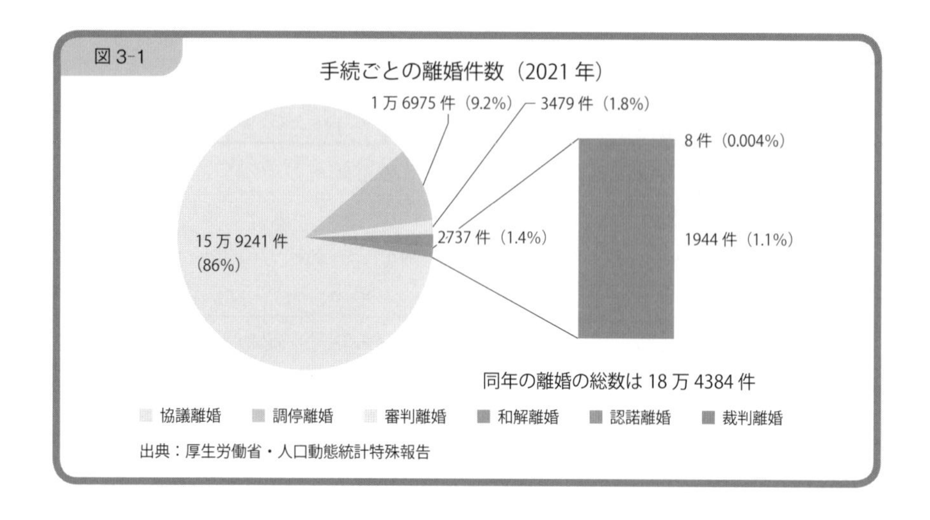

離婚のための手続としては，6 つ用意されています。民法では，協議離婚（763 条）と裁判離婚（770 条）という 2 つの手続について定めています。家事事件手続法にも，調停離婚（家事 244 条，268 条），審判離婚（家事 284 条）という手続についてのルールが置かれています。さらに，人事訴訟法によって，和解離婚，認諾（にんだく）離婚という手続も設けられています（人訴 37 条）。

2021 年にそれぞれの手続により離婚した件数は，図 3-1 のようになっています。協議離婚が 9 割近い割合（86%）であること，調停離婚は 1 割弱（9.2%）であること，審判離婚，和解離婚と裁判離婚はそれぞれ 1% 台であること，そして，認諾離婚はほとんど用いられていないことがわかります。

2～**4** では，主な手続として，協議離婚，調停離婚，裁判離婚について説明します。

2 協議離婚

763 条は，「夫婦は，その協議で，離婚をすることができる」と定めています。協議離婚が認められるためには，①夫婦の間で離婚をする意思（離婚意思といいます）の合致があることと②離婚の届出を行うこと（764 条が準用する 739 条）が必要です。以下，それぞれ見ていきましょう。

離婚意思の合致

協議離婚をするためには，夫婦双方が離婚意思を持っていることが必要になります。一方のみが離婚意思を持っていても，他方に離婚意思がなければ協議離婚をすることはできません。

離婚の届出

協議離婚は，離婚をする夫婦および証人2人が署名・押印(おういん)をした離婚届を提出することにより，またはこれらの者からの口頭による届出により，効力が発生します（764条が準用する739条)。

未成年の子がいる場合には，離婚後どちらが親権（第**7**章を参照）を行うかを離婚届に必ず記入しなければなりません（戸76条1号)。記入がない場合には，戸籍事務管掌(かんしょう)者（市区町村長）はその離婚届を受理できません。届出について詳しくは，第**2**章の婚姻の届出の部分（②**2**）を参照してください。

3 調停離婚

離婚の協議が成立しない場合，離婚を望む一方当事者は，裁判で離婚を認める判決を求めることになります。しかし，直ちに訴訟になるわけではありません。離婚の訴えを提起する者は，まず調停を行わなければなりません（家事257条1項)。このような仕組みを「調停前置主義」といいます。調停手続については，第**1**章③**3**を参照してください。

4 裁判離婚

離婚訴訟の手続

離婚調停が不成立に終わった場合，離婚を望む夫婦の一方は，家庭裁判所に離婚訴訟を提起することができます（人訴2条1号，4条)。この場合，家庭裁判所の裁判官が離婚を認めるかどうかを判断し，判決を下すことになります。

離婚原因

夫婦の一方が他方との離婚を求める裁判を起こしたとします。そこで裁判所が離婚を認める（認容する）判決を下すことは，他方が離婚を望んでいなかったとしても離婚を命じることを意味しています。そこで，裁判上の離婚請求が認められるためには，離婚を望まない側の当事者に離婚を強制するに足りるだけの正当な理由が必要になります。

770 条 1 項には，その離婚を認める正当な理由がある場合が示されています。770 条 1 項に定められている裁判離婚が認められるために必要な事情のことを，離婚原因といいます。

以下では，離婚原因についてより詳しく説明します。

離婚原因

1 有責主義と破綻主義

離婚原因の定め方には，大きく分けて 2 つの考え方があります。

有責主義

第 1 に，一方当事者に離婚が認められても仕方がないような責任がある場合に他方当事者からの離婚請求を認めるとする考え方があります。これを有責主義と呼びます。

破綻主義

第 2 に，客観的にみて婚姻が破綻（はたん）していると認められる場合に離婚原因があるとする考え方があります。これを破綻主義と呼びます。関係が破綻している場合の典型例としては，夫婦が長期間別居しており，お互いに交流もなく関係修復が不可能であるような場合があげられます。

2 770 条と有責主義・破綻主義

それでは，770 条 1 項が列挙している離婚原因は，有責主義・破綻主義，いずれの立場であるといえるでしょうか。

770条1項が列挙している離婚原因

1号	配偶者に不貞(ふてい)な行為があった	有責主義
2号	配偶者から悪意で遺棄(いき)された	有責主義
3号	配偶者の生死が3年以上明らかでない	いずれもありうる
4号	配偶者が強度の精神病にかかり回復の見込みがない	破綻主義
5号	その他婚姻を継続し難い重大な事由がある	破綻主義

1号，2号は，有責主義に基づく離婚原因であると説明することができます。3号は，生死不明となった者に責任のある場合もあれば（有責主義），事故にあった場合などのように責任のない場合もあります（破綻主義）。4号は，強度の精神病にかかった者に有責性があるとはいえないので破綻主義に基づく離婚原因であるといえます。

1号から4号までは個別の離婚原因を並べているのに対して，5号は1号から4号には当てはまらない場合に離婚を認めるより抽象的な離婚原因です。5号については，婚姻関係が破綻して回復の見込みがないときに「婚姻を継続し難い重大な事由があるとき」にあたると理解されています。つまり，5号は，破綻主義に基づく離婚原因です。

以上のように，日本の離婚原因には，有責主義に基づくものと破綻主義に基づくもの，双方があると理解されています。

Column 3　有責主義から破綻主義へ

1960年代以前の欧米の離婚制度は，キリスト教の影響を強く受けていました。カトリックの教義では，「神が結びつけたものを人間が離すことはできない」というイエス・キリストの言葉に従い，離婚は禁止されています。カトリックの影響を受ける国の中には，法制度としても離婚を禁止した国もあります。その後，そのような国でも離婚ができるようになりましたが，有責主義に基づくものでした。

しかし，1960年代から70年代にかけて欧米でも離婚の自由化が進みました。その際に，別居など，関係の破綻を客観的に認定することにより離婚が認められるようになったため，「有責主義から破綻主義へ」の移行があったといわれることがあります。ただし，これらの国の中でも，有責主義に基づく離婚原因を残している国もあります。

3 770条1項1号から4号

ここでは，770条1項1号から4号の離婚原因を見てみましょう。

不貞な行為

1号は，「配偶者に不貞な行為があったとき」に離婚原因になるとしています。ここでの「不貞な行為」とは，配偶者がある者が，自由な意思に基づいて，配偶者以外の者と性的関係を持つことを意味します（最判昭和48年11月15日民集27巻10号1323頁）。

悪意の遺棄

2号は，悪意の遺棄を離婚原因としています。「遺棄」とは，婚姻により生ずる義務として民法が定めている同居，扶助，協力義務（752条）を正当な理由なく履行していないことを意味します。例えば，夫婦の一方が正当な理由なく突然家を出て別居を始めた場合，遺棄にあたることになります。

ここでの「悪意」というのは，財産法でよく用いられるようなある事実を知っているという意味ではありません。単に同居・協力・扶助を拒否するだけでなく，夫婦生活を破壊するかもしれないことを知っていながらあえて行うという「害意」を持つことであるとされています。

3年以上の生死不明

3号は，「生死が3年以上明らかでないとき」を離婚原因としています。第2次大戦後間もない時期は，夫が戦地から戻って来ない場合など，この離婚原因を認める事例が少なくありませんでしたが，現在では3号を用いる事例はあまりないようです。

強度の精神病

4号は，配偶者が強度の精神病にかかり，回復の見込みがないことを離婚原因としています。夫婦の一方が重い精神病にかかってしまった場合，他方にとっては婚姻生活を継続することがつらい場合があります。そこで，このような場合にも離婚原因があることとしています。

もっとも，精神病にかかった人にとっては，離婚が認められると世話をする人がいなくなってしまうなど，大変厳しい状況になってしまうおそれもあります。このため，判例は，4号にあたる場合であっても，直ちに離婚を認めるのではなく，様々な事情を考慮して，病気の人の今後の療養，生活等についてできるかぎりの具体的な対策を講じて，ある程度その見込みがついた上でなければ離婚は認めないとしています（最判昭和33年7月25日民集12巻12号1823頁）。

裁量棄却

770条1項1号から4号にあてはまる事情がある場合でも，裁判所は，「一切の事情を考慮して婚姻の継続を相当と認めるときは，離婚の請求を棄却することができる」と規定しています（770条2項）。先ほど紹介したように，夫婦の一方が精神病にかかっても裁判所が離婚を認めない場合がありますが，それはこの規定を根拠としています。

4　770条1項5号

婚姻を継続し難い重大な事由

5号は「その他婚姻を継続し難い重大な事由があるとき」と規定しており，抽象的に離婚原因を定めています。1号から4号にあてはまる場合以外は，すべて5号にあたるかどうかが判断されることになります。例えば，夫婦の一方が犯罪をおかした場合には，5号の問題となります。

有責配偶者からの離婚請求

CASE 3-1

AとBは婚姻をしましたが，その後，Aは，Cと不貞行為を行いました。AとBの関係は悪化し，Aは家を出てCと暮らすようになりました。その後，35年以上別居が続いたのち，AがBに対して離婚の訴えを提起しました。このような場合，Aからの離婚請求は認められるでしょうか。

(1) 積極的破綻主義と消極的破綻主義

5号に関して重要な問題となっているのは，有責配偶者，つまり不貞行為などの離婚原因を生じさせた者から離婚の訴えを提起できるかという問題です。例えば，自ら非難される行為をしておきながら，離婚の訴えを提起できるというのは，あまりにも都合が良すぎるようにも思えます。CASE 3-1 では，A が有責配偶者にあたります。自ら非難される行為をしながら，離婚の訴えを提起するという身勝手を許していいのかがここでの問題です。

この問題については，一方で，5号は破綻主義に基づいて離婚を認める規定であるという前提をとりつつも，不貞を理由に離婚請求をすることができるのは無責の配偶者に限られるという考え方があります。このような考え方を，消極的破綻主義といいます。なぜ「消極的」かというと，夫婦関係の破綻を理由に離婚請求ができるのは無責の配偶者に「制限」されるという意味で，消極性があるからです。

他方で，有責配偶者からの離婚請求がされた場合でも，婚姻関係が破綻している以上，5号により離婚請求が認められるという考え方があります。このような考え方を，積極的破綻主義といいます。なぜ「積極的」かというと，消極的破綻主義の立場に比べると，より積極的に婚姻関係の破綻を理由とする離婚を認めるからです。

(2) 昭和62年大法廷判決

最高裁は，当初，消極的破綻主義の立場を採用しました（最判昭和27年2月19日民集6巻2号110頁）。これに対して，学説では，欧米の離婚制度が「有責主義から破綻主義へ」と変化してきたことを背景に（Column 3 を参照してください），次第に消極的破綻主義に対する批判が高まっていきました。

そのような批判を受けて，最高裁大法廷は，CASE 3-1 のような事案で，一定の要件のもとで有責配偶者からの離婚請求を認める判断をしました（最大判昭和62年9月2日民集41巻6号1423頁）。

昭和62年大法廷判決は，まず，770条1項5号は，夫婦が婚姻の目的である共同生活を達成できなくなり，その回復の見込みがなくなった場合に，離婚請求を認める規定であるという理解を示し，破綻主義の立場を前提としていることを明らかにしています。もっとも，離婚請求は，信義誠実の原則に照らして容認されうるものであることが必要であるとも述べています。

その上で，有責配偶者からの離婚請求について，「①夫婦の別居が両当事者の年齢及び同居期間との対比において相当の長期間に及び，②その間に未成熟の子が存在しない場合には，③相手方配偶者が離婚により精神的・社会的・経済的に極めて苛酷な状態におかれる等離婚請求を認容することが著しく社会正義に反するといえるような特段の事情の認められない」場合に，認めることができるとしています。特段の事情がない場合には，離婚を認めつつ，財産分与または慰謝料により解決すべきであるとも述べています。

昭和62年大法廷判決の立場は，婚姻関係が破綻した場合に，有責配偶者からの離婚請求であるかどうかを一切問うことなく離婚請求を認めたわけではありませんので，積極的破綻主義を完全に採用しているわけではありません。もっとも，有責配偶者からの離婚請求を一切認めないという消極的破綻主義を維持しているわけでもありません。有責配偶者からの離婚請求の場合に，信義誠実の原則に照らして，一定の要件がみたされれば離婚請求を認めるという，2つの立場の中間の立場を採用したということができます。

3 離婚の効果

離婚をすると，様々な効果が生じます。中心的な効果は，財産分与と子の保護に関するものです。離婚後の子の保護に関する問題については，第**8**章で取り扱いますので，ここでは財産分与に関する問題を扱います。ただし，財産分与の話に入る前に，離婚に伴うその他の効果について紹介します。

1 財産分与以外の効果

夫婦間の権利義務の消滅

離婚をすると，婚姻中に存在した夫婦間の権利義務が消滅します。したがって，同居・扶助・協力義務（752条）や婚姻費用分担義務（760条）は，離婚後には消滅します。離婚後は，元夫婦が互いの財産を相続することもありません。

氏に関する効果

氏については，婚姻の際に氏を改めた者は，婚姻前の氏に戻るのが原則です

(771 条が準用する 767 条 1 項)。婚姻中の氏を引き続き称することもできますが，そのためには3か月以内に届出をする必要があります (771 条が準用する 767 条2項，戸 77 条の 2)。

姻族関係の消滅

婚姻をすると，婚姻の相手方の親族との間に姻族関係が生じますが (725 条 3 号)，この姻族関係も離婚により終了します (728 条1項)。ただし，直系姻族間の婚姻を禁止する婚姻障害⇒第2章24は，離婚後も存続します (735 条)。

2 財産分与とは

CASE 3-2

夫Aと妻Bが10年の結婚生活の後に，Aの不貞行為がきっかけで離婚することになりました。Aは会社員ですが，Bは結婚する時に会社勤めをやめ，専業主婦となりました。結婚の時点で，A・Bそれぞれの財産はわずかなものでした（ここでは0とします）が，離婚の時点では，Aに300万円の預金がありました（そのほかにはAにもBにも財産はないこととします)。Bは離婚にあたり，Aに対してどのような財産上の請求ができるでしょうか。

離婚時に夫婦の一方から他方に対して財産上の給付を行うことを財産分与といいます。768 条 1 項は，協議上の離婚の場合の財産分与について定めていますが，771 条で裁判上の離婚にも準用されます。

財産分与の内容と期間制限

財産分与の内容については，当事者間の協議により定めるのが原則です。

協議により合意に至らなかったときや協議をすることができないとき（たとえば，夫婦の一方の行方がわからないとき）には，裁判所が審判により，財産分与を認めるか，認めるとしていくらかを定めます (768 条 2 項本文，家事別表第 2 の 4 項)。

家庭裁判所が判断をする際には，「当事者双方がその協力によって得た財産の額その他一切の事情を考慮して，分与をさせるべきかどうか並びに分与の額及び方法を定める」(768 条 3 項) ことになります。

この家庭裁判所による処分を求めることができるのは，離婚時から 2 年間に限定されています (768 条 2 項ただし書)。

財産分与に含まれる要素

実際の裁判例で認められる財産分与には様々な要素が取り込まれていますが，一般に，3つの要素があるといわれています。

第1に，婚姻中に夫婦の財産が増えた場合にその増えた分を2人で分けたり，共同生活を行っていた住居にある財産のどれが誰のものかを決めたりします。これを後始末としてそれぞれの財産を整理するという意味で，清算的要素といいます。

第2に，離婚後，生活費に困ってしまう配偶者がいる場合，その者に対する扶養のために金銭の給付を認めます。これを扶養的要素といいます。

第3に，夫婦の一方に不貞行為などの有責性があることにより，他方が精神的な損害をこうむった場合，その者に対して慰謝料（精神的な損害に対する賠償）を支払わせることがあります。これを損害賠償的要素といいます。

実際の裁判例では3つの要素を区別することなく額が定められる場合も多いですが，これらの要素を考慮しながら定められるのが通常です。以下では，これら3つの要素それぞれにつき説明します。

3 清算的要素

大多数の夫婦は，夫婦財産契約を結んでおらず，夫婦別産制（762条）が採用されます（第2章 5 2 を参照）。夫婦別産制によると，CASE 3-2 の場合でも，夫Aが自分で働いて得た収入を貯めた預金はAのものになります。

しかし，実際の裁判例では，離婚をするときには，結婚後に夫婦それぞれが増加させた財産については，お互いに協力し合って築いてきたと考えられるために，足し合わせてからそれを半分ずつに分けるということが行われています。裁判例により形成されたこのようなルールは，2分の1ルールと呼ばれています。

これによると，CASE 3-2 の場合も，結婚後に増加させた財産である夫Aの預金300万円について，A・Bそれぞれが半分ずつその財産の増加に貢献していると考えて，離婚時にAからBに150万円を支払うよう命じられることになります。

4 扶養的要素

婚姻中には，夫婦は，婚姻費用分担義務（760条）や扶助義務（752条）を負います。これらの義務は，婚姻中の生活を維持するための義務ですから，婚姻が解消されれば消滅するはずです。それにもかかわらず，なぜ離婚した相手方を扶養するために財産分与をしなければならないのでしょうか。

婚姻をしたことによって，夫婦の一方が仕事を辞め，あるいは転職し婚姻前よりも収入が下がったり，再就職が難しくなったりすることによって自活能力が低下することがあります。この能力を回復するまで生活を保障するために，扶養的要素が認められるというのが，一般的な説明です。

5 損害賠償的要素

損害賠償的要素の法的性質

相手方に有責な行為があり，それにより離婚することになったために精神的苦痛を受けた場合に，不法行為に基づく損害賠償（709条，710条）として，その精神的苦痛に対する賠償（慰謝料）が認められます。財産分与では，このような損害賠償が認められるかどうかも考慮します。

財産分与請求権と損害賠償請求権の関係

CASE 3-3

CASE 3-2 のAとBは，財産分与について協議をし，AがBに150万円を支払うこととなりました。しかし，Bは，この額にはAの不貞行為に対する慰謝料は含まれていないと考えていました。Bは，Aに対して上の150万円とは別に慰謝料請求をすることができるでしょうか。

(1) 期間制限の違い

財産分与請求権は768条に基づき認められます。裁判所に財産分与の協議に代わる処分を求めるには，2年の期間制限があります（768条2項ただし書）。

これに対して，不法行為に基づく損害賠償請求権は709条に基づいて認められますが，①被害者が損害および加害者を知った時から3年間権利行使をしないとき，または②不法行為の時から20年間権利行使をしないときの，いずれかが先に到来した時点で時効にかかります（724条）。

このように財産分与請求権と不法行為に基づく損害賠償請求権について，それぞれ異なるルールがあるために，2つの権利の関係が問題になります。

(2) 判例の立場

判例（最判昭和46年7月23日民集25巻5号805頁）は，次のような立場をとっています。すなわち，①財産分与と慰謝料とでは，その性質は必ずしも同一ではないので，財産分与がされても，慰謝料請求は可能であると考えます。もっとも，②損害賠償の面も考慮して財産分与の額・方法を定めることもできるとします。その場合には，財産分与の額が損害賠償の要素をすべてカバーしているのであれば，財産分与がなされたのちに慰謝料請求をすることは許されませんが，そうでない場合には，別に慰謝料請求をすることも許されるとしています。

つまり，両者は別だけれども，財産分与の中に損害賠償的要素を含めることができると判例は考えています。

この判例の立場によれば，CASE 3-3でも，A・B間の協議による150万円の財産分与は，Aの不貞行為に基づく損害賠償をカバーするものではないと裁判所により判断されれば，Bは財産分与とは別に慰謝料請求をすることができるということになります。

POINT

1. 協議離婚が認められるためには，①夫婦の間で離婚意思の合致があることと②離婚の届出を行うことが必要です。
2. 離婚の訴えを提起する者は，まず調停を行わなければなりません。このような仕組みのことを「調停前置主義」といいます。
3. 離婚調停が不成立に終わった場合，離婚を望む夫婦の一方は，家庭裁判所に離婚の訴えを提起することができます。
4. 770 条 1 項に定められている裁判離婚が認められるために必要な事情のことを，「離婚原因」といいます。
5. 離婚原因の定め方には，大きく分けて 2 つの考え方があります。1 つが，相手方に離婚が認められても仕方がないような責任がある場合に離婚原因があるとする有責主義です。もう 1 つが，客観的にみて婚姻が破綻していると認められる場合に離婚原因があるとする破綻主義です。770 条 1 項には，この 2 つの立場による離婚原因が併存しています。
6. 有責配偶者からの離婚請求について，最大判昭和 62 年 9 月 2 日は，破綻主義の立場を前提としながら，離婚請求は，信義誠実の原則に照らして容認されうるものであることが必要であるという立場を示しました。
7. 離婚時に夫婦の一方から他方に対して財産上の給付を行うことを「財産分与」といいます。財産分与の内容は，当事者間の協議により定めるのが原則です。協議により合意に至らなかったときや協議をすることができないときには，家庭裁判所による協議に代わる処分を求めることができます。家庭裁判所による処分を求めることができるのは，離婚時から 2 年間に限定されています（768 条 2 項ただし書）。
8. 財産分与には，①清算的要素，②扶養的要素，③損害賠償的要素の 3 つの要素が含まれています。

CHAPTER

第4章

婚姻外の男女関係
――夫婦③

INTRODUCTION

第2章で学んだとおり，わが国では婚姻の届出をした男女のみを婚姻関係にある夫婦として，様々な法的効果を与え，保護しています。

これに対して，長い間，同棲生活をしていたり，性的関係をもったりしている親密な男女であっても，婚姻の届出をしていなければ，婚姻は成立しませんし，法的効果も与えられません。婚姻の届出をしていない男女の関係を婚姻外の男女関係といいます。

民法には，婚姻外の男女関係について規定する条文はありません。民法に条文が存在しないにもかかわらず，実際には，判例や学説によって，婚姻外の男女関係にも，婚姻と同様の法的効果が与えられました。第4章では，婚姻外の男女関係に，どのような婚姻の効果が認められるかについて説明します。

婚約

婚約とは，将来婚姻することの約束です。1では婚約をした男女の関係について説明します。

内縁（ないえん）

内縁とは，事実上は夫婦として認められる生活をしていながら，婚姻の届出をしていないため，法律上，夫婦として認められない男女の関係のことをいいます。2 では内縁について説明します。

事実婚

事実婚とは，内縁と異なり，自分たちの意思で婚姻の届出をしないことを選択する結果，法律上，夫婦として認められない男女の関係をいいます。3 では事実婚について説明します。

1 婚　約

CASE 4-1

A男とB女は将来結婚することを約束しました。その際に，AはBに婚約指輪を贈りました。その後，AがC女とも交際していることが明らかとなり，AとBは口論になりました。Aは，「僕が本当に愛しているのはCだ」と告げ，一方的にBとの関係を解消しました。

婚約の成立

婚約とは，将来婚姻することの約束をいいます。CASE 4-1 のAとBの約束が婚約にあたります。AとBとの間で将来婚姻することについての合意（契約）があれば，婚約は成立します。

婚約の成立には，婚姻と異なり，届出をする必要はありません。さらに，AがBに婚約指輪を贈っていますが，そのようなことをしなくても，当事者の合意さえあれば婚約は成立します。また，日本では古くから，婚約が調った場合に，現金や品物を取り交わす慣習（これを結納（ゆいのう）といいます）が行われていますが，このような慣習上の儀式も必要ありません。

婚約の効果

CASE 4-1 では，婚約が成立すると，A・Bは互いに誠意をもって交際し，婚姻を成立させるように努める義務を負います。ただし，最終的に婚姻するかどうかはA・Bの自由な意思に委ねられています。ですから，Aが婚姻することを拒否しても，Aに婚姻を強制することはできません。

しかし，CASE 4-1 のAは，正当な理由なく一方的に婚約を解消しています（これを婚約の不当破棄といいます）。このような場合に，Bは法的に保護されないのでしょうか。判例は，婚姻が成立するまでの男女の関係を婚姻の予約（将来，婚姻することを目的とする契約）であると理解しました。その上で，婚姻の予約は法律上有効な契約であるとし，婚姻を強制することはできないが，一方が正当な理由なく拒絶した場合には損害賠償義務を負うとしました（大判大正4年1月26日民録21輯49頁）。CASE 4-1 では，不当に婚約を破棄されたBは，Aに対し，婚姻の解消により生じた損害（精神的苦痛に対する慰謝料の他，結婚式場のキャンセル代，新居の家具の購入費用等）の賠償を請求することができます。

 内　縁

CASE 4-2

Ａ男とＢ女は，婚姻の儀式を挙げた後，Ａ宅で，共同生活を開始しましたが，婚姻の届出は済ませていませんでした。１年後，Ｂは発病して入院し，退院後はＢの実家で療養していました。Ａは，Ｂの父に対して，Ｂとの関係を解消したから，Ａ宅にあるＢの荷物を引き取ってほしいと知らせました。

Ｂは，Ａに対して，一方的な関係解消により精神的苦痛を受けたとして慰謝料の支払いを求め，加えて，治療のために支出した医療費について，Ａに分担義務があるとして，支払いを求めました。

1　内縁とは

内縁とは

明治民法は，婚姻は届出により成立する（旧775条1項）としました。そして，当事者が婚姻の届出をしない場合には，婚姻を無効として（旧778条2号，ただし，この場合には，婚姻は成立しないと理解されています），婚姻の届出を基準に，婚姻と婚姻外の男女関係（かつてはこれを私通（しつう）といいました）を明確に区別しました。

そうしますと，CASE 4-2 では，A・Bが婚姻の儀式を挙げた事実やA宅で

共同生活を送った事実があるとしても，A・Bは，婚姻の届出をしていないため，法律上，夫婦として認められません。このような婚姻外の男女関係を，法律上の婚姻と区別するために，内縁（ないえん）と呼ぶようになりました。

つまり，内縁とは，事実上，夫婦としての共同生活を営みながら，婚姻の届出をしていないため，法律上，夫婦として認められない男女の関係のことをいいます（他にも，内縁夫婦，内縁配偶者，内縁の夫・内縁の妻ということがあります）。

内縁の発生原因

明治民法の施行後，内縁が多数生じました。その原因として主に3つありました。1つ目は，法の不知です。当時の人々には，婚姻の成立には届出が必要であるという法的な知識がなかったため，届出をしていませんでした。2つ目は，家制度による制約です。明治民法の家制度の下では，戸主の同意がなければ婚姻できない等の制約があり，男女の自由な意思に基づいて婚姻することができませんでした。そのため，婚姻の届出をしたくてもできない場合がありました。3つ目は，当時の婚姻慣行です。当時の婚姻は家と家との結びつきでしたから，嫁として迎えた女性が，跡継ぎ（あとつ）となる子を妊娠・出産できるかどうか，あるいは嫁としてふさわしいかどうかがわかるまで試してから，婚姻の届出を行うかどうかを判断していました。

内縁の妻を保護する必要性

このように，内縁は，当時の社会的背景により生じました。

婚姻の届出をしない限り，婚姻は成立していませんので，夫婦としての法的効果は生じません。そうしますと，CASE 4-2 のA・Bには，婚姻費用分担義務（760条）⇒第2章はありませんから，AはBの医療費を分担しなくてよいことになります。

また，法律上の婚姻ではありませんから，合意がなくても，あるいは離婚原因や離婚の手続を経ずに，内縁を解消することができます。そうしますと，CASE 4-2 のように，Aが，一方的にBとの内縁を解消して，Aの家からBを追い出すことができます。

そのため，社会的にも経済的にも弱い立場にある内縁の妻（B）をどのようにして保護するかが問題となりました。

2 問題解決のための理論

婚姻予約の理論

判例は，内縁を婚姻の予約であるとし，当事者の一方が正当の理由なく，これに違反して婚姻をすることを拒絶した場合には，その一方は相手方に対し，婚姻予約不履行による損害賠償の義務を負うとしました（前掲大判大正4年1月26日）。

この考え方によって，内縁の一方的な解消（内縁の不当破棄）について，内縁の妻を救済することができました。しかし，この考え方では，実際の共同生活から生じた問題（CASE 4-2では，BからAに対する医療費の分担請求）を解決することができません。

準婚理論

(1) 準婚理論

判例は，内縁は，婚姻の届出をしていないため，法律上の婚姻ということはできないけれども，男女が相互（そうご）に協力して夫婦としての生活を営む結合であるという点においては，婚姻関係と異なるものではないとして，これを婚姻に準ずる関係（これを準婚関係といいます）であると理解しました（最判昭和33年4月11日民集12巻5号789頁）。CASE 4-2のA・Bの関係がこれにあたります。

この判例により，内縁は，その実態から，婚姻に準じて法的保護の対象とすべき関係にあることが認められました。

(2) 内縁の成立

以上のような準婚関係にあたる内縁の成立が認められるためには，①男女双方が婚姻する意思（婚姻意思）を持って，②相互に協力しながら夫婦と同じような共同生活を営んでいる実体（事実）が必要であると考えられています。

(3) 内縁の効力

準婚関係にあたる内縁の成立が認められた場合に，内縁に婚姻の効果に関する規定が類推適用（判例では「準用」と表現するものもあります）されます。そうしますと，婚姻の効果に関する規定のうちどこまでを類推適用することができるかが問題となります。

これについては，内縁は，事実上，法律上の夫婦と同様の共同生活を営んでいることから，共同生活に関する婚姻の効果が認められると理解されています。CASE 4-2 では，婚姻費用の分担が類推適用され，Bの支出した医療費は，別居中に生じたものであるけれども，婚姻から生ずる費用に準じて，Aが分担しなくてはなりません（前掲最判昭和33年4月11日）。

それに対して，内縁は届出がないことから，届出を前提として定められている婚姻の効果は認められないと理解されています。次の表で確認してください。

内縁に認められる婚姻の効果	同居協力扶助義務（752条），婚姻費用の分担（760条），貞操義務，日常家事債務の連帯責任（761条），夫婦の財産の帰属（762条），財産分与（768条）
内縁に認められない婚姻の効果	姻族関係の発生（725条），夫婦同氏（750条），子の嫡出の推定（772条），配偶者相続権（890条）

(4) 内縁の解消

(a) 離別による内縁の解消

内縁は，男女双方の婚姻意思および夫婦と同様の共同生活を営んでいる実体（事実）に基づいてその成立が認められる関係であることから，当事者の合意がなくても，一方が解消の意思を持って共同生活を終了させた事実があれば，内縁は解消されたことになります。この場合には，離婚の際の財産分与（768条）の類推適用が認められます。

内縁を準婚関係とする考え方を採用すると，内縁も法律上保護されるべき生活関係であり，不法行為の要件である法律上保護される利益にあたるといえますから，内縁を不当に破棄された一方は，他方に対して，不法行為を理由として損害賠償を求めることもできますし（709条），婚姻の予約の不履行（債務不履行）を理由として損害賠償を求めることもできます（415条）。

(b) 死別による内縁の解消

内縁夫婦の一方の死亡により内縁関係が解消した場合には，内縁配偶者は，相続権（890条）が認められていないため，相続人となることはできません。死亡した一方が他方に対して贈与（549条）や遺贈（964条）をしていない限り，その財産は相続人に承継されます。

なお，死亡した一方の相続人が存在しない場合には，内縁配偶者は特別縁故者（とくべつえんこしゃ）として相続財産の分与を請求することができます（958条の2）。これについては，第**18**章で説明します。

3 事実婚

1 婚姻を選択しない男女

事実婚

現代では，夫婦別氏の実践，家意識への抵抗感等から，自分たちの意思で婚姻の届出をしないという選択をする男女の関係が存在します。婚姻の届出をすることができるにもかかわらず，それをしないことを自ら選択するという点で内縁と異なることから，これを事実婚といいます。

事実婚と準婚理論

内縁に関する準婚理論は，2で説明しましたように，明治民法のもとでの婚姻に関する慣行や家制度のために，婚姻意思はあるけれども婚姻の届出をすることができない内縁を救済するために形成されたものでした。自らの意思で婚姻の届出をしていない事実婚についても準婚理論による保護を認めることが適当かどうかが議論されています。

婚姻と異なる自由な結合も，現在では婚姻に準ずる関係として尊重し，婚姻の効果を認めるべきであるという考え方がある一方で，婚姻という制度を尊重し，婚姻と異なる自由な結合を自ら選択した当事者にまで婚姻の効果を認める必要はないという考え方もあります。

2 同性カップル

個人が選択した自由な結合を尊重すると考えるならば，異性カップルだけでなく，同性カップルも同様です。婚姻を選択することができない同性カップルにも準婚理論を適用し，婚姻の効果の一部を認めるかは，今後の検討課題です。

POINT

1. 判例は，婚姻が成立するまでの男女の関係を婚姻の予約つまり，将来，婚姻することを目的とする契約であると理解しました。その上で，この契約は適法で有効な契約であるとしました。
2. 内縁とは，事実上，夫婦としての生活を営みながら，婚姻の届出をしていないため，法律上，夫婦として認められない男女の関係のことをいいます。
3. 婚約が不当に破棄された場合，破棄された一方は，他方に対して，婚姻予約の不履行を理由として損害賠償を請求することができます。
4. 判例は，内縁は，婚姻の届出をしていないため，法律上の婚姻ということはできないけれども，男女が相互（そうご）に協力して夫婦としての生活を営む結合であるという点においては，婚姻関係と異るものではないことを重視して，内縁を婚姻に準ずる関係であるとしました。
5. 内縁が不当に破棄された場合，破棄された一方は，他方に対して，婚姻予約の不履行を理由として損害賠償を請求することもできるとともに，不法行為を理由として損害賠償を請求することもできます。
6. 内縁に類推適用が認められる婚姻の効果として，同居・協力・扶助義務，貞操義務，婚姻費用の分担，日常家事債務の連帯責任，財産分与等があります。
7. 事実婚とは，婚姻意思はあるけれども，自分たちの意思で婚姻の届出をしないという選択をする男女の関係をいいます。

CHAPTER

第5章

実親子関係
——親子①

INTRODUCTION

この章では，ある女性が自然生殖[1]によって子（Aとします）を懐胎[2]し，Aが生まれた（出生した）場合において，Aの法律上の母および父がどのようなルールによって決められるか（Aの実親子関係[3]）について学習します。

法律上の親子関係を決める必要性

1 では，なぜ法律上の親子関係を決める必要があるのかを説明します。

法律上の親子関係の決め方

2 では，Aの法律上の母を決めるルールを説明し，また，法律上の父を決めるためのルールの概要を述べます。

note

[1] 用語　自然生殖とは，男女間の性交渉によって子をもうけることです。生殖補助医療によって子をもうけること（人工生殖）と対比されます。生殖補助医療によって生まれた子について，誰が法律上の親となるかを決めるルールは，第**6**章 3 で扱います。

[2] 用語　懐胎とは，妊娠のことです。もっとも，民法では妊娠という言葉は使われていません。このため，本章では「懐胎」のほうを用いることにします。

[3] 用語　実親子関係は，養親子関係と対比される言葉です。養親子関係は，実親子関係が決まっていることを前提に，それとは別の親子関係を人為的に作り出す（これを養子縁組といいます。→第**6**章）場合に問題となります。この章で「親子関係」というときは，実親子関係をさします。

親子関係には，母と子の関係（母子関係）と，父と子の関係（父子関係）の2つがあります。

法律上の父を決めるルール――嫡出推定制度と認知制度　772条〜791条

3と4では，Aの法律上の父を決めるルールを詳しく扱います。まず，嫡出（ちゃくしゅつ）推定制度について，3で説明し，次に，嫡出推定制度が適用できない場合に適用される認知制度について，4で説明します。

1 法律上の親子関係を決める必要性

1 身分関係の早期確定の要請

今日では，DNA検査によって，子Aの遺伝上の父母が誰なのかを明らかにすることが可能です。そうすると，事実のレベルで証明することのできる遺伝上の親子関係とは別に，法律上の親子関係をわざわざ考える意味はないと思われるかもしれません。

しかし，Aの父母が誰なのか（Aの身分関係）は，Aが生まれて間もない時期にとりあえず決められている必要があります（身分関係の早期確定の要請）。例えば，生まれたばかりの子Aについて養育の責任を負うのは誰か⇒第7章を判断するためには，誰がAの父母なのかが決まっている必要があります。もし，DNA検査を実施しないと，誰がAの父母なのかを決めることができないのだとすると[4]，身分関係の早期確定の要請に応（こた）えることができません。

そこで，これから本章で学ぶとおり，民法は，Aの父母が誰なのかを，Aが生まれて間もない時期に決めることのできるルールを用意しています。

2 身分関係の安定性の要請

では，そのようにして決められた父母が，後になって，Aの遺伝上の父母でないことが判明した場合には，どうなるのでしょうか。

この点もこれから本章で学ぶとおりですが，その場合に，民法は，Aの親を

note

[4] 発展　なお，検査のためのDNAの採取は，裁判手続では，検査対象者の同意なしに行うことができないため，DNA検査を実施したくても実施できないことがあります。

遺伝上の父母に合わせる（変更する）という立場を常にとってはいません。これは，Aの親が誰なのかが一旦は決まった以上，それを，遺伝上の関係が判明したというだけの理由で覆（くつがえ）すべきではないという考えによります（身分関係の安定性の要請）。

事実のレベルでの遺伝上の親子関係とは別個のものとして，法律上の親子関係を考える必要があるのは，以上の理由によります。では，法律上の親子関係を決めるためのルールを，具体的に見ていくことにしましょう。

法律上の親子関係の決め方

1 法律上の母の確定方法

CASE 5-1

B女が，子Aを自然生殖によって懐胎し，出産しました。

CASE 5-1 において，Aの法律上の母が，Aを出産した女性Bであることは，異論なく認められています（「出産者＝（イコール）母」ルールと呼ばれます）。Bは，Aを出産しているだけでなく，自然生殖の場合であれば，Aの遺伝上の母でもあります。しかも，BがAを出産したという事実は，検査をしなくても，見ればすぐわかるので，法律上の母を決めるルールとしてこの上なく明確です。もっとも，「出産者＝母」ルールを一般的に定める規定はありません[5]。

Bは，Aを自分の子として認めるという意思を特に表明しなくても，出産したという事実さえ証明されれば，それだけでAの法律上の母となります（→**Column 4**）。

note

[5] 説明　生殖補助医療の提供等及びこれにより出生した子の親子関係に関する民法の特例に関する法律９条は，「女性が自己以外の女性の卵子（その卵子に由来する胚を含む。）を用いた生殖補助医療により子を懐胎し，出産したとき」について，出産した女性を法律上の母とすると規定しています。この規定については，第**6**章 3 で扱います。

Column 4　藁の上からの養子と内密出産

現在の法律のもとでは，子を出産した女性は，その子の法律上の母となることを拒むことができないと考えられています。そして，子の出産に立ち会った者（医師や助産師が主に想定されています）がいるときには，その者が作成する出生証明書を出生届に添付する必要があります（戸 49 条 3 項）。したがって，病院で出産する場合がほとんどである現代においては，医師が虚偽の出生証明書を発行してくれるのでない限り，出産者（つまり母）を偽った出生の届出をすることは困難です。

しかし，このせいで，若い未婚の女性が予想外の妊娠をしたような場合に，子の養育の責任からのがれるために，あるいは家族や世間から冷たい目で見られることを避けるために，妊娠中絶をしたり，出産したばかりの赤ん坊を殺したりする（嬰児殺）ことが，しばしば起こります。

ところで，日本ではかつて，生まれたばかりの子を，子に恵まれない夫婦がもらい受けて，自分たちの実の子とする（実の子として出生を届け出る）という風習が存在したといわれています。これを藁の上からの養子といいます（藁は，お産をする寝床に敷いていたもので，生まれてすぐにということを表現しています。なお，養子として届出をするのではないので，養子制度⇒第 6 章とは関係がありません）。

1973 年に発覚した菊田医師事件では，妊娠中絶や嬰児殺を思いとどまらせようと考えた産婦人科医が，藁の上からの養子として子が引き取られるよう手配をし，出産者を偽った出生証明書を発行したことが，問題となりました。この事件は，1987 年に特別養子制度⇒第 6 章 2が設けられるきっかけの 1 つになりました。

形を変えて，最近では，同様に妊娠中絶や嬰児殺を思いとどまらせるために，匿名のまま病院の担当者だけに身元を明かして出産することができるという制度（内密出産と呼ばれます）を整備するべきだという議論が起こっています。

2　法律上の父の確定方法の概要

では，子 A の法律上の母が B 女と決まったとして，A の法律上の父は，どのようなルールによって決められるのでしょうか。母の場合とは違って，一見しただけで法律上の父を確定することのできる手掛かりが存在しないため，話はずっと複雑になります。

民法は，法律上の父の定め方として 2 種類のルールを用意しています。

嫡出推定制度

1つは，嫡出推定制度です。⇒3これは，母BがAを懐胎した時からAが生まれた時までの間に婚姻をしていた場合に，その婚姻の相手方（夫）がAの父であるはずだと考える（推定する）というものです。もしその推定が否定されなければ，Aは，Bとその夫とのあいだの子，つまり婚姻している男女のあいだの子（これを嫡出子といいます）であることになります。このように，婚姻を手掛かりにして子の父を推定するというやり方を，嫡出の推定といいます。もっとも，夫の子であるはずだという推定が正しくないことももちろんありますので，その推定を否定する方法もあわせて考えておく必要があります。

認知制度

もう1つは，認知制度です。⇒4これは，母Bが一度も婚姻したことがないなど，婚姻を手掛かりにして父を推定するという嫡出推定制度のやり方を適用することができない場合に，適用されます。

3 嫡出推定制度

1 嫡出の推定

婚姻中に懐胎した場合

CASE 5-2

B女が，子Aを自然生殖によって懐胎し，出産しました。BはAが生まれるちょうど2年前に，C男と婚姻しました。

❶ Bは，Aの出生時も引き続きCと婚姻関係にありました。
❷ Bは，Aを懐胎した後，Aを出産する前に，Cと協議離婚しました。
❸ Bは，Aを懐胎した直後から，Cと離婚の話し合いを始めました。Aが生まれた100日後にB・C間の協議離婚が成立し，離婚した翌日にBはD男と再婚しました[6]。
❹ Bは，Aを懐胎した直後から，Cと離婚の話し合いを始めました。BはCとの協議離婚を成立させ，その翌日にDと再婚しました。さらにその100日後にAが生まれました。

❺Bは，Aを懐胎した後にCと協議離婚し，その翌日にDと再婚しましたが，Aが生まれる直前にDは交通事故で亡くなりました。

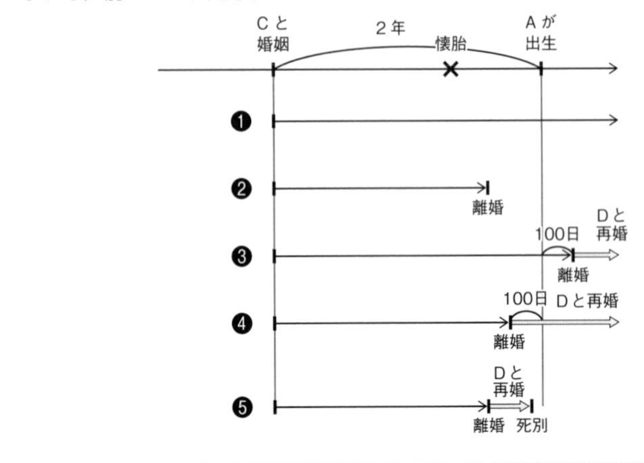

(1) 母が懐胎時から子の出生時までの間に1つの婚姻だけしていた場合

CASE 5-2 ❶では，普通に考えれば，Aの遺伝上の父はCである可能性が高いでしょう。もっとも，BがC以外の男性と不貞行為をしていた場合などを考えると，絶対にそうだとまではいえません。民法は，BがAを懐胎した時にCと婚姻していたという点に重きを置いて，Aの父はCであると推定すると定めています（772条1項前段）。

❷や❸はどうでしょうか。BがC以外の男性との性交渉でAを懐胎したことをBもCもよくわかっていたので協議離婚したにちがいなく，そうだとすればAの遺伝上の父はCではないはずだと想像をふくらませた人もいるかもしれません。しかし，BとCが離婚したのは，Bの懐胎中にCが不貞行為をしたことが発覚したせいかもしれませんし，単に性格の不一致によるものかもしれません。

民法は，BがAを「婚姻中に懐胎した」という点では❷も❸も❶と同じであり，したがって，❶と同様に，Aの父はCであると推定すると定めています（772条1項前段）。

note

6 説明 重婚は禁止されるため（732条。→第2章 24），Bは，Cと離婚または死別しない限り，Dと婚姻することはできません。なお，かつては，女性についてのみ，再婚禁止期間が設けられていました（旧733条）。しかし，2022年の民法改正でこの規定は削除され，女性が夫と離婚した当日に別の男性と再婚することができるようになりました。

(2) 母が懐胎時の夫とは別の男性と子の出生前に再婚した場合

❹は❸と似ていますが，BがDと再婚したのがAの出生よりも前であったという点が異なります。772条3項によれば，❹は「子を懐胎した時から子の出生の時までの間に2以上の婚姻をしていたとき」にあたるため，「その出生の直近（ちょっきん）の婚姻における夫」が父であると推定されます。つまり，❹では，❸とは異なり，Aの父はDであると推定されます。

❺では，Dが死亡してしまったため，BはAが生まれた時には誰とも婚姻していませんでした。しかし，Aの「出生の直近の婚姻」における夫がDであるという点は，❹と変わりません。そこで，❺でも，❹と同様に，Aの父はDであると推定されます。

(3) まとめ

このように，民法は，法律上の母Bが，Aを懐胎した時[7]からAが出生した時までの間に婚姻をしていた場合には，その婚姻を手掛かりにしてAの法律上の父が誰であるかを推定するというルールを採用しています。このため，❸と❹を比較すると，Dと再婚したのが子の出生の後であったか（❸），前であったか（❹）によって，誰がAの法律上の父と推定されるのかが変わってくるという結果になっています。

婚姻前に懐胎した場合

CASE 5-3

B女が，子Aを自然生殖によって懐胎し，出産しました。BがAを懐胎した時，Bは誰とも婚姻関係にありませんでしたが，E男と同棲（どうせい）していました。

❶ その後にBはEと婚姻し，Aが生まれた時もEと婚姻関係にありました。

❷ その後にBはEと婚姻しましたが，Aが生まれる直前にEは交通事故で亡くなりました。

❸ その後にBはEと婚姻しましたが，Aが生まれる直前に協議離婚しました。

❹ BはAを出産し，その後にEと婚姻しました。

note

[7] 説明 今日では，医療技術の進展により，子を懐胎した時期をかなりの正確さで特定することが可能になっていますが，かつてはそうではありませんでした。しかし，子の懐胎時から出生時までが200日から300日までの範囲にほぼおさまることは，経験則上，はっきりしています。そこで，母が子を懐胎した時点が十分に特定できない場合に，この経験則を利用し，出生時から逆算する形で，懐胎の時点が母の婚姻中であったかそうでなかったかを判定するという規定が設けられています（772条2項）。

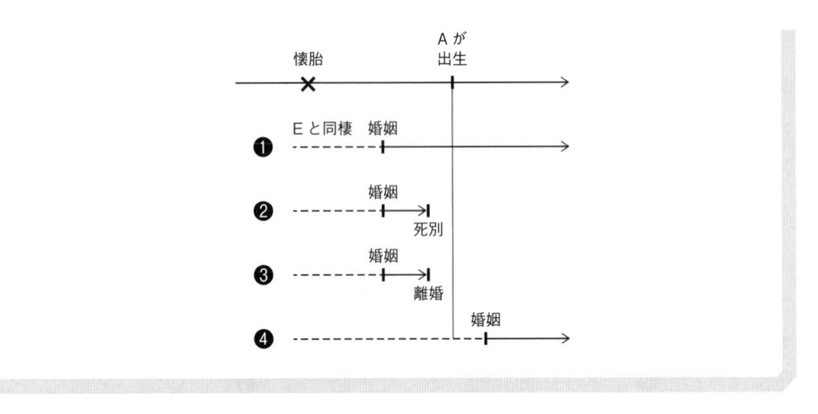

(1) 母が子の出生前に婚姻し出生時にもその婚姻が継続していた場合

CASE 5-3 ❶の場合，多くの人は，Aの遺伝上の父はEだと考えることでしょう。772条1項後段によれば，「婚姻前に懐胎した子であって，婚姻が成立した後に生まれたもの」であるAについて，その法律上の父は，「当該婚姻における夫」であるEであると推定されます。

(2) 母が子の出生前に婚姻したが出生時にはその婚姻が解消していた場合

❷と❸は，Aが生まれた時にはB・E間の婚姻が解消していた点が，❶と異なります。しかし，Aが「婚姻前に懐胎した子であって，婚姻が成立した後に生まれた」のであれば，その婚姻がAの出生時まで続いていなくても，772条1項後段のルールが適用されます。したがって，B・E間の婚姻が，Aの出生前に，死別により解消した場合（❷）も，離婚により解消した場合（❸）も，Aの法律上の父はEであると推定されます。

(3) 母が子の出生後に婚姻した場合

❹では，Bは，Aを懐胎してからAが生まれるまでの間に一度も婚姻していませんので，772条が適用されることはありません。つまり，嫡出推定制度の適用はなく，Aの法律上の父は認知制度⇒4によって決められます。

(4) まとめ

このように，民法は，BがAを懐胎した時には婚姻していなかった場合でも，その後，Aが生まれた時までに婚姻をしたのであれば，その婚姻を手掛かりにして，Aの法律上の父が誰であるかを推定するというルールを採用しています。

2 嫡出否認（ひにん）の訴え

制度趣旨

CASE 5-4

B女が，子Aを自然生殖によって懐胎し，出産しました。BはAが生まれるちょうど2年前に，C男と婚姻しました。Bは，Aを懐胎した直後から，Cとの離婚の話し合いを始めました。Aが生まれた100日後にB・C間の協議離婚が成立し，離婚した翌日にBはD男と再婚しました。

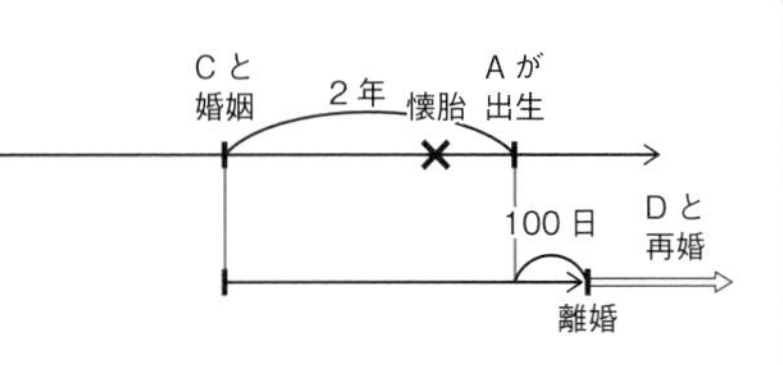

(1) 推定された父子関係の否認方法——訴えの必要

CASE 5-4はCASE 5-2の❸と同じ事例であり，1でみたように，CがAの父であると推定されます（772条1項前段）。

出生届には父が誰であるかを記入する欄がありますが，CASE 5-4の場合には，この推定があるために，出生届の父の欄にCの名前を記入しないと届出は受理されません。CがAの遺伝上の父ではないとわかっていたとしても，ひとまずそうしなければならないというのが，戸籍実務の扱いです（→Column 5）。

Column 5 無戸籍者問題と2022年の民法改正

この章で扱う内容は，2022年の民法改正で大きく変わりましたが，改正が検討され始めた背景事情として，嫡出推定制度のせいで戸籍のない者が発生しているという問題（無戸籍者問題）がありました。

本文で述べたとおり，子の出生を届け出ようとする場合において，嫡出の推定によって父だと推定される男性がいるときは，その男性を父とする出生届でないと受理してもらえません。CASE 5-4を例にとると，Bは，Aの出生届に父としてCの名を記入して提出し，その上で，家庭裁判所の手続で，Cを相手に，CはAの遺伝上の父でないと主張する必要があります（改正後もこれは変わりません）。

ところが，Bの立場に立ってみると（例えば，BがCから日常的に暴力や暴言を受けていた場合を想像してみてください），Cとやっと離婚したのに，遺伝上の事実に反することがわかりきっている内容の出生届を出すことを強制され，しかもその後に裁判所でCと向き合わなければならないというのは，とてつもなく大きな負担です。そこで，そのような負担を負うくらいならば，いっそのことAの出生を届け出ないことにする（出生を届け出ないと子の戸籍が作成されません）という選択をした母が一定数存在したというわけです。

改正の審議過程では，母Bは，子Aの懐胎当時に夫Cと別居していたことを証明したなどの場合には，Cでない男性をAの父とする出生の届出をすることができるという案も検討されました。しかし，この提案は結局採用されず，父と推定される男性を父として記入した出生の届出をひとまずしなければならないという実務は維持されました。ただ，改正前は，CASE 5-2 ❹の場合に，Cを父とする出生届をひとまず出すほかありませんでしたが（そもそも改正前は，Bは，再婚禁止期間〔→note⑥〕のせいで，Cと離婚してから100日待たないと，Dと再婚することができませんでした），改正後はDがAの父であると推定されることになったため，Dを父とする出生届を出すことができる（もっとも，正確に言えば，Dを父とする出生届を出すほかない）ことになりました。

また，出生の届出後に，父と推定される男性が遺伝上の父でないと主張する家庭裁判所での手続（すぐ次で扱う嫡出否認の訴え）について，改正により，訴えを起こすためのハードル（出訴権者や出訴期間の制限）が大幅に緩和されました。

しかし，例えばAの懐胎の事情を知っているBは，AはCの子ではなくDの子であると認めてほしいと考えることでしょう。そのような主張は認められるのでしょうか。

ここで，民法は，嫡出否認（ちゃくしゅつひにん）の訴え（774条）という手段を用意しています。これは，772条による嫡出の推定が働いた父子関係を覆す（否認する）ことを目的とする訴えです[8]。推定が働いた父子関係を否認するには，原則として，家庭裁判所で嫡出否認の訴えをすることが必要です[9]（775条）。

(2) 嫡出否認の訴えの特徴

嫡出否認の訴えでは，Aの遺伝上の父がCでないかどうかが争いの主題とな

note

[8] 用語　子が嫡出であることを否認する権利のことを，「否認権」といいます（774条2項～5項など）。

[9] 発展　ただし，嫡出否認の訴えを提起する前に，家事調停の手続を経る必要があります（調停前置主義。家事257条1項→第**1**章)。家事調停の手続において当事者間で合意が成立し，家庭裁判所がその合意内容をチェックして合意に相当する審判（家事277条1項）を出すと，その審判は，嫡出否認の訴えの確定判決と同一の効力を有します（家事281条)。この場合には，訴訟をする必要はなくなりますが，それでも，家庭裁判所に行って家事調停の手続を経る必要はあります。

ります。ここで，嫡出否認の訴えの特徴をよく理解しておく必要があります。それは何かというと，争いの主題に入る前に，いくつかの前提要件（訴訟要件といいます）を満たさないと，そもそも争いの主題に立ち入らせてもらえない（「訴えが却下される」といいます。日常語で表現すれば「門前払い」です）ということです。そして，もし嫡出否認の訴えが却下されますと，嫡出の推定が働いたままになります。CASE 5-4 ですと，Aの法律上の父はCであり続ける（Aの戸籍にも父としてCの名が記されたままである）のです[10]。

なぜ，このような，一見すると理解しがたい仕組みがとられているのでしょうか。これは，Aの身分関係（誰がAの父であるか）を安定させるためであると説明されています。嫡出否認の訴えを起こす（「訴えを提起する」といいます）ことのできる期間（出訴期間といいます）に制限が設けられている（777条）のはそのためです。また，嫡出否認の訴えを起こすことができる人（出訴権者といいます）も限定されています（774条）。そのため，例えば，Aの懐胎の事情をなぜかよく知っている赤の他人が，CはAの遺伝上の父ではないと主張して嫡出否認の訴えを起こしても，その主張内容が正しいかどうかの審理に入ることなく訴えが却下（門前払い）され，むやみやたらにAの身分が覆されないようになっているのです。

出訴権者

嫡出否認の訴えの出訴権者は，774条で規定されています。

(1) 父

第1に，子Aの父であると推定される者です（774条1項）。CASE 5-4 だと，Cがこれにあたります。

(2) 子

第2に，子Aも嫡出否認の訴えを起こすことができます（774条1項）。

(3) 母

第3に，子Aの母も，自分の名で嫡出否認の訴えを起こすことができます

note

[10] 発展 したがって，嫡出の推定における「推定」は，通常の推定とは意味あいがかなり異なります。嫡出の推定を覆すためには，推定を覆すこと自体を目的とする訴え（つまり嫡出否認の訴え）を提起する必要があり，しかも，その訴えを提起する機会自体が制限されているのです。

(774条3項本文)。ただし，子Aの利益を害することが明らかなときには，認められません（774条3項ただし書)。例えば，父だと推定されている男性がAの親権者として養育の責任を立派に果たしているにもかかわらず，それを根こそぎ否定する意図をもって，親権者でない母が嫡出否認の訴えを提起する場合が，これにあたります。

(4) 前　夫

CASE 5-5

B女が，子Aを自然生殖によって懐胎し，出産しました。BはAが生まれるちょうど2年前に，C男と婚姻しました。Bは，Aを懐胎した直後から，Cと離婚の話し合いを始めました。BはCとの協議離婚を成立させ，その翌日にD男と再婚しました。さらにその100日後にAが生まれました。

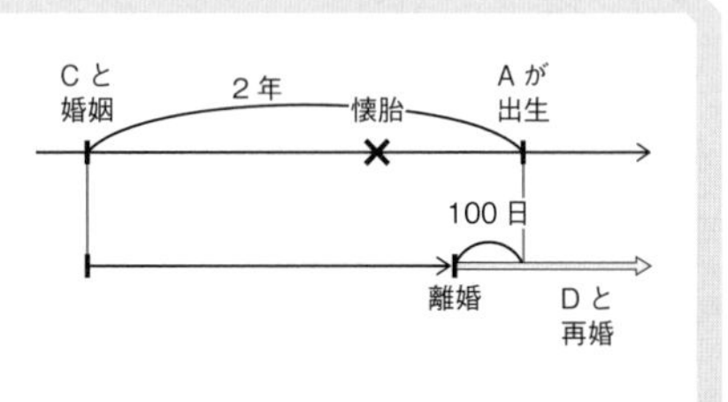

これはCASE 5-2の❹と同じ事例であり，1でみたように，DがAの法律上の父として推定されます（772条3項)。しかし，もしかすると，Aの遺伝上の父はCかもしれません。

このとき，Aが自分の子であると考えるCは，DはAの遺伝上の父でないと主張して嫡出否認の訴えを提起することができます（774条4項)。

774条4項によって嫡出否認の訴えを提起することができるのは，母と法律上の婚姻をしていた男性に限られます。

被　告

訴えを提起する場合には，誰かをその訴えの相手（被告（ひこく））とする必要があります。嫡出否認の訴えにおいて被告となるのが誰であるかは，訴えを提起した者（原告（げんこく））が誰であるかに応じて，下の表のとおりに規定されています（775条1項各号)。

原告	被告	出訴期間（3年間）の起算点
①父と推定される者	子	原告が子の出生を知った時
②子	父と推定される者	子の出生時（例外につき(2)参照）
③母	父と推定される者	子の出生時
④前夫	父と推定される者 ＋ 子	原告が子の出生を知った時[11]

出訴期間

(1) 原　則

子の身分関係（法律上の父が誰であるか）を安定させるために，嫡出否認の訴えは，出訴期間が3年に制限されています（777条柱書）。3年のカウントを始める時点（起算点といいます）がいつであるのかは，上の表のとおりです（777条各号）。

(2) 子が原告となる場合の例外

子Aが嫡出否認の訴えの原告となる場合には，上の表の②のとおり，原則として，子Aが生まれた時から3年以内に嫡出否認の訴えを提起する必要があります（777条2号）。Aが3歳になるまでにということなので，Aはもちろん未成年であり，実際にはAの法定代理人（778条の2第1項で挙げられている者）が，Aの名で嫡出否認の訴えを提起します。

778条の2は，これに対する例外を2つ定めています。

(a) 嫡出否認の訴えの提起を期待できない場合

3年の出訴期間が満了する前6か月以内のあいだに，Aの名で嫡出否認の訴えを提起すべき法定代理人が欠けていた場合には，出訴期間内にAの名で嫡出否認の訴えが提起されなかったときでも，父と推定される者が遺伝上の父でないことをもはや主張できないという不利益を，Aに負わせるべきではありません。そこで，その場合には，Aの出生から3年が経過した後も，訴えの提起を期待できない状態が解消した時から6か月が経過するまでは，Aの名で嫡出否認の訴えを起こすことが認められます（778条の2第1項）[12]。

note

[11] 説明　ただし，この時を起算点とした3年間が経過するよりも先に，子が成年に達してしまうと，その後に前夫が嫡出否認の訴えを提起することはできません（778条の2第4項）。

[12] 発展　消滅時効の完成猶予に関する158条1項（→1巻第**17**章**2**6）と同様の考え方です。

(b) 子が21歳になるまでにみずから嫡出否認の訴えを提起する場合

CASE 5-6

B女が，子Aを自然生殖によって懐胎し，出産しました。BはAが生まれるちょうど2年前に，C男と婚姻しましたが，Aを懐胎した後，Aを出産する前に，Cと協議離婚しました。

Aが19歳のときにBが亡くなりましたが，それまでの間，Aはもっぱら Bによって養育され，Cと同居したことは一度もなく，CがAの監護費用（養育費）を払ったこともありませんでした。Bの遺品から古い日記を発見してそれを読んだAは，Cは自分の遺伝上の父ではないという確信を持ちました。

CASE 5-6 の第1段落は，CASE 5-2 の❷と同じであり，Aの父はCであることが推定されます。

CASE 5-6 は，父と推定されるCと子Aが「継続して同居した期間……が3年を下回るとき」（778条の2第2項）にあたります。したがって，Aはこの規定に基づいて，21歳になるまでの間であれば，生まれてからかなり時間が経っていますが，それでも嫡出否認の訴えを提起することができます。この場合，Aは自分だけの考えで，嫡出否認の訴えを提起するかどうかを判断することになります[13]。

CASE 5-6 を少し変えて，CがAと同居したことはないものの，きちんとAに監護費用を払っていたとしましょう。それにもかかわらず，Aは，Cの老後の面倒をみたくないために，嫡出否認の訴えを提起して，Cは自分の遺伝上の父でないと主張することも考えられます。そこで，「父による養育の状況に照らして父の利益を著しく害するとき」には，Aは嫡出否認の訴えを提起することができないとされています（778条の2第2項ただし書）。

嫡出の承認

父と推定される者が，Aが生まれた後に，Aが自分の子であることを積極的

note

[13] 発展　人事訴訟（嫡出否認の訴えはこれにあたります。人訴2条2号）の手続における訴訟行為については，未成年者の行為能力の制限（→1巻第3章22）に関する民法5条の規定は適用されません（人訴13条1項）。CASE 5-6 はAが19歳であるという設定ですが，仮にAが17歳の未成年者であった場合でも，778条の2第2項による嫡出否認の訴えを，みずから提起することが可能です。この場合，訴えを提起するかどうかは，Aに法定代理人がいたとしても，Aだけの考えで決めることになります。778条の2第2項の訴えを，法定代理人がAの名で提起することは認められていないからです（778条の2第3項）。

に認めた場合には，嫡出否認の訴えを提起してAが自分の子でないと主張することは，もはや許されません（776条)。これを嫡出の承認といいます。承認をするための方式（書面など）は特に必要とされていません。

同様に，母も，Aが，父と推定される者の子であることを積極的に認めた場合には，嫡出否認の訴えを提起してその者がAの父ではないと主張することがもはや許されません（776条)。

3 嫡出否認の訴えが認められた後の処理

嫡出否認の訴えが認められた場合の効果

CASE 5-7

B女はC男と婚姻していました。Bは子Aを自然生殖によって懐胎しましたが，その後にCと協議離婚し，その翌日にD男と再婚しました。Dとの再婚から100日後にAが生まれ，Dは当初はAの監護費用（養育費）を払っていました。ところが，Aが生まれてからちょうど1年後に，BとDは協議離婚し，このころに，BはAの法定代理人（親権者）として，Dを被告とする嫡出否認の訴えを提起しました。この訴えが認められ，Aの2歳の誕生日に，DがAの父であることを否定する判決が確定しました。

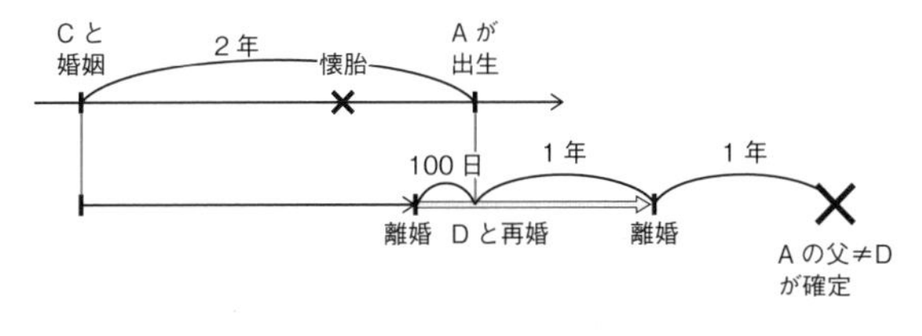

CASE 5-7は，BがAを懐胎した時から子の出生の時までの間に「2以上の婚姻」をしていたときにあたりますので，Aの父は「その出生の直近の婚姻における夫」であるDと推定されます（772条3項)。しかし，実際にDがAの遺伝上の父であるとは限りません。CASE 5-7では嫡出否認の訴えが認められていますので，Dの子であるという推定が覆されたことになります。この場合に，Aの父はどうなるのでしょうか。

772条4項によると，B・D間の婚姻を除外して，Aの出生の直近の婚姻がどれであるかを考え，その婚姻における夫の子と推定されることになります。

CASE 5-7 ですと，それはB・C間の婚姻ですので，Cの子であると推定されることになります。

なお，CASE 5-7 で，DはAの出生の直後には監護費用を支払っていましたが，その後，DがAの父であることが嫡出否認の訴えで否定されました。このとき，Dが監護費用を負担すべき根拠（⇒第9章）も，Aの出生時にさかのぼって失われたことになります。しかし，その場合でも，子AはDに対して，受けた監護費用を返す義務を負いません（778条の3）。

2回目の嫡出否認の訴えの出訴期間

CASE 5-8

CASE 5-7 で，A（法定代理人B）が提起した嫡出否認の訴えを認める判決が確定した6か月後に，C男は，Aは自分の子ではないと主張して，嫡出否認の訴えを提起しました。

CASE 5-8 では，Aが嫡出否認の訴えに勝訴したことにより，今やCが，Aの父であるという推定を受けています。しかし，Aの遺伝上の父がCであるとも限りません。そこで，CASE 5-8 ですと，父と推定されるC，子Aおよび母Bは，それぞれ，AがCの子でないと主張して嫡出否認の訴えを提起することができます（774条1項・3項）。

778条は，この2回目の嫡出否認の訴えの出訴期間について，規定しています。CASE 5-8 において，Cが提起した嫡出否認の訴えは，同条1号にあたります。したがって，Cは，Aが提起した1回目の嫡出否認の訴えを認める判決が確定したことを知った時から1年以内に，嫡出否認の訴えを提起する必要があります。CASE 5-8 では，Cは判決確定の6か月後に訴えを提起していますので，出訴期間の要件は満たされています。

では，CASE 5-8 で，Cが提起した嫡出否認の訴えも認められた場合にはどうなるのでしょうか。Bは，Aを懐胎した時からAが生まれた時までの間に，Cとの婚姻とDとの婚姻の2つを経ていましたが，今やAはどちらの婚姻の子でもないということになってしまいました。したがって，婚姻による父の推定という仕組みはもはや働かず，今度は認知制度（⇒4）によってAの父を定めることになります。

4 認知制度

認知制度は，嫡出推定制度によって父と推定される者がいない場合に適用されます[14]。これには，母BがAを懐胎した時からAが出生した時までの間に一度も婚姻していなかった場合のほか，3の最後で見たように，その間に婚姻をしていたが，嫡出の推定が嫡出否認の訴えによってことごとく否定された場合があります。

認知には，任意認知と強制認知の2種類があります。それぞれを**1**と**2**で扱い，**3**で認知の効力について説明します。

1 任意認知

任意認知とは，子Aの父だと名乗り出たい男性（Cとします）が，Aは自分の子であるとみずから届け出る[15]というものです（779条，781条1項）。

要　件

任意認知が有効であるためには，認知する者に意思能力があること（780条はこのことを前提としています）と，届出をすること（781条1項）の2つが必要です。

これらに加えて，承諾もないと，任意認知の効力が認められない場合がいくつかあります。

認知される者	承諾をすべき者
①成年の子（782条）	当該成年の子
②胎児（783条1項）	子の母
③死亡した子（その者に直系卑属がいる場合に限る）（783条3項）	当該直系卑属（成年者である場合に限る）

すでに成年になっている子について任意認知をしようとする上記①の場合には，

note

[14] 説明　民法の規定からは，子の父だけでなく母を決める場合にも，認知制度の適用があるように見えます（779条や787条の「母」という文言を参照）。しかし，今日では一般的に，子の母が誰であるかは，出産という事実だけによって決まるものであり（→**Column 4**），認知制度は適用されないと理解されています。

[15] 発展　CがAを自分の子として認めるという遺言をすることもできます（781条2項）。この場合には，認知の届出は，遺言執行者が行います（戸64条）。これも任意認知の一種です。なお，遺言や遺言執行者について，詳しくは第**19**章を参照してください。

認知者は，子の監護費用を負担しなかったにもかかわらず扶養だけは受けようとする意図をもっていることが多いので，当該成年の子の承諾が必要とされています（782条）。

母の胎内（たいない）にいる子について任意認知をする上記②の場合（胎児認知といいます）には，子がまだ生まれていないので，母を特定する形で認知をする必要がある（戸61条）こととの関係で，母の承諾が必要とされています（783条1項）[16]。

上記③はややわかりづらいですが，Cが，すでに死亡している子Aを任意認知することによって，Aの子であるA'とのあいだに，祖父とその孫という関係があることを認めてもらおうとする場合を想像するとよいでしょう。このときも①と同様に，A'が成年である場合には，A'に扶養だけはしてもらおうという意図をCがもっていることが多いので，A'の承諾が必要とされています。

認知の無効の訴え

CASE 5-9

一度も婚姻をしたことのないB女が，自然生殖により子Aを懐胎し，出産しました。Aの法定代理人（親権者）はBです。C男は，Aが生まれた1年後にAを任意認知し，Aの戸籍には父がCである旨の記載がされています。しかし，Bは，Aの本当の父はCではなくD男ではないかと考えており，Dもそう考えています。

(1) 制度趣旨

CASE 5-9において，CがAについて任意認知の届出をする際に，自分とAとのあいだに遺伝上の関係があることを証明する必要はありません。したがって，Aを任意認知したCが，実はAの遺伝上の父ではないということも起こる可能性があります（このような認知を不実（ふじつ）認知といいます）。

そこで，786条は，CがAの遺伝上の父ではないという事実（同条のいう「反対の事実」）を主張して，Cの任意認知の効力を否定するための訴え（認知の無効の訴え）について，規定を設けています。

note

[16] 説明　もっとも，母Bの承諾を得てCが胎児認知をした後，Aが生まれる前に，Bが別の男性と婚姻することがありえます。この場合には，夫となった男性がAの父であるという推定が働くため，認知の効力は生じません（783条2項）。

(2) 訴訟要件

認知の無効の訴えも，嫡出否認の訴えと同じように，出訴権者が限定されており，出訴期間も定められています（もっとも，嫡出否認の訴えの出訴期間が3年間であったのとは異なり，7年間とされています）。誰が原告になるかと，いつが出訴期間の起算点になるかとの組み合わせは，次の通りです（786条1項各号）[17]。

原告	出訴期間（7年間）の起算点（胎児認知の場合を除く[18]）
①子（またはその法定代理人）	子（またはその法定代理人）が認知を知った時
②認知をした者	認知をした時
③子の母	子の母が認知を知った時

CASE 5-9では，Cがした任意認知につき，子A（法定代理人はB），認知をしたC，母Bのそれぞれが，認知の無効の訴えを提起することができます。なお，③の場合において，認知の無効の主張が子の利益を害することが明らかなときは，認知の無効の訴えの提起は認められません（786条1項柱書ただし書）。

これに対して，Aの父だと名乗り出たいDは，①〜③のどれにもあたりませんので，認知の無効の訴えを提起することができません。

(3) 子が21歳になるまでにみずから訴えを提起する場合

CASE 5-10

一度も婚姻をしたことのないB女が，自然生殖により子Aを懐胎し，出産しました。C男は，Aの出生の直後にAを任意認知し，Aの戸籍には父がCである旨の記載がされています。

Aが19歳のときにBが亡くなりましたが，それまでの間，Aはもっぱら Bによって養育され，Cと同居したことは一度もなく，CがAの監護費用を払ったこともありませんでした。Bの遺品から古い日記を発見してそれを読んだAは，自分の遺伝上の

note

[17] 発展 誰が被告となるかについて，嫡出否認の訴えの場合は民法で定められていますが（775条），認知の無効の訴えの場合は人事訴訟法12条の適用の問題となります。

[18] 発展 任意認知は認知者の一方的な行為であり，認知の届出が受理されても，届出が受理されたことを関係者に通知する制度はありません。したがって，任意認知がされても，子（またはその法定代理人）や子の母が，認知がされたことをすぐに知るとは限りません。子や子の母が認知の無効の訴えの原告となる場合（表の①および③）について，出訴期間の起算点が，認知を「知った時」であると定められているのは，このためです。しかし，胎児認知の場合には，子の母は，その承諾が必要とされていますので（783条1項），認知者が認知をしようとしていることを出産前に知ることができます。このような違いを考慮して，胎児認知について認知の無効の訴えを提起するときは，誰が原告となる場合であっても，出訴期間の起算点は子の出生の時とされています（786条1項柱書本文のかっこ書）。

父はCではないという確信を持ちました。

CASE 5-10は，嫡出推定制度のところでみたCASE 5-6と同じような事例です。CASE 5-10において，子Aは，21歳に達するまでのあいだ，同居もせず監護費用も払わなかったCがした任意認知の効力を否定するために，みずから認知の無効の訴えを提起することができます（786条2項）。

786条2項による認知の無効の訴えの趣旨は，成長した子に，みずからの考えに基づいて，父子関係を否定する資格を認めることにあります。したがって，子の法定代理人が，子の名において786条2項の認知の無効の訴えを起こすことは認められません（786条3項）。

⑷ 審理判断の対象

認知の無効の訴えの訴訟要件を満たしたときに，争いの主題となるのは，認知をした者と子の間に遺伝上の父子関係が存在しないかどうかです。

⑸ 訴えが認められた場合の効果

認知の無効を認める裁判が確定しますと，その裁判に基づいて，Aの父がCである旨の戸籍の記載が訂正され（戸116条），別の男性がAについて任意認知をすることもできるようになります[19]。

認知の取消しの禁止

CASE 5-11

一度も婚姻をしたことのないB女が，自然生殖により子Aを懐胎し，出産しました。Bは，Aを懐胎した時期に，妻子のいるC男と交際していましたが，それからすぐにCと別れていました。Bは，Aの出生直後に，Bが懐胎していることすら知らなかったCの前に現れ，「この子（A）はあなたの子です。あなたがAを認知してくれないならば，あなたを殺して私たちも死ぬ」と言って包丁をつきつけました。Cは，ここでAを任意認知しないと大変なことになると思って，Aを任意認知する届出をしました。

note

[19] 発展 子Aの戸籍で父がCと記載されているあいだは，別の男性DがAを認知する届出は受理しないというのが，戸籍実務の扱いです。これは，Aの父がCとDのどちらであるかを，戸籍の窓口では判断することができない（裁判所で判断してもらう必要がある）ためです。

785条は，「認知をした父又は母は，その認知を取り消すことができない」と規定しています。この規定の解釈として，次の2つの立場が主張されています。

(1) 意思主義

第1に，785条がいう「取り消すことができない」を，撤回することができないという意味だと解する立場があります。撤回とは，一度はある行為（ここでは任意認知）をしたが，気が変わったので，なかったことにしたいという意味であり，同条はそれを禁じているにすぎないと解釈するのです。

この解釈によれば，CASE 5-11 では，Cが，強迫（96条）を理由として任意認知を取り消してその効力を否定することは，撤回ではなくて取消しだから可能だということになります。

この考え方は，任意認知の内容が遺伝上の事実に合致していたとしても，任意認知をした者が完全に自発的に任意認知したのではないことに着目して，その効力を否定することを認めるので，(2)の事実主義との対比で意思主義と呼ばれます。

(2) 事実主義

第2に，同条がいう「取り消すことができない」とは，撤回だけではなく取消しも認めないという意味だと解する立場があります。

この立場だと，CASE 5-11 で，Cは，Bから強迫を受けたことを理由として，任意認知の効力を否定することはできません。そうであっても，もしAの遺伝上の父がCでないのであれば，Cは認知の無効の訴えを提起する資格がありますので（786条1項2号），Cはその事実を証明してAが自分の子であることを否定することができます。そうだとすれば，それで何も問題はないと考えるのです。

この立場は，任意認知が完全に自発的にされたのではなくても，遺伝上の事実に合致していれば，任意認知の効力を否定するまでもないと考えるので，事実主義と呼ばれます。

2 強制認知

強制認知とは

CASE 5-12

一度も婚姻をしたことのないB女が，自然生殖により子Aを懐胎し，出産しました。誰もAを任意認知していません。Bは，Aの父親として唯一心当たりがあったC男に，

Aを任意認知するよう迫りましたが，Cはこれに応じようとしません。Bは裁判に訴えてでも，Aの父がCであることをCに認めさせたいと考えています。

強制認知は，任意認知と対比される言葉で，民法では認知の訴えと呼ばれています（787条）。原告（子Aや，Aの直系卑属[20]）が，Aの父であると考える男性Cを被告として，AがCの子であることを裁判で認めさせることを目的とする訴えです。

CASE 5-12では，Cが任意認知をしなくても，母BがAの法定代理人（親権者）としてAの名で認知の訴えを提起し，Aの遺伝上の父がCであることを証明すれば，訴えが認められ，目的を達することができます。

死後認知

父であると思われる男性が死亡した後も，死亡の日から3年以内であれば，認知の訴えを提起することができます（787条ただし書）。これを死後認知といいます[21]。

3 認知の効力

CASE 5-13

一度も婚姻をしたことのないB女が，自然生殖により子Aを懐胎し，出産しました。Aの出生の3年後に，C男がAを任意認知しました。その後，Cがした任意認知の無効が主張されることはありませんでした。

認知の効力の遡及

CASE 5-13では，Aの父はCとなります。CはAの出生の3年後に任意認知をしましたが，Aの出生時にさかのぼって，Aの法律上の父であったことになります（784条本文）。このことは，Aの父が強制認知によって定まった場合も

note

[20] 説明 子Aがすでに死亡している状況のもとで，例えばAの子A'は，Cを被告として，AがCの子であることを認めさせるために認知の訴えを起こすことができます。

[21] 発展 死後認知の場合，死者を被告として訴えを提起することはできませんので，代わりに検察官を被告とします（人訴42条1項）。

同じです。

嫡出子と嫡出でない子の区別

嫡出子とは婚姻している男女のあいだの子であるということは，②2で述べました。これに対して，嫡出子にあたらない子は，民法では「嫡出でない子」と呼ばれていますが（779条など），非嫡出子とか婚外子（こんがいし）と呼ばれることもあります。

嫡出でない子の父は，認知制度によって定められます。認知がされなければ，子Aに法律上の父はいないことになり，Aの戸籍の父の欄も空欄となります。

嫡出子と嫡出でない子の区別は，婚姻している男女から生まれた子は正統であり，そうでない子は異端（いたん）であるという考え方を含んでいます。この考え方と関連するのが，準正（じゅんせい）という制度です。

準　正

婚姻をしていないB女が，C男とのあいだの子Aを懐胎し，その後，BとCが婚姻しないうちに[22]，Aが出生したとします。このとき，Aは嫡出でない子であり，認知がされない限りAに法律上の父はいません。しかし，①Aの出生後にBとCが婚姻し，かつ，②CがAを認知してAの法律上の父となった場合には，Aは「嫡出子の身分を取得する」とされています（789条）。嫡出でない子が嫡出子へといわば格上げされるのです。これを準正といいます。

①の婚姻と②の認知は，両方が揃えばよく，どちらが先であってもかまいません。また，Aが嫡出子の身分を取得するのは，①と②が両方揃った時点です（789条1項・2項）。

嫡出子と嫡出でない子を区別する意義

嫡出でない子が嫡出子へと格上げされることで，どのような違いが生じるのでしょうか。

かつては，嫡出でない子の法定相続分（→第14章）は嫡出子の2分の1とする

note

[22] 説明　すでに③1で学んだ通りですが，BがAを懐胎してからAが出生するまでの間に，母BがCと婚姻した場合には，Aの父はCであると推定され（772条1項後段），その推定を覆すには嫡出否認の訴え（774条）によらなければなりません。

とされており（2013年改正前の900条4号ただし書），これが，格上げのメリットとして最もわかりやすい点でした。しかし，最高裁は同規定が憲法14条1項に違反すると判断しました（最大決平成25年9月4日民集67巻6号1320頁）。これを受けて，同規定は削除されました。

現在では，嫡出子と嫡出でない子とで民法上異なる取扱いを受ける点として，本章で学んだ親子関係の決め方のルールのほか，親権者の決め方のルール（→第**7**章 1）や子の氏の決まり方（790条）がありますが[23]，いずれも，嫡出でない子には法律上の父がいるとは限らないという事情に対応する形で，異なる取扱いをすることを定めているにすぎません。

海外では，婚姻していないカップルから生まれた子の割合が日本よりもずっと高い国も少なくなく，そのような国の中には，嫡出という概念を廃止したところもあります。

note

[23] 発展 そのほかに本章の内容に関連することとして，戸籍法49条2項1号は，出生の届書に，子が嫡出子か嫡出でない子かを記載することを求めています（出生届の書式にも，どちらかを選択するチェック欄が設けられています）。判例（最判平成25年9月26日民集67巻6号1384頁）は，この規定は嫡出でない子について嫡出子との関係で不合理な差別的取扱いを定めたものとはいえず，憲法14条1項に違反するものではないと判断しています。

POINT

1 子が生まれたときに，その子の法律上の親が誰であるか（身分関係）は，生まれて間もない時期に決められる必要があります（身分関係の早期確定の要請）。また，いったん決まった身分関係は，簡単に覆されるべきではありません（身分関係の安定性の要請）。遺伝上の親子関係とは別に，法律上の親子関係を考える必要があるのは，このためです。

2 子を出産した女性が，その子の法律上の母となります。

3 子の法律上の父を定める方法としては，嫡出推定制度（772条以下）と認知制度（779条以下）の2つがあります。嫡出推定制度が適用できない場合にだけ，認知制度の適用が問題となります。

4 嫡出の推定とは，母が，子を懐胎（かいたい）した時から子の出生の時までの間に婚姻をしていた場合に，その婚姻の相手（夫）がその子の父であると推定することをいいます（772条）。

5 嫡出の推定を覆すためには，嫡出否認の訴えを提起して，子の父として推定された者が遺伝上の父ではないことを証明する必要があります。

6 嫡出否認の訴えを提起することができる者の範囲（出訴（しゅっそ）権者）は制限されており（774条），また，訴えを起こすことのできる時期（出訴期間）も制限されています（777条）。これらの制限（訴訟要件）を守らずに提起された嫡出否認の訴えは，子の父として推定された者が遺伝上の父でないかどうかを審理することなく却下（きゃっか）され，その場合には，嫡出の推定が維持されたままになります。

7 子は，21歳になるまでのあいだ，子の父として推定されている者を被告として，みずから嫡出否認の訴えを提起することができます（778条の2第2項）。

8 認知には，任意認知（779条）と強制認知（認知の訴え。787条）の2つがあります。

9 任意認知が有効であるためには，認知する者に意思能力があること（780条参照）と届出（781条）が必要です。

10 任意認知の内容が遺伝上の父子関係に反するときは，認知の無効の訴え（786条）によって，任意認知の効力を否定することができます。認知の無効の訴えにも，嫡出否認の訴えと同様に（→6），出訴権者や出訴期間に制限があります。

11 認知の効力は，子の出生時にさかのぼります（784条）。

CHAPTER

第6章

養親子関係・生殖補助医療 ——親子②

INTRODUCTION

本章では，養子縁組と生殖補助医療により形成される法的親子関係について扱います。

養子縁組は，親子関係がない者の間に人為的に法的親子関係（養親子関係）を作り出す制度です。養子縁組には，普通養子縁組と特別養子縁組があります。養子縁組が成立することにより親となる者を養親，子となる者を養子といいます。

普通養子縁組 792条以下

普通養子縁組の成立と効果，そして縁組を解消する離縁について説明します。

特別養子縁組 817条の2以下

特別養子縁組の成立と効果について説明します。

生殖補助医療 生殖補助医療特例法9条～10条

自然に子をもうけることができない場合に，医学的な手段を用いて子を懐胎させることがあります。そのような医療行為を生殖補助医療といいます。

生殖補助医療を行う際にどのような技術が用いられているか，生殖補助医療により生まれた子の父や母は誰であるか，という点について説明します。

1 普通養子縁組

普通養子縁組は，さまざまな目的で行われています。たとえば，親子関係が成立すると養子は養親が死亡したときに子として相続人になるので，相続目的で普通養子縁組をする場合があります。実態としては，連れ子（配偶者の子）を養子にする，孫を養子にするなど，親族間で普通養子縁組が行われることが多いです。

1 普通養子縁組の成立

縁組意思

CASE 6-1

A・B夫婦は，子Cを学区外の小学校に入れるために，その学区内に住む親せきDに，Cと普通養子縁組するように頼みました。Dは，Cの養育は引き続きA・Bが行い，Dは養育しないという条件で養子縁組をすることを承諾しました。このような養子縁組は有効といえるでしょうか。

普通養子縁組が成立するには，養親と養子の間で養子縁組により親子となる意思（縁組意思といいます）が必要となります。縁組意思がないときには，その縁組は無効となります（802条1号）。CASE 6-1 のDは，Cを養育する意思がない以上，Cと親子となる意思はありません。したがって，縁組意思を欠いているということになり，この縁組は無効となります（岡山地判昭和35年3月7日判時223号24頁）。

もっとも，判例は，比較的緩やかに縁組意思を認めています。たとえば，相続人の数が増えると相続税が安くなるため，その節税効果を見込んで孫と養子縁組をした事例でも，相続税の節税の動機と縁組をする意思は併存しうるとして，縁組意思を認めることができるとしています（最判平成29年1月31日民集71巻1号48頁）。

届出

普通養子縁組が成立するためには，養子縁組をするという届出も必要です

（799 条が 739 条を準用）。

その他の要件

(1) 養子となる者に関する要件

成年者も未成年者も，養子になることができます。養子となる者に関する要件として，①意思表示を行う者に関するルールと②家庭裁判所の許可を必要とする場合に関するルールがあります（以下の表も参照してください）。

		未成年者	
		15 歳未満	15 歳以上 18 歳未満
承諾者		法定代理人による代諾（797 条 1 項）	子自身による承諾
家庭裁判所による許可	原則	必要（798 条本文）	
	自己または配偶者の直系卑属を養子にする場合	不要（798 条ただし書）	

(a) 意思表示を行う者　15 歳未満の子が養子となる場合は，法定代理人（原則として親権者）[1]が子に代わって養子縁組をすることについて承諾の意思表示をします（797 条 1 項）。この法定代理人による承諾のことを代諾（だいだく）といいます。

父母が離婚をした場合や父母が婚姻をしていない場合，親権者は 1 人となります（819 条）。もっとも，親権者とならなかった父母の一方を監護者（子を養育する権利を持つとともに義務を負う者）とすることができます（766 条 1 項，771 条，788 条。この点は第 **8** 章 **1** 1 で学びます）。親権者のほかに監護者がいる場合，親権者が代諾をするには，監護者の同意が必要です（797 条 2 項）。

15 歳未満の子については，子自身の承諾は不要です。15 歳以上の子が養子になる場合には，子自身が承諾をします。

(b) 家庭裁判所の許可　15 歳未満の子も含めて，未成年の子と養子縁組を

note

[1] 用語　未成年の子には，法律上子を代理して行為する者があらかじめ定められています。このような法律に基づいて代理権を行使する者のことを法定代理人といいます。未成年の子の法定代理人は原則として親権者です（誰が親権者となるのかについては，第 **7** 章 **1** 1 を参照してください）。未成年の子に親権者がいない場合，未成年後見人が法定代理人となります（誰が未成年後見人になるのかについては第 **9** 章 **1** 1 を参照してください）。

するには原則として家庭裁判所の許可が必要です（798条本文）。養親となる者が縁組をしようと思った動機や養親の親としての適格性（たとえば，養親の経済状況が子を養育するのに十分であるか）などを家庭裁判所の裁判官が審査して，養子となる子に不利益が及ばないようにしています。

ただし，自己または配偶者の直系卑属（たとえば自分の孫，配偶者の連れ子）を養子にする場合は，家庭裁判所の許可は不要とされています（798条ただし書）。この場合は，子の利益が害されるおそれが少ないと考えられるためです。

⑵ 養親に関する要件

⒜ 年齢　養親となる者は20歳に達した者でなければなりません（792条）。成年年齢である18歳（4条）よりも高い年齢となっています。他人の子を法律上自己の子として育てるという重い責任を伴うものであることを考慮して，この要件がもうけられています。

⒝ 養子となる者が未成年の場合　養子となる者が未成年の場合には，配偶者とともに縁組をしなければなりません（795条）。これを夫婦共同縁組といいます。養子が未成年の場合は，養親の配偶者も親として養育にあたることが望ましいと考えられますので，夫婦共同縁組をすることが義務づけられているわけです。

⇒第5章22
ただし，配偶者の嫡出子を養子とする場合（たとえば，妻が再婚前にもうけた嫡出子と夫が養子縁組をする場合）は，配偶者は実親ですので，単独で養子縁組をすることができます（795条ただし書）。配偶者が病気などのために意思を表示することができない場合にも，単独で養子縁組をすることができます（同条ただし書）。

⑶ 養子となる者と養親となる者，双方に関係する要件

⒜ 配偶者がいる場合　配偶者のある者が縁組をするには，その配偶者の同意を得なければなりません（796条本文）。この条文は，養親となる者に配偶者がいる場合も，養子となる者に配偶者がいる場合も適用されます。

たとえば，養親となる者に配偶者がいる場合，養親となる者が縁組をすると，その者が死亡したときに配偶者の相続分が減る場合があります（相続分については第14章を参照してください）。このように養子縁組をすることにより配偶者にも影響が及ぶことが多いため，配偶者の同意を要求することにより，配偶者の利益にも配慮しているわけです。

ただし，配偶者とともに縁組をする場合や配偶者が病気などのために意思を表示できない場合には，同意は不要です（796条ただし書）。

795条，796条のルールをまとめると，次の表のようになります。

	795条：養子となる者が未成年の場合	796条：配偶者がいる場合
適用対象	養子となる者のみ	養子となる者・養親となる者双方
原則	配偶者とともに縁組をする必要（795条本文）	配偶者の同意が必要（796条本文）
例外	単独で縁組をすることが可能（795条ただし書） ①配偶者の嫡出子を養子とする場合 ②配偶者が意思を表示することができない場合	配偶者の同意は不要（796条ただし書） ①配偶者とともに縁組をする場合 ②配偶者が意思を表示することができない場合

(b) **その他**　尊属または年長者を養子にすることはできません（793条）。また，後見人と被後見人（後見については第**9**章を参照）が養子縁組をするときには，家庭裁判所の許可が必要とされています（794条）。

養子縁組の無効と取消し

養子縁組の意思がない場合，および養子縁組の届出がない場合には，その養子縁組は無効になります（802条1号）。ただし，届出がない場合には，そもそも養子縁組が成立しないと理解されます（婚姻の場合も同様です。第**2**章**22**を参照）。

それ以外の要件に反して養子縁組の届出がされたときは，その届出は受理されません（800条）。誤って受理された場合は，民法が定める一定の要件の下で家庭裁判所に養子縁組の取消しを請求することができます（803条～808条）。

2　普通養子縁組の効果

CASE 6-2

A・B夫婦は，C・D夫婦の間に生まれた子Eと養子縁組をしました。この場合，A・BとEとの間にどのような効果が生じるでしょうか。また，Eの実親であるC・D夫婦とEとの間にはどのような効果が生じるでしょうか。

親子関係の発生

養子縁組により，縁組の日から，養親と養子の間に親子関係が発生します（809条）。809条は，養子は「嫡出子の身分を取得する」と規定していますので，親権（養子が未成年者の場合。818条2項），扶養（877条），相続（887条）などについて，嫡出子と同様の法律関係が生じることになります。氏（うじ）も，養親の氏を称します（810条）。

実親・実方との関係

実方（じつかた）とは，養子からみて，自分の血縁に基づく血族関係にある親族の側のことをいいます。CASE 6-2 でいえば，Eから見て，実親（じっしん）C・Dおよびその親族を指します。普通養子縁組が成立しても，養子と養子の実方の父母およびその血族との親族関係は終了しません。

実親との関係が終了しないため，実親が死亡した場合には，実子に相続権が生じます。実親・実子間の扶養義務も消滅しません。ただし，養子が未成年の場合，親権は養親にあります（818条2項）。

養方との関係

養子から見て，養親を通じての親族の側を養方（ようかた）といいます。CASE 6-2 でいえば，Eから見て，養親A・Bおよびその親族を指します。

縁組による親族関係について，727条は，養親および養親の血族と養子の間に，血族間と同一の親族関係が発生すると定めています。このように，養子縁組により形成される血族関係を法定血族関係といいます。CASE 6-2 の場合，養親A・Bの血族とEとの間に血族関係が生じます。

一方，727条によれば，養親と養子の血族の間には親族関係は生じません。CASE 6-2 の場合，養親A・BとEの血族（例えばEの実親C・D）との間に親族関係は生じません[2]。

note

[2] 発展 養子Eに子がいる場合，次のようになります。Eに縁組前にもうけた子がいる場合には，その子は養子の血族にあたりますが，727条によれば養親と養子の血族との間には親族関係は生じないこととされているので，養親A・Bとの間に親族関係は生じません。これに対して，Eに縁組後にもうけた子がいる場合には，縁組により生じた養親A・Bと養子Eとの間の法定血族関係を前提に血族関係が生じるので，Eの子と養親A・Bとの間に親族関係が生じます。

3 離　縁

離縁の手続

(1) 協議離縁

普通養子に関しては，養子縁組をした養親と養子の間の協議により縁組の解消をすることができます（811条1項）。これを協議離縁といいます。養子が15歳未満の場合，養親と養子の離縁後にその法定代理人となるべき者との間の協議が必要となります（811条2項）。協議離縁は，届出によって，その効力が生じます（812条が準用する739条）。

(2) 調停離縁・裁判離縁

(a) 調停離縁　　離縁について合意に至らない場合，離縁を求める者は，家庭裁判所に離縁の調停を申し立てなければなりません。養親と養子が調停により離縁することを調停離縁といいます。離婚の場合と同様，離縁についても調停前置主義がとられています（家事244条，257条）。

(b) 裁判離縁　　調停を行っても合意に至らない場合には，離縁を求める者から離縁の訴えが提起されます。離縁の訴えを提起して，判決で離縁が認められる場合を裁判離縁といいます。これは，次のどれかにあたる場合にしか認められません（814条1項）。

第1は，養子縁組の当事者のうち，他の一方から悪意で遺棄（いき）されたときです。「悪意」とは，相手を害する意図をもってという意味です（裁判離婚に関する770条に関する説明〔第3章23〕も参照）。「遺棄」とは，親子として求められる物質的な援助や精神的な支援を行わなかったり，共同生活を行わなかったりすることをいいます。

第2は，他の一方の生死が3年以上明らかでないときです。

第3は，その他縁組を継続し難い重大な事由があるときです。たとえば，養親が養子に暴力をふるうときが，これにあたります。

(3) 死後離縁

縁組の当事者の一方が死亡した後に，生存当事者は，家庭裁判所の許可を得て離縁をすることができます（811条6項）。これを死後離縁といいます。

たとえば，養親が死亡したとしても，養子と養親の親族との親族関係があります（727条）ので，養子は養親の親族を扶養する義務を負う場合があります（877条参照）。この場合，死後離縁をすれば，このような義務を免れることができます。

離縁の効果

(1) 親族関係の終了

離縁により，養親子関係，養子と養親の血族との親族関係，縁組後に生じた親族関係（例えば，縁組後に生まれた養子の子と養親の血族との関係）が終了します（729条）。

(2) 氏

養子は，離縁により，縁組前の氏に戻ることになります（816条1項）。もっとも，縁組により養子が長期間養親の氏を称してきた場合，縁組前の氏を称することによって，養子や，養子が婚姻している場合にはその配偶者などに不利益が生じる可能性があります。そのため，816条2項は，縁組の日から7年以上経過して離縁をする場合に，養子は，離縁の日から3か月以内に届出を行うことにより，養親の氏を称し続けることができることとしています。

特別養子縁組

特別養子縁組は，両親とも死亡した場合や，両親により虐待（ぎゃくたい）を受け，その両親の親権が奪われた場合などに，子に新たな家庭を与えるために用いられる養子縁組です。

1 特別養子縁組の成立

特別養子縁組が成立するには，以下に説明するような要件を満たした上で，家庭裁判所の審判という手続を経る必要があります。

養子となる者についての要件

(1) 原　則

特別養子縁組が成立するには，家庭裁判所による特別養子縁組の成立を認める審判が必要となります（817条の2）。特別養子縁組の審判を請求する時に15歳に達している者は，養子となることができません（817条の5第1項前段）。特別養子縁組が成立するまでに18歳に達した場合も，養子となることができません（817条の5第1項後段）。

(2) 例　外

特別養子縁組の審判を請求する時に15歳に達していても特別養子縁組の成立が認められる場合があります。その場合には，次の表の①～④のすべての要件を満たす必要があります。

①15歳に達する前から養親となる者が養子となる者を監護してきた（817条の5第2項）
②15歳に達するまでに特別養子縁組成立の審判の請求をしなかったことにつきやむを得ない事由がある（817条の5第2項）
③養子となる者の同意（817条の5第3項）
④特別養子縁組が成立するまでに18歳に達していない（817条の5第1項後段）

養親となる者についての要件

養親となる者は，配偶者がある者でなければならず（817条の3第1項），配偶者とともに縁組を行わなければなりません（817条の3第2項本文）。ただし，夫婦の一方が他の一方の嫡出子の養親となる場合（配偶者の連れ子を養子とする場合）は，一方のみの縁組が可能です（817条の3第2項ただし書）。

また，養親となる者の少なくとも一方が25歳以上，他方が20歳以上でなければなりません（817条の4）。養親と養子の間に一定の年齢差が必要であると考えられているためにこのような要件があります。

実父母の同意

後に効果の部分[⇒2]で見る通り，特別養子縁組により，養子と養子の実方の父母およびその血族との間の親族関係が終了します（817条の9）。そのような重要な効果が発生するため，実父母の同意が要求されています（817条の6）。

ただし，①実父母がその意思を表示することができない場合，または②実父母による虐待，悪意の遺棄[⇒13]があるなど，養子となる者の利益を著しく害する事由がある場合には，実父母の同意なしに縁組を行うことができます（817条の6ただし書）。

要保護性

家庭裁判所は，①実父母による養子となる者の監護が著しく困難または不適当であるなど特別の事情がある場合であり，②子の利益のため特に必要があると認めるときに，特別養子縁組を成立させます（817条の7）。この①・②の要件をあわせて要保護性といいます。

家庭裁判所の審判

特別養子縁組を認める必要があるかどうかを判断するため，家庭裁判所による審判が必要とされています（817条の2）。

(1) 試験養育

また，家庭裁判所は，特別養子縁組の成否を判断するにあたり，養親になろうとする者が6か月以上の期間，実際に子を引き取って同居し，監護した状況を考慮しなければなりません（817条の8）。この養親となる者による特別養子縁組成立前の養育を試験養育といいます。

(2) 2段階の手続

家庭裁判所の審判は，①実父母による同意の有無や要否（817条の6の要件が満たされるか）および②実父母による養育の状況（817条の7にいう「特別の事情」があるか）を判断する第1段階の手続（特別養子適格の確認の審判事件）と，試験養育期間における監護の状況を考慮しながら，特別養子縁組を成立させることが子の利益のため特に必要があるといえるか（817条の7）を判断する第2段階の手続（特別養子縁組の成立の審判事件）に分かれています（家事164条，164条の2）。

2 特別養子縁組の効果

実親子関係の終了

特別養子縁組の成立が認められると，養子と養子の実方の父母およびその血族との親族関係が終了します（817条の9）。

離縁の制限

特別養子縁組によって成立した親子関係をできるだけ実親子関係に近づけ，養親子関係を安定的なものにするため，離縁も制限されます。

離縁が認められるのは，①養親による虐待，悪意の遺棄その他養子の利益を著しく害する事由があり，かつ，②養子の実父母が相当の監護をすることができる場合に限られています。これらの要件が満たされる場合，家庭裁判所の審判により離縁が認められます（817条の10）。離縁の請求ができるのは，養子・実父母・検察官です（同条）。養親は離縁の請求ができません。

 生殖補助医療

1 2つの技術――人工授精と体外受精

自然に懐胎ができない場合に，医学的な手段を用いて子を懐胎させることを生殖補助医療といいます。生殖補助医療を行う際の基本的な技術には，人工授精と体外受精の2つがあります。

人工授精

人工授精とは，注射器のようなもので女性の子宮内に精子を送り込む技術です。不妊治療として配偶者間で行われる場合（夫による人工授精 Artificial Insemination by Husband の頭文字（かしらもじ）を取り AIH と呼ばれます）と，ドナー（提供者のこと）が提供する精子を用いて人工授精が行われる場合（ドナーによる人工授精 Artificial Insemination by Donor の頭文字を取り AID と呼ばれます）があります。

体外受精

体外受精とは，女性の卵巣から卵子を取り出し，これを体外で受精させて子宮に戻す技術です。2021年に体外受精により生まれた子の数は6万9797人であり，その年に生まれた子（81万1622人）の約11.6人に1人が体外受精により生まれていることになります。

2 生殖補助医療と親子関係

生殖補助医療行為により生まれた子の父は誰か，母は誰かといった法的親子関係に関するルールとして，2020年に「生殖補助医療の提供等及びこれにより出

生した子の親子関係に関する民法の特例に関する法律」(生殖補助医療特例法）が制定されました。

以下では，①AIDにより生まれた子の父子関係と②代理出産により生まれた子の母子関係について説明します。

AIDにより生まれた子の父子関係

CASE 6-3

夫Aと妻Bは，Aに不妊の原因があったため，ドナーの精子を提供してもらおうと決断しました。そこで，Bは，Cが提供した精子を用いて懐胎し，子Dを出産しました。この場合，Dの父は誰になるでしょうか。

CASE 6-3のようにAIDにより子が生まれた場合，父は誰かという問題が生じます。なぜなら，生まれた子と遺伝的なつながりがあるのは，夫Aではなく，精子提供をした第三者Cだからです。民法の規定によれば，夫婦が婚姻をしている場合には，772条により，生まれた子の父は夫（CASE 6-3であればA）であると推定されます。ただし，夫，子または妻が嫡出否認の訴え（775条）を提起して，夫と子の間に遺伝的なつながりがないことを証明して，子との間の親子関係を否認されるおそれがあります。

そこで，生殖補助医療特例法10条では，妻が，夫の同意を得て，夫以外の男性の精子を用いた生殖補助医療により懐胎した子については，夫，子または妻は，嫡出否認の訴えを提起して，夫とその子との間の親子関係を否認することができないこととしています。夫がAIDにより子をもうけることに同意をしたのであれば，子が生まれた後に親子関係を否定して，子に父がいないという不安定な状態を作ってはならないといえるからです。

代理出産により生まれた子の母子関係[3]

CASE 6-4

夫Aと妻Bは，Bに自分で出産をすることのできない病気があったため，Cに代理出産を依頼することにしました。そこで，Aの精子とBの卵子を体外で受精させ，その受精卵を用いてCがDを出産しました。この場合，Dの母は誰になるでしょうか。

⑴ 2つの代理出産の類型

代理出産には，2つの類型があります。第1は，依頼者である夫の精子と第三者である女性の卵子を人工授精によって受精させ，その女性が出産した子を依頼者夫婦に引き渡すというものです。これをサロゲートマザー（surrogate mother）[4]といいます。

第2は，CASE 6-4のように，依頼者夫婦の精子と卵子を体外受精により受精させた上で，その受精卵を用いて第三者である女性を懐胎させ，その女性が出産した子を依頼者夫婦に引き渡すというものです。これをホストマザー（host mother）[5]といいます。

⑵ 「出産者＝母」ルール

古い判例は，生まれた子が，出産した者とは異なる夫婦の子として出生届が出された事案で，出産の事実により当然に出産者と子との間の母子関係が成立するとしています（最判昭和37年4月27日民集16巻7号1247頁）。この判例により，出産者が法律上の母になるというルールが確立しました。

⑶ 平成19年（2007年）決定

その後，ホストマザーの場合のように，生まれた子と遺伝的なつながりがある女性（CASE 6-4のB）と出産した女性（CASE 6-4のC）が異なる場合が現れることとなりました。

最決平成19年3月23日民集61巻2号619頁は，ホストマザーの場合でも出産者（CASE 6-4のC）が母となると述べています。それは，次のような理由によります。

出産者を母とするという明確な基準で母を一律に決めれば，子が生まれた時から母親が必ず定まることになります。それは，子に安定的に母を与えるルールで

note

3 応用 日本では，代理出産を禁じる法律はありません。そこで，日本産科婦人科学会という産婦人科医からなる団体が作った自主的なルールにより対処がされています。それによると，代理出産を望む者のために生殖補助医療を実施してはならないとされています（日本産科婦人科学会「代理懐胎に関する見解」2003年4月）。本文では，それにもかかわらず代理出産が行われた場合に母子関係をどのように定めるのかについての説明を行います。

4 用語 サロゲートマザーのサロゲート（surrogate）には，「代理・代行」という意味があります。そこで，代理母が自らの卵子と母胎の機能を他人に代わって用いることにより子をもうけることを指して，サロゲートマザーといいます。

5 用語 ホストマザーのホスト（host）には，「宿主」という意味があります。そこで，代理母が自らの卵子を用いずに受精卵だけ迎え入れることを指して，ホストマザーといいます。

あり，子にとっても望ましいことであるといえます。

これに対して，ホストマザーの場合に，遺伝的なつながりがある女性を母としてしまうと，誰が母かはDNA鑑定をしないと分からないこともありえます。そのようなことが起こりうること自体，子にとって望ましいことではありません。

⑷　生殖補助医療特例法（2020年）

生殖補助医療特例法9条も，平成19年決定と同じ立場をとっています。つまり，女性が自己以外の女性の卵子を用いた生殖補助医療により子を懐胎し，出産したときは，その出産をした女性をその子の母とすることとしています。

サロゲートマザーの場合は，代理母が自らの卵子を用いて子をもうけており生殖補助医療特例法9条は適用されませんが，先に紹介した昭和37年判決により出産者が母とされていますので，代理母が法律上の母となります。

ただし，前述した普通養子縁組や特別養子縁組の要件を満たせば，A・BがDの養親となることは可能です。

POINT

1. 養子縁組は，養親と養子の間の合意をもとにして親子関係を作り出す制度です。養子縁組には，普通養子縁組と特別養子縁組があります。
2. 普通養子縁組が成立するには，縁組意思と届出が必要です。養子が 15 歳未満の場合，親権者が養子となる者に代わって承諾をします。未成年の子と養子縁組をするには，原則として家庭裁判所の許可が必要です。
3. 普通養子縁組が成立しても，養子と養子の実方の父母およびその血族との親族関係は終了しません。
4. 普通養子縁組については，当事者の協議により，または調停や裁判により離縁をすることができます。
5. 特別養子縁組が成立するには，実父母の同意（817 条の 6。ただし，養子となる者の利益を著しく害する事由がある場合には，実父母の同意が不要となります〔同条ただし書〕），要保護性（817 条の 7），試験養育（817 条の 8）が必要です。家庭裁判所の審判も必要とされています（817 条の 2）。
6. 特別養子縁組が成立すると，養子と養子の実方の父母およびその血族との親族関係が終了します（817 条の 9）。
7. 自然に懐胎ができない場合に，医学的な手段を用いて懐胎・分娩させることを生殖補助医療といいます。生殖補助医療を行う際の基本的な技術には，人工授精と体外受精の 2 つがあります。
8. AID（ドナーによる人工授精）により妻が子を産んだ場合，772 条により，夫の子と推定されます。妻が，夫の同意を得て，夫以外の男性の精子を用いた生殖補助医療により懐胎した子については，夫，子または妻は，嫡出否認の訴えを提起して，その子との間の親子関係を否認することができません（生殖補助医療特例法 10 条）。
9. 夫婦ではない第三者の女性に，妻に代わって懐胎してもらい，生まれた子を夫婦に引き渡す行為を代理出産といいます。代理出産にはサロゲートマザーの場合とホストマザーの場合がありますが，いずれについても生まれた子の母は，出産をした女性です。

CHAPTER

第7章 親　権

INTRODUCTION

本章では，親権について学びます。

親権者　818条，819条，833条

818条1項は「成年に達しない子は，父母の親権に服する」と規定しています。未成年の子に対して親権を行使する者（父母）を，親権者といいます。1では，誰が親権者になるのかを扱います。

親権の内容　820条～832条

2では，親権者が未成年の子に親権を行使するとは，具体的にどのようなことかについて，学びます。

親権の制限　834条～837条

子を虐待（ぎゃくたい）するなど，親権が適切に行使されない状況がある場合には，親権を行使する資格を制限する必要があります。これについて，3で学習します。

1 親権者

1 親権者の決定

未成年の子の親権者となるのは，その子の父母です（818条）。では，父母の両方が生きている場合には，両方が親権者となるのでしょうか。

嫡出子の場合

(1) 父母の婚姻中

CASE 7-1

A（5歳）の父母はB_1とB_2です。Aが生まれたときにB_1とB_2は婚姻していましたが，Aが3歳のときにB_2が亡くなりました。

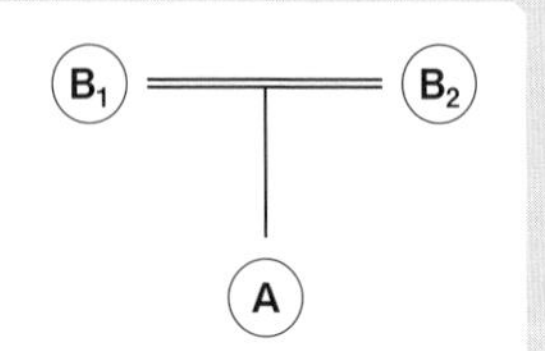

未成年の子の父母が婚姻している間は，父母が共同して親権を行使します（818条3項本文）。これを共同親権といいます。「共同して行う」というのは，両方が一致して行使する必要があるという意味です。ただし，一方の親が，行方不明などの理由で，親権を行使することができない場合には，他方の親だけで親権を行使します（818条3項ただし書）。

CASE 7-1では，B_2が亡くなるまでの間は，Aの親権者はB_1とB_2の両方です。

(2) 父母の一方が死亡したとき

CASE 7-1では，その後のB_2の死亡により，Aの親としてはB_1だけが残されました。このときは，残されたB_1だけがAの親権者となります。

(3) 父母が離婚したとき

CASE 7-2

A（5歳）の父母はB_1とB_2です。Aが生まれたときにB_1とB_2は婚姻していましたが，Aが3歳のときに離婚しました。

共同親権となるのは，父母の両方が生きており，かつ，その2人が婚姻中である場合に限られます。それ以外の場合には，1人の親権者が単独で親権を行使します。これを単独親権といいます。

CASE 7-2 において，B_1・B_2 夫婦が離婚する際には，どちらが親権者になるかを決める必要があります。

B_1・B_2 夫婦が協議離婚⇒第3章 1 2（763条）をする場合には，B_1 と B_2 の協議により，どちらか一方を親権者と定めます（819条1項）。未成年の子について，どちらが親権者になるかを離婚届に記載しなければ，離婚届は受理されず（765条1項），その場合には離婚は成立しないことになります。

これに対して，B_1・B_2 夫婦が裁判離婚⇒第3章 1 4（770条）をする場合には，離婚を認める判決において，裁判所がどちらか一方を親権者として定めます⇒第8章 1（819条2項）。

嫡出でない子の場合

CASE 7-3

一度も婚姻をしたことがないB女が，子Aを懐胎し，出産しました。Aが1歳のときに，C男がAを任意認知しました。

ここまで，嫡出子の場合を考えてきました。では，嫡出でない子の親権者はどのように決まるのでしょうか。

CASE 7-3 では，Aが生まれてからCがAを認知するまでの間，Aの法律上の親としては母Bだけがいました。この間は，BがAの親権者となります。

その後，CがAを認知し，Aには法律上の母だけでなく父もいるようになりましたが，Aの親権者が母Bだけであることは変わりません。もっとも，両親であるBとCの協議により，父Cの方をAの親権者と定めることもできます（819条4項）。ただ，BとCは婚姻していませんので，両方ともAの親権者になるということは起こりません。

2 親権者の変更

親権者の変更の要件と手続

CASE 7-4

CASE 7-2 で，離婚の際に B_2 がAの親権者と定められました。その後は B_2 がAを養育しており，B_1 は仕事の都合で引っ越したこともあり，なかなかＡに会うことができませんでした。B_1 は，自分の方がＡの親権者にふさわしいと考えています。

CASE 7-4 では，B_1 が家庭裁判所に親権者の変更を請求して，その請求が認められた場合に限り，Ａの親権者が B_1 に変更されます。請求が認められるためには，「子の利益のため必要がある」と認められることが必要です（819 条 6 項）。

離婚の際に親権者と定められた者が死亡した場合

CASE 7-5

CASE 7-2 で，離婚の際に B_2 がＡの親権者と定められました。その後は B_2 が，近所に住んでいた妹Ｃの手も借りつつ，Ａを養育していましたが，Ａが９歳のときに B_2 が亡くなりました。B_1 は，Ａの親権者としてＡを養育したいと考えています。

CASE 7-5 において，B_2 が死亡した後に，B_1 はＡの親権者になることができるのでしょうか。B_1 もＡの親なのだから，親権者になることができて当然だと考えることもできそうです。しかし，B_1 が親権者としてＡの養育を担うのにふさわしい人物であるとは限りません。

そこで，家庭裁判所は，CASE 7-5 のような事例においては，B_1 がＡの親権者として適切かどうかをみて，特に問題がないのであれば B_2 から B_1 に親権者を変更する裁判をします[1]。逆に，ＡがＣによくなついているような場合であれば，家庭裁判所はＣの方を，未成年後見人⇒第 9 章 1として選任することもあります（838 条 1 号，840 条）。

3 普通養子縁組がされた場合

CASE 7-6

Ａ（17 歳）の実父母は B_1・B_2 夫婦です。Ａは 16 歳のときに C_1・C_2 夫婦の普通

note

[1] 発展　この裁判は，819 条 6 項に基づく審判（家事別表第二 8 項）という形をとります。819 条 6 項が本来想定しているのは，自分こそが親権者としてふさわしいと父母が主張して対立するという場合ですが，CASE 7-5 では B_2 は死亡しており，B_1 と B_2 が対立するという構図にはなっていません。そこで，819 条 6 項に基づく審判の手続を転用する扱いが，家庭裁判所ではとられています。

養子になりました。

普通養子縁組(⇒第6章1)の場合，実親との関係は残りますので，実親と養親の両方が法律上の親となります。しかし，親権との関係では，養親の方だけが親権者となります（818条2項）。CASE 7-6 では，養親の C_1 と C_2 がAの共同親権者となります（818条3項）。

4　親権の代行

CASE 7-7

A（0歳）の母は，婚姻していないB女（16歳）であり，Aについて認知（→第5章4）はされていません。Bの親権者はC（38歳）です。

CASE 7-7 では，Aは嫡出でない子であり，Aについて認知はされていないので，Aの法律上の父はいません。したがって，母Bが単独でAの親権者となります(⇒11)。しかし，Bが未成年のあいだは，Aに対する親権は，Bの親権者であるCが，Bに代わって行使します（親権の代行。833条）。

親権の内容

親権の内容は，次の2つに分けられます。

第1は，「子の監護及び教育をする」ことです（820条）。これは身上監護権（しんじょう）と呼ばれます。以下の1と2で説明します。

第2は，「子の財産を管理し，かつ，その財産に関する法律行為についてその子を代表する」ことです（824条本文）。これは財産管理権と呼ばれます。以下の3と4で説明します。

1　身上監護権の内容

820条と821条は，監護と教育とを分けて書いています。しかし，どちらも未成年の子を健全に育てることに関わっており，監護と教育を厳密に分けて考える必要はありません。両者をまとめて「養育」ということもあります（828条など）。

820条および821条は，身上監護権の行使にあてはまる一般的な規定です。⇒22これに対して，822条と823条は，身上監護権のうち，居所（きょしょ）の指定と職業の許可について特に規定しています[2]。

なお，子の監護費用[3]（養育費）を負担することは親権の問題ではなく，法律上の親であれば親権者でなくても監護費用を負担すべきものと考えられています。⇒第9章4

2 身上監護権の性質

身上監護権の行使について，820条は，親権者は「子の利益のために……権利を有し，義務を負う」と規定しています。権利を有し，同時に義務を負うとはいったいどういうことでしょうか。

一方で，親権者は，自分の思うままに子を監護養育してよいわけではありません。むしろ，子の利益を図る目的で監護養育することは，子に対して親権者が負う義務であるということができます。821条は，親権が子に対する義務であるという性質をさらに明確にしています。821条によると，親権者は，身上監護権の行使にあたり，子の人格を尊重するとともに，子の年齢および発達の程度に配慮しなければならず，かつ，子の心身の健全な発達に有害な影響を及ぼす言動（体罰など）をしてはいけません。

他方で，親権者がきちんと子を監護養育しているにもかかわらず，それを他の者が妨害する場合には，親権に基づいて妨害をやめさせることができると考えられています。この意味で，親権は，子以外の第三者との関係において，権利としての性質もそなえているのです。

3 財産管理権

親権者が，未成年の子の財産を管理し[4]，かつ，それに関する法律行為（契約のことだと思ってください）⇒1巻第6章についてその子を代理する[5]権限（824条）のことを，

note

[2] 説明 なお，未成年の子との面会交流や引渡し請求など，離婚に伴って問題となることが多い話題については，第8章2および4で扱います。

[3] 説明 民法では「子の監護に要する費用」「子の監護に要した費用」という表現が用いられていますが（766条1項，778条の3，786条4項など），ここでいう「監護」には教育も含まれるものと考えられています。

[4] 説明 827条と828条は，親権者による子の財産の管理についての規定ですが，これらの規定は，第9章1で，未成年後見の場合と対比させる形で扱います。

財産管理権といいます（827条などでは単に「管理権」と書かれています）。

財産管理権が及ぶ財産の範囲

親権者の財産管理権は，原則として，子が所有する財産のすべてについて認められます。しかし，例外として，親権者が子に処分を許した財産（5条3項。おこづかいなど）などには，親権者の財産管理権は及びません。

法定代理

子の財産に関する親権者の代理権は，本人[6]である子の意思にではなく，824条という法律の規定に基づきます（法定代理権）。

CASE 7-8

A（16歳）の父はB_1，母はB_2ですが，B_2はすでに亡くなっており，B_1がAの単独親権者です。B_2の父（Aの祖父）であるCは，先祖伝来の甲土地をAに贈与しました。

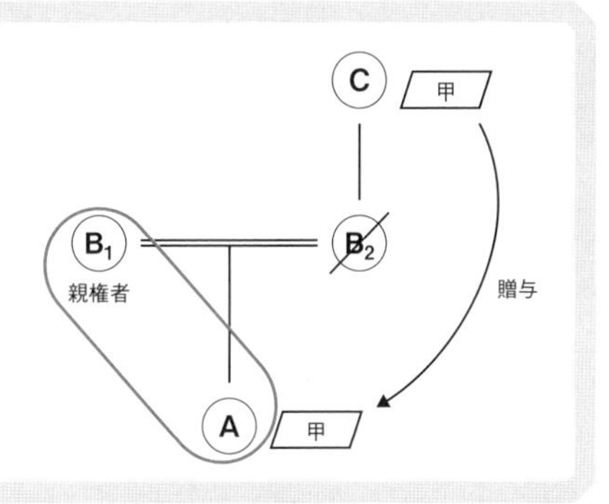

CASE 7-8で，未成年のAが贈与を受けた甲土地には，親権者B_1の財産管理権が及びます[7]。したがって，B_1は，Aが未成年であるあいだは，親権者としてAを代理して，甲土地を例えば第三者に売却する契約を結ぶことができます。

4 利益相反行為

未成年の子の財産に関する法律行為について，親権者には子を代理する権限（法定代理権）があり，したがって親権者がした代理行為の効果は子に及ぶのが原

note

5 用語 824条は「代表する」と規定していますが，代理のことだと考えてください。

6 用語 代理人によって代理され，代理人が結んできた契約の効果が及ぶ（その契約に拘束される）ことになる人のことを，本人といいます。第**13**章3**1**を見てください。

7 発展 ただし，Cは，B_1による財産管理を信用できないと考える場合には，甲土地をB_1に管理させないという意思を表示することができます。そのときには，B_1の財産管理権は甲土地には及びません（830条1項）。

則です。しかし，利益相反行為については826条で例外が定められています。

自己契約

CASE 7-9

A（5歳）の親権者はBです。1億円の価値があるA所有の甲土地をBに2000万円で売るという内容の売買契約が締結されました。契約締結の際に，Bが親権者としてAを代理しました。

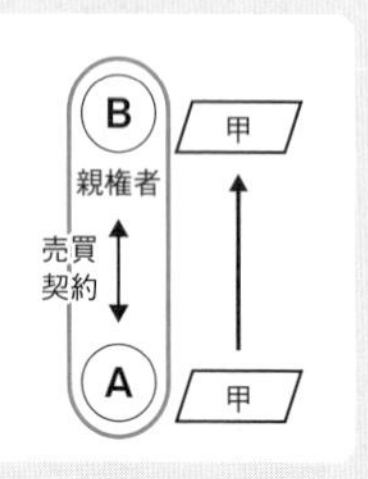

利益相反行為の典型例は，本人（CASE 7-9では子A）と，代理人（CASE 7-9では親権者B）が，契約の対立当事者となる場合です（自己契約といいます。108条1項本文前段）。

⇒1巻第14章22

自己契約の場合，実質的には，代理人となった者（B）が自分の一存で契約条件を決めることができます。そうすると，CASE 7-9のように，代理人（B）には，本人（A）の利益を犠牲にして契約を締結してしまう誘惑が生じます。

そこで，自己契約は，代理権を有しない者がした行為（無権代理行為といいます）とみなされます（108条1項本文前段）。その結果，代理行為（CASE 7-9では甲土地を2000万円でBに売るという売買契約）の効果は本人（CASE 7-9では子A）に及びません[8]。

ここで，仮にAが成年者であれば，任意代理人としてBでない者を選び，その人に，甲土地を買いたいと言っているBとの交渉を任せることが可能です。こうすれば，1億円の価値のある甲土地をわずか2000万円で売るような結果にはならないでしょう。

しかし，Aが未成年者ですと，みずから代理人を選ぶことができるとは限りません。そこで，826条1項は，CASE 7-9のような場合に，未成年者Aの特別代理人を家庭裁判所で選んでもらう必要があると規定しています。B自身が甲

note

[8] 発展 正確にいうと，もし本人である子Aが無権代理行為の追認（113条1項）をすれば，例外として，代理行為の効果が本人に及ぶことになります（116条→第13章31）。ただし，判例（大判昭和11年8月7日民集15巻1630頁）によると，このためには，子は成年になった後で追認をすることが必要です。

土地を買いたい場合には，売主である未成年者Aを代理する者は，Bではなく，選任された特別代理人でなければならない[9]（そうであれば本人Aに売買契約の効果を及ぼしてよい）ということです。

双方代理

CASE 7-10

A_1・A_2兄弟（それぞれ17歳・15歳）の親権者は，いずれもBです。BはA_1をうとましく思っており，A_2のことは非常にかわいがっています。1億円の価値があるA_1所有の甲土地をA_2に2000万円で売るという内容の売買契約が締結されました。契約締結の際に，A_1・A_2はどちらも未成年者であったため，Bが親権者としてA_1・A_2の両方を代理しました。

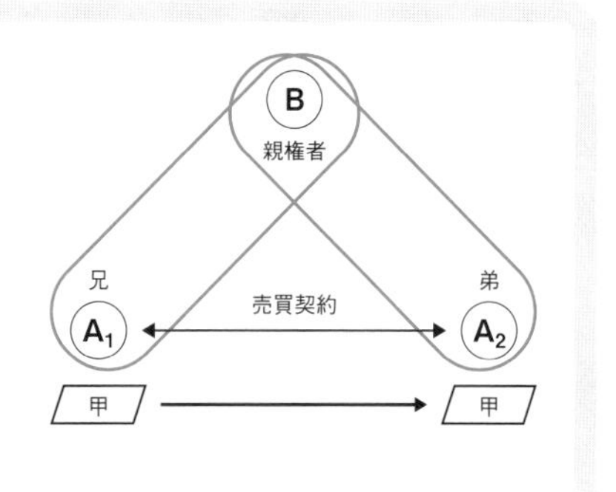

CASE 7-10では，売主A_1と買主A_2の両方を，同一人Bが代理しています（双方代理といいます。108条1項本文後段）⇒1巻第14章2。このときもCASE 7-9の自己契約の場合と同じように，A_1がA_2に甲土地を売るという契約は無権代理行為であるとみなされます（108条1項本文後段）。双方代理を許すと，CASE 7-10がまさにそうであるように，代理人が契約当事者の一方の利益を犠牲にして他方の利益を図る契約を締結してしまう誘惑が生じるからです。

826条2項によると，CASE 7-10のように，親権者（B）が複数の子（A_1・A_2）の親権者となっている場合において，そのうちの1人の子と他の子との利益が相反する行為（CASE 7-10ではA_1・A_2間の甲土地の売買契約）をするときには，家庭裁判所に特別代理人を選任してもらう必要があります。これは，A_1とA_2の一方（どちらでもかまいません）だけを親権者Bが代理することにし，他方の子については選任された特別代理人が代理することにすれば，特別代理人と親権者

note

[9] 発展　もっとも，CASE 7-9で，家庭裁判所が選任した特別代理人は，Bと売買契約を結ぶ権限を有するだけで，そうしなければならないわけではありません。たとえば，Bが，適正価格を超える1億5000万円で甲土地を買いたいと言うのであれば，特別代理人はその条件でBに売る契約を結んでよいでしょうが，2000万円でなければ買うつもりがないのであれば，特別代理人はBと売買契約を結ぶべきではありません。

が契約の交渉をきちんとするはずなので，一方の子の利益を犠牲にして他方の子の利益を図る契約が締結されることもないだろうという趣旨で設けられている規定です。

親権者と子の利益が相反する行為

826条1項は，CASE 7-9 のような自己契約の場合だけでなく，「親権を行う父又は母とその子との利益が相反する行為」に一般的に適用されます。では，ある契約が「親権を行う父又は母とその子との利益が相反する行為」にあたるかあたらないかを，どのような基準で判断すればよいのでしょうか[10]。

(1) 判例の立場

CASE 7-11

A（17歳）の親権者はBです。Bは，Aが大学に進学した際の学費にあてるつもりで，Cから500万円を借りました（消費貸借契約〔587条〕。→5巻第9章）。BがCに500万円を返す債務を担保するために，Aが所有する甲土地に，Cのための抵当権（369条。→3巻第2章 1）を設定することになりました。抵当権の設定をするにあたって，親権者BがAを代理しました。

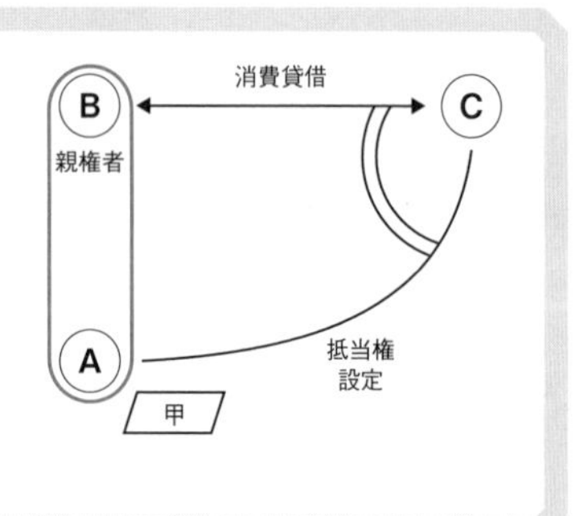

CASE 7-11 において，抵当権設定行為の当事者は，所有者A（Bが代理）と，抵当権者Cです。自己契約のときのように，子Aと親権者Bが抵当権設定行為の対立当事者となっているわけではありません。

しかし，A所有の甲土地に抵当権が設定されたことで，BはCから500万円を借りることができました。ここで，抵当権の設定という，Aにとって甲土地を失うきっかけとなりかねない行為[11]と，Bが500万円を借りたという行為とをまとめて見ると，Aの利益とBの利益は相反しています。

note

[10] 発展　これは，自己契約と双方代理（いずれも108条1項）のどちらにもあてはまらないが「代理人と本人との利益が相反する行為」（108条2項）にあたるのはどのような行為かという問題（→1巻第14章 2）と同じです。

[11] 説明　A所有の甲土地に抵当権が設定されると，被担保債権（CASE 7-11 では，CがBに500万円を返すよう求める権利）の全部が弁済されない場合には，抵当権の実行として甲土地が競売にかけられ，買受人が代金を納付すると，Aは甲土地の所有権を失ってしまいます。詳しくは，3巻第8章を参照してください。

そこで，判例（最判昭和43年10月8日民集22巻10号2172頁など）は，CASE 7-11において，BがAの代理人としてした抵当権設定行為は，親権者Bと子Aの利益が相反する行為であるとしています。その結果，甲土地への抵当権の設定は，無権代理行為とみなされるため（108条2項），Aに効果が及ばないとするのです。

そして，判例によれば，この結論は，BがCからお金を借りたのが，Aの学費を調達するためであったのか，それともBが個人的な趣味に使うためであったのかというBの内心の意図には全く影響されないとしています。いいかえれば，誰の名前で金を借り，誰が所有する不動産に抵当権が設定されたのかという外形だけをみるということです。

CASE 7-12

A（17歳）の親権者はBです。BはAを代理して，Cから500万円を借りました。AがCに500万円を返す債務を担保するために，Aが所有する甲土地に，Cのための抵当権を設定することになりました。抵当権の設定をするにあたって，親権者BがAを代理しました。

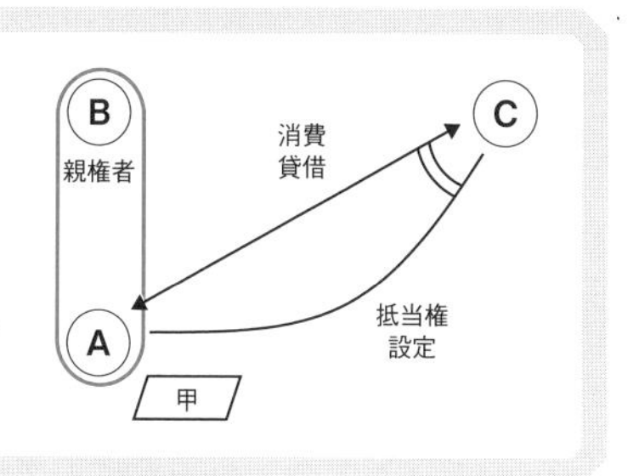

CASE 7-12がCASE 7-11と違うのは，Cから500万円を借りた当事者はBでなくAである（Bは，Aの代理人として行為した）という点です。

CASE 7-12について，判例は，抵当権の設定行為も，500万円を借りたという行為も，親権者Bと子Aの利益が相反する行為にはあたらないとしています。

これは，次のような理由によります。行為の外形だけをみると，CASE 7-12において，抵当権設定行為の当事者は，AとCです（この点はCASE 7-11と同じです）。しかし，500万円の借入れ行為についても，AとCが当事者です（この点はCASE 7-11と異なります）。どちらの行為にもBは登場しません。したがって，CASE 7-11でみられたような，子Aの犠牲において親権者Bが利益を受けるという関係が生じていません。

そして，判例によれば，ここでも親権者Bの内心の意図は全く考慮されません。CASE 7-12でいうと，BがAを代理してCからお金を借りたのが，Aの学費を調達するためであった場合でも，Bが個人的な趣味に使うためであった場合でも，親権者Bと子Aの利益が相反する行為にあたらないという結論に変わりはないとするのです。

(2) 外形説と実質説

子の財産についての契約が，親権者と子との利益が相反する行為にあたるかどうかを判断するために，判例が採用している基準には，2つの特徴があります。1つは，いま述べたように，代理行為をした親権者の内心を全く考慮しないということです。もう1つは，その反面で，契約の当事者が誰であるのかという外形だけを判断基準とするということです。このような判断基準は，外形説と呼ばれています。

外形説に対して，問題となる契約がされた目的や動機，事後的な結果などを考慮して，親権者と子との利益が相反する行為にあたるかどうかを判断するべきであるとする説（実質説）も，有力に主張されています。

一見すると，実質説の方が正義にかなっているようにも思えます。しかし，実質説には弱点があります。それは，CASE 7-11 や CASE 7-12 における第三者Cの立場になって考えると，実質説をとった場合には，ある行為が親権者と子の利益が相反する行為にあたるとされてしまうかどうか（したがって，特別代理人の選任を受けることなしに，親権者自身が子の代理人として行為すると，無権代理行為とみなされてしまうかどうか）を事前に予測することが難しいことです。これに対して，外形説をとれば，ある行為が親権者と子の利益が相反する行為に該当するかどうかを，容易に判断することができます。判例が外形説を採用していることにもそれなりの理由があるのです。

3 親権の制限

最後に，親権者が子を虐待するなどの状況があるときに，法的にどのような対応がされるのかを見ておきましょう。

1 民法上の対応

CASE 7-13

A（5歳）の単独親権者はBでした。Aが衰弱した状態で発見され，児童相談所に保護されました。調査の結果，BはAに十分な食事を与えておらず，外出もほとんどさせていなかったため，Aは同年齢の標準的な子と比較して心身の成長がかなり遅れていることがわかりました。

CASE 7-13 のように，親権者が子を悪意で遺棄（正当な理由なしに養育を怠ること）したり虐待したりするなどで，親権の行使が困難または不適当であり，そのことによって子の利益が害されているときには，家庭裁判所は，子やその親族などの請求により，親権を行使する資格を制限する裁判をすることができます。これには，親権喪失の審判（834条）と親権停止の審判（834条の2）の2種類があります。

親権喪失の審判

親権喪失の審判が下されるためには，親権の行使が「著しく」困難または不適当であることにより子の利益が「著しく」害されることが必要です（834条）。また，親権喪失の審判の取消しの審判（836条）がされない限り，親権を行使する資格がないという状態はずっと続きます。

親権停止の審判

これに対し，親権停止の審判が下されるためには，著しさは必要とされません（834条の2第1項）。また，親権の停止される期間は最大でも2年間とされています（834条の2第2項。ただし，2年以内の期間をつけて更新することは可能です）。つまり，親権停止の審判は，親権喪失の審判のいわば縮小版だということになります。

未成年後見の開始

親権喪失の審判や親権停止の審判がされたために，未成年の子に対して親権を行使する者がいなくなった場合には，未成年後見が開始し⇒第9章1（838条1号），未成年後見人が身上監護権や財産管理権を行使します（857条，859条）。

2 児童福祉法上の対応

もっとも，児童虐待問題への対応としては，民法上の制度よりも，児童福祉法[12]の規定するさまざまな措置が，大きな役割を果たしています。

児童養護施設等への入所等

なかでも，児童（児童福祉法4条1項で，18歳未満の子と定義されています。したがって，民法でいう未成年者と範囲は同じです）を保護者（児童福祉法6条によれば，親権を行う者，未成年後見人その他の者で，児童を現に監護する者をいいます）に監護させることが著しくその児童の福祉を害する場合には，都道府県はその児童を，児童養護施設等に入所させたり，里親（さとおや）[13]等に委託したりすることができる点が重要です（児福27条1項3号）。この措置は，家庭裁判所の承認を得れば，その児童の親権者の意に反していても，とることができます（児福28条1項1号）。

親権との関係

では，例えば親権者の虐待を理由に児童養護施設に入所することになった児童について，親権者が親権に基づいて引取りを請求したときは，どうなるのでしょうか。

児童養護施設の長は，児童の監護および教育に関し，入所した児童の福祉のため必要な措置をとることができます[14]（児福47条3項前段）。そして，親権者といえども，児童養護施設の長がとった措置を不当に妨げてはならないとされています（児福47条4項）。このようにして，親権の行使を制限する裁判がされなくても，親権の行使が実際上制約されるという結果が実現されています。

また，これと並行して，親権の行使を制限するための手続を進めることも可能です。その一環として，児童相談所長も，親権喪失の審判や親権停止の審判を請求することができます（児福33条の7）。

note

[12] 発展　児童福祉法のほかに，児童虐待の防止等に関する法律（児童虐待防止法）も関係します。児童福祉法は児童一般に適用される法律ですが，児童虐待防止法は，児童が虐待を受けている場合に局面を絞って，虐待を受けた児童の保護や自立支援のための措置などを定めています。

[13] 用語　里親とは，要保護児童（保護者のない児童または保護者に監護させることが不適当であると認められる児童のこと。児福6条の3第8項）を家庭的な環境のもとで養育することを希望する者のことです（児福6条の4）。養子縁組の場合とは異なり，里親と，里親のもとで暮らす要保護児童とのあいだに，法律上の親子関係は生じません。

[14] 発展　この際に，施設の長は，親権者が子に身上監護権を行使するにあたって821条で課されているのと同じ義務（→2 2）を負います（児福47条3項後段）。

POINT

1 未成年の子に対して親権を行使する者（親権者）は，その子の父母です。子の父母が婚姻中である場合に限り，父母の両方が親権者となり，このとき父母は共同で親権を行使します（共同親権。818条3項）。それ以外の場合は，親権者となるのは，父母のどちらか一方だけです（単独親権）。

2 一方の親から他方の親への親権者の変更は，子の利益のため必要がある場合に限り，家庭裁判所の裁判によって認められます（819条6項）。

3 親権の内容は，身上監護権（子の監護および教育をすること。820条）と，財産管理権（子の財産を管理し，かつ，その財産に関する法律行為についてその子の法定代理人となること。824条本文）の2つに分けられます。

4 親権者は，子の利益のために身上監護権を行使しなければなりません（820条）。親権者は，身上監護権の行使にあたり，子の人格を尊重するとともに，子の年齢および発達の程度に配慮しなければならず，かつ，子の心身の健全な発達に有害な影響を及ぼす言動（体罰など）をしてはいけません（821条）。

5 親権者と子の利益が相反する行為については，親権者が子の法定代理人として行為をしても，その効果は子に及びません（108条）。子に効果が及ぶようにするには，その行為について，家庭裁判所で選任された特別代理人が子を代理する必要があります（826条）。

6 親権者が子の代理人として結んだ契約が，親権者と子の利益が相反する行為にあたるかどうかを判断するにあたり，判例は，親権者の意図は全く考慮せずに，当事者が誰であるかだけに着目するという基準（外形説）をとっています。

7 親権者による親権の行使が困難または不適当であることにより子の利益を害するときは，家庭裁判所は，親権を行使する資格を制限する裁判をすることができます。これには，親権喪失の審判（834条）と親権停止の審判（834条の2）の2種類があります。

CHAPTER

第8章

離婚と未成年の子

INTRODUCTION

本章では，夫婦が離婚をする際に，夫婦と未成年の子の間で，どのような法的問題が生じるかをみていきます。具体的には，以下の4つの問題を取り扱います。

親権者の指定

819条1項〜3項，5項

第1に，婚姻をしている間は，夫婦は子に対して共同で親権を行使します。これに対して，離婚後は，夫婦のうちどちらか1人だけが親権を行使することになります。そこで，どのようにして親権者を決めるのかが問題となります。

面会交流

766条

第2に，親権者が子の監護をすることになるので，離婚した後，親権を持たない親（非親権者）は子と別々に暮らすことになります。非親権者は，離婚後に子と会って交流することができるかが問題となります。

子の監護費用（養育費）

877条1項，766条

第3に，離婚後の子の養育にかかる費用を父母でどのように負担するのかが問題となります。

子の引渡し

第4に，離婚前の別居中に一方の親が子を連れ去ってしまう場合があります。そのような場合に，子の引渡しが認められるかどうかが問題となります。

1 親権者の指定

1 単独親権への移行

CASE 8-1

夫Aと妻Bは，婚姻をしてから10年後に離婚をすることになりました。AとBの間には，6歳の子Cがいます。この場合，A・Bともに離婚後もCの親権者となることはできるでしょうか。

共同親権と単独親権

婚姻をしている夫婦の場合，夫婦双方が子に対する親権を持ちます（818条3項）。父母双方が親権を持つことを共同親権といいます。

これに対し，819条1項から3項は，離婚をする場合には，親権を有するのは父母のどちらか1人になるとしています。このため，離婚の際に，父母の一方を親権者に定めなければなりません。なぜ，離婚により親権者を1人にするかというと，父母は，離婚後は別々に住むことになり，現実には共同で親権を行使することが困難であると考えられたためです。父母のうち一方のみが親権を持つことを単独親権といいます。

親権と身上監護権

離婚後は単独親権になることを前提としつつ，協議離婚の際に「子の監護について必要な事項」を定めるという規定（766条1項）があります。そして，その1つとして，「子の監護をすべき者」が挙げられています。

第**7**章 2 で説明しましたように，親権は，身上監護権と財産管理権の2つを内容としています。この766条1項の規定は，親権者を一方の親としつつ，身上監護権のみを他方の親に与えることを認めた規定であると理解されています。

親権と身上監護権を別々の親に分離した場合，親権者は，財産管理権（824条）を行使することになります。どちらが親権者になるかについて当事者が激しく争う場合に，紛争を終結させるため，子と一緒に暮らす親を監護権者に，もう一方の親を親権者にすることがあります。

2 親権者の決定手続

離婚の際に親権者を決める手続は，第**3**章 1 で学んださまざまな離婚手続に応じて異なります。ここでは，離婚手続の中でもよく用いられている協議離婚，調停離婚，裁判離婚において，どのように親権者を決めるのかをみていきます。

協議離婚の場合

協議離婚をする場合，つまり当事者が離婚をすることについて合意をしている場合，当事者が協議で親権者を決めることになります（819条1項）。親権者の記載のない離婚届は受理されません（765条1項）。当事者が親権者をどちらにするのか合意できないとき，通常は，調停離婚や裁判離婚の手続を経て親権者が決定されます。

調停離婚の場合

通常は，離婚調停手続の中で，親権者を定める調停も行われます。ただし，当事者の間で離婚することについて合意が成立する見込みがまったくない場合には，親権者を定める調停がされることなく，離婚調停が不成立となる場合もあります（家事272条）。

裁判離婚の場合

離婚を認める判決を下す場合，裁判所は親権者も指定します（819条2項）。

3 親権者を決定する考慮要素

家庭裁判所調査官の関与

離婚後の子の親権者を決定するにあたり，父母それぞれが子にどのような監護態勢を提供できるかを調査する必要があります。実際には，家庭裁判所調査官という家庭裁判所の職員が，夫婦や子についてさまざまな調査を行い，より良い解決法についての提案を行います。

具体的考慮要素

親権者を指定する際の具体的な考慮要素としては，以下のようなものがあります。

(1) 監護の実績

第1に，乳幼児については，子の出生以来主として子を監護してきた者（「主たる監護者」といいます）の実績を考慮します。

(2) 継続性の原則

第2に，夫婦が離婚前に別居しており，どちらか一方と子がすでに同居しているような場合には，現在の生活環境を変化させることは，子を心理的に不安定にさせてしまい望ましくないので，原則として現在の監護態勢を継続させます。これを継続性の原則といいます。

しかし，現状を変えない方が有利というのであれば，双方の親が家庭裁判所で審判をする前に子を自分の家に無理やり連れてきてしまおうと考えることとなります。それは，子にとって望ましいこととはいえません。そこで，現在では，無理やり子を連れ去って子の監護を始めた場合，家庭裁判所は，監護者としてふさわしくないと判断する考慮要素にするとしています（たとえば，札幌高決平成17年6月3日家月58巻4号84頁）。

(3) 子の意思

第3に，子の年齢や発達の程度に応じて，子の意思も考慮されます。たとえば，親権者の指定の審判をする場合には，15歳以上の子の意見を聴かなければならないと規定されています（家事169条2項）。

2 面会交流

1 面会交流の可否

CASE 8-2

CASE 8-1 において，離婚をする際，父Aと母Bの協議により，子Cの親権はBが行使することになりました。AはCと会うことを望んでいますが，Bは，婚姻中にAがBに暴力をふるうことがあったため，AとCを会わせることに不安を感じています。Aが家庭裁判所にCと面会することを求めた場合，どのような判断が下されるでしょうか。

面会交流とは何か

離婚後に親権者とならなかった親（や親権者と監護権者を分離した場合に子を監護していない親権者）が，未成年である子と直接会ったり，メールや贈り物のやり取りといった間接的な方法により交流したりすることを，面会交流といいます。実際に行われる父母間の面会の合意では，たとえば，「①親権者でない親（非親権者といいます）は，子と月1回（3月と8月を除いて），午前10時から午後5時まで面会することができる，ただし3月と8月は，宿泊付きで面会をすることができる，②非親権者は，子の誕生日とクリスマスにプレゼントを渡すことができる」といったように，具体的に面会交流の内容を取り決める場合が多くあります。

面会交流の手続

766条1項は，協議離婚について，「父又は母と子との面会及びその他の交流……について必要な事項は，その協議で定める」と規定しています。この規定は，裁判離婚の場合にも準用されています（771条）。

親権者の指定とは異なり，面会交流について決めておかなければ離婚ができないというわけではありません。協議離婚をする際に提出する離婚届には，面会交流について取り決めているか，まだ取り決めていないかをチェックする欄があります。しかし，「まだ取り決めていない」にチェックをしても，さらにはチェック欄を空欄にしたままでも，離婚届は受理されます。

離婚時に面会交流について取り決めていない場合には，離婚後に協議をすることができます。当事者間で合意が成立しない場合には，家庭裁判所で調停や審判が行われます（766条2項，家事別表第2，3の項）。

子の利益の優先

それでは，CASE 8-2 のような場合に，面会交流は認められるでしょうか。766条1項後段は，子との面会交流について定める場合においては，「子の利益を最も優先して考慮しなければならない」と定めています。これによれば，子の人格形成にとって利益となる限りでしか面会交流は認めるべきではないということになります。

これによっても，CASE 8-2 の場合，複数の解決法がありそうです。たとえば，AがBに対して暴力をふるっていたことを考慮して，面会交流の安全も十分に確保できないとして，面会交流をまったく否定すべき場合もあるでしょう。それとは異なり，AがCには暴力をふるっていないことやCがAと会うことを望んでいることを考慮して，面会交流を認めるけれども，Cを不安にさせないため，第三者の立会いの下でのみ認めるということもあります。

2 面会交流の実現

CASE 8-3

CASE 8-2 において，家庭裁判所の審判により，父Aは，子Cと2か月に1回，週末に，第三者の立会いの下で会うことができることになりました。しかし，母Bは，AにCを会わせることを拒否しました。この場合，Aは，どうすれば面会交流を実現できるでしょうか。

履行の勧告

家庭裁判所が調停や審判などにより，面会交流をさせると判断をしたとしても，実際には実現されないことがあります。このような場合，調停や審判により定められた義務（この場合では，「BはCをAに会わせなければならない」という義務）を実行（「履行」といいます）させるために，履行を求める者（A）は，家庭裁判所に履行の勧告をするよう求めることができます（家事289条）。

損害賠償請求・間接強制

それでもうまくいかない場合には，次の2つの可能性が認められています。

第1に，面会交流を拒（こば）む親に対して，拒まれた親が精神的損害の賠償を請求できることがあります（東京高判平成22年3月3日家月63巻3号116頁）。

第2に，間接強制を行うことも可能です（民執172条。最決平成25年3月28日民集67巻3号864頁）。間接強制とは，裁判所が，債務を履行しない債務者（CASE 8-3のB）に対し，一定の期間内に履行しなければその債務とは別に一定の金額の支払を命ずる決定をすることをいいます。例えば，面会交流を決められた期日までに履行しない場合には，1回につき5万円の支払を命ずるといった決定が出されます。このような決定を出すことにより，面会交流を履行しないと毎回お金を払うことになるのはいやだから，面会交流を履行しようと促されます。

3 子の監護費用（養育費）

1 監護費用の分担の根拠

CASE 8-4

CASE 8-1において，父Aは会社員で年収400万円，母Bも離婚前から働き出しており年収200万円である場合に，子Cの養育費をどのように分担すればよいでしょうか。

父母は，ともに子に対して扶養義務を負っています。親が負う扶養義務は，その親が子の親権者であるかどうかとは関係なく，法律上の親子関係があることにより当然に負う義務です（877条1項）。⇒第9章4

この父母ともに子に対して負っている扶養義務が，監護費用を支払う根拠となります。一般的には，子の「養育費」という言葉が使われますが，766条1項は，「子の監護に要する費用」という言葉を用いています。そのため，監護費用という言葉が用いられます。

監護費用は父母の資力に応じて分担されます。この父母双方が負う監護費用の支払義務のことを監護費用分担義務といいます。

2 監護費用の分担を決める手続と算定

手 続

766条1項は，協議離婚の場合について，「子の監護に要する費用の分担……について必要な事項は，その協議で定める」としています。これは，裁判離婚の場合にも準用されます（771条）。

この監護費用の分担についても，面会交流と同様，離婚届にその取り決めをしているかどうかのチェック欄がありますが，それをチェックしていなくても離婚届は受理されます。取り決めがされなかった場合には，離婚後に協議をすることができます。当事者間で合意が成立しない場合には，家庭裁判所が定めることになります（766条2項）。

算 定

子の監護費用を算定する際に，標準算定方式と呼ばれる方式を用いることがよくあります。この算定方式の基本的な考え方は，子がより収入の多い親（CASE 8-4でいえばA）と同居していたと仮定して，その場合にかかるであろう子の生活費の額を，父母の収入の額に応じて分担するというものです。

この算定方式に基づく算定表が公表されており，義務者（CASE 8-4のA）の年収と権利者（CASE 8-4のB）の年収がわかれば，大体監護費用がいくらであるかわかるようになっています。算定表によると，義務者が会社員で年収400万円，権利者も会社員で年収200万円，子が6歳の場合，監護費用は月額4～6万円になります。この算定表は，おおよその額を簡単に，そしてすばやく算出することを目的としたものです。

3 監護費用分担義務の履行の確保

CASE 8-5

CASE 8-4において，父A・母Bの間の協議により，監護費用の分担額が定められました。離婚後数か月の間は，AはBに養育費を支払っていましたが，その後支払をやめてしまいました。そのような場合，BがAからの支払を確保するには，どうすればよいでしょうか。

履行を確保する必要性

監護費用の分担義務は，長期にわたる義務であるため，CASE 8-5 のように義務者が途中で支払をやめてしまう場合もあります。母子世帯で別れた父から現に養育費を受け取っているのは 28.1% というデータもあります（2021 年厚生労働省全国ひとり親世帯等調査）。そこで，監護費用分担義務の履行を確保することが重要な問題となっています。監護費用分担義務の履行を確保するために，次のような手続が用意されています。

履行の勧告

まず，面会交流の場合と同じように，家庭裁判所に履行の勧告（家事 289 条）をするよう求めることができます。もっとも，家庭裁判所が履行を勧告しても，義務者（CASE 8-5 の A）が勧告に応じなければ，支払を強制することはできません。

直接強制・間接強制

次により強力な手続として，直接強制と間接強制があります。

直接強制とは，債務の内容を直接に実現する強制執行の方法のことをいいます（民執 43 条以下）。たとえば，金銭債務を負う債務者に対して直接強制をする場合，債務者が所有する不動産を強制的に競売（けいばい）してお金に換え，それを債権者に渡すといったことが行われます。こうして「金銭を支払う」という債務の内容が直接的に実現されます。なお，ここまで「義務者」という言葉を使ってきましたが，直接強制や間接強制を認める民事執行法では，「債務者」という言葉が使われています。ここでは監護費用分担義務を負う者を指します。

間接強制とは，債務（ここでは月々の監護費用分担義務）を履行しない債務者に対し，一定の期間内に履行しなければその債務とは別に一定の金額の支払を命ずる決定をすることをいいます（民執 167 条の 15，167 条の 16）。

4 子の引渡し

CASE 8-6

夫Aと妻Bの間には，7歳の子Cがいました。Cが生まれた後にA・Bの関係が悪化したことから，Bは，子Cを連れてそれまで3人で暮らしていた家を出て，別の家に住み始めました。まだAとBの間で離婚は成立していません。この場合，Aは，Bに対してCを引き渡すように求めることができるでしょうか。

離婚後に夫婦のどちらが子を引き取るかという問題が，しばしば離婚を望む夫婦の間の紛争の原因となります。時には，CASE 8-6のように，離婚前の時点で，夫婦一方の親が子を連れ去ってしまうことがあります。このような場合に，子の引渡しが認められるかどうかがここでの問題です。

子の引渡しを命じるための手続として，現在，主に利用されているのは，家庭裁判所で行われる家事事件手続法に基づく手続です（それ以外の裁判所で行われる手続についてはColumn 6を参照して下さい）。以下では，家事事件手続法ではどのようにして子の引渡しを認めるのかについて説明します。また，子の引渡しを命じられたのにそれに従わない場合に，どのようにして子の引渡しを強制するのかについても説明します。

1 家事審判・審判前の保全処分

CASE 8-6のような場面では，子の引渡しを求めるために，次のような手続をすることが考えられます。

監護者の指定が先行する場合

第1の手続は，次のようなものです。離婚を認める際に，家庭裁判所は，審判で父母の一方を子の監護者に指定します（766条1項，家事別表第2，3の項）。その際，監護者に指定された者と子が同居していない場合には，家庭裁判所は，子の引渡しを命じます（家事154条3項）。これは，A・Bが離婚をすることを前提とした手続ですが，離婚前の別居時にもこの手続を用いて子の引渡しを命じることが認められています。

しかし，この手続を進めて，CASE 8-6 のような事案で，子Cの監護者がAと認められたとしても，子Cの引渡しがすばやくできないという問題があります。それは，次のような理由があるためです。

家庭裁判所がBに対して子CをAに引き渡すことを命じる審判をしたとしても，Bがこの審判に納得しないときは，ただちに高等裁判所に異議を申し立てることができます（これを「即時抗告」といいます）。この場合は，高等裁判所でBの異議が認められるかどうかが判断されるまで，Aは，子Cを引き渡してもらえないことになります。それで時間がかかれば，結局，即時抗告が認められないことになっても，子CがBのもとでの生活になじんでしまって，Aのもとに戻るのがいやになってしまっているかもしれません。

監護者を指定する審判前に行う保全処分

このようなことになるのを防ぐために，第2の手続として，家庭裁判所が監護者の指定を命じる審判をする前に，ひとまず子Cを実際にAに引き渡してもらえるようにする手続が用意されています（家事 157 条 1 項 3 号)。このような手続を保全処分といいます。「ひとまず」というのは，後に行われる家庭裁判所が監護者の指定を命じる審判でBが監護者に指定された場合には，子Cを再びBのもとに返さなければならないからです。

この審判前の保全処分は，現に子の利益が害されており，早急にその状態を解消する必要があるときに認められるものです。そのため，家庭裁判所での審理は迅速に行われます。また，保全処分がひとたび出されると，それに対する即時抗告がなされても，例外的な場合を除いて保全処分に基づいて子の引渡しを強制する手続を続けることができます（家事 111 条 1 項参照)。

2 子を引き渡そうとしないときの強制の方法

家庭裁判所が子の引渡しを命じたのに，Bが子を引き渡そうとしないときがあります。そのような場合に，どのようにして引渡しを強制するのかがさらに問題になります。

2つの手段

この場合の強制の手段としては，2つあります。

第1が，間接強制です。たとえば，子Cの引渡しをしない場合には，BはAに対して，1日当たり金1万円を支払え，といった決定をすることになります。

第2が，直接的な強制執行[1]です。直接的な強制執行とは，子の引渡しを命じる裁判所の判断（たとえば，家庭裁判所の審判）を，強制的に実現することです。たとえば，Bが子Cの引渡しをしない場合，執行官[2]は，Bによる子の監護を解（と）き，直接子CをAのもとに引き渡します。

間接強制の先行

子の引渡しを強制する際には，原則として，間接強制を先に行います（民執174条2項）。これは，子の心身に与える負担をできるだけ少なくするため，できる限り債務者（B）が自発的に履行するよう促した方が望ましいからです。

直接的な強制執行が認められる場合

もっとも，子の引渡しを実現することも必要であると考えられています。そこで，以下の3つの場合には，直接的な強制執行ができます（民執174条2項）。

第1が，間接強制を命じる決定が確定してから2週間が経過したときです。

第2が，間接強制を実施しても債務者（子の引渡しを命じられた者）が子の監護を解く見込みがないときです。

第3が，子の差し迫った危険を防止するために直ちに直接的な強制執行をする必要があるときです。

note

[1] 説明　子の引渡しの強制執行についての定めを置いている民事執行法では，子の引渡しに関しては，財産に対する強制執行について用いられる「直接強制」という用語はあえて避けています。それは，物に対して用いることのある「直接強制」という用語を人に対して用いることは望ましくないと考えられたためです。民事執行法174条では，「子の引渡しの強制執行」という用語が用いられていますが，間接強制とは異なり，子の引渡しを直接実現するものですので，「直接的な強制執行」という用語が一般的に用いられています。

[2] 用語　執行官とは，裁判の執行を行う裁判所の職員のことです（裁判所法62条，執行官法1条）。

Column 6　家庭裁判所以外の裁判所で子の引渡しが審理される場合

家庭裁判所以外の裁判所が子の引渡しを命じる場合があります。その場合，次の2つの制度を用います。

第1が，親権に基づく妨害排除請求です。この請求は，判例により認められた子の引渡しの請求の方法です（最判昭和35年3月15日民集14巻3号430頁）。

子に対して親権を持つ者がいるにもかかわらず，親権を持たない者が子を連れ去ってしまった場合には，親権を行使することができません。そこで，親権者は，連れ去ってしまった親権を持たない者に対して，親権を行使するのを妨害されている状態を取り除くために，子を引き渡すよう請求することが認められています[3]。

親権に基づく妨害排除請求は，親権を持つ者が親権を持たない者に対して請求できるものです。このため，離婚前の夫婦が子に対してどちらも親権を持っている場合には，親の一方が他方に対してこの請求を行うことはできません。

親権に基づく妨害排除請求は，地方裁判所に対して申し立てます。

第2が，人身保護請求です。これは，人身保護法という法律によるものです。

人身保護法は，誰かに連れ去られ，監禁されてしまうなど，人身の自由（身体の自由）を不当に奪われている人を，すばやく解放することを目指した制度です（人身保護法1条参照）。

かつては，子の親の一方が他方に対して婚姻中や離婚後に子の引渡しを求める場合に，人身保護請求が一定の要件の下で認められていました。

人身保護請求は，高等裁判所または地方裁判所に対して申し立てます。

親権に基づく妨害排除請求・人身保護請求いずれも，家庭裁判所ではない裁判所に申し立てなければなりません。もっとも，家庭裁判所には，家庭裁判所調査官など，子の利益を考慮しながら子の引渡しを認めるかどうかを考える専門のスタッフがいます。

そこで，現在では，子の親の一方が他方に子の引渡しの請求をする際に，親権に基づく妨害排除請求や人身保護請求を用いることができる場面は限定されています（親権に基づく妨害排除請求について最決平成29年12月5日民集71巻10号

note

[3] 発展　この請求は，あたかも物権を持つ者が，物権を持たない者により目的物の物権の行使が妨害された場合（たとえば，土地の所有権を持つ者が，その土地に対してゴミを投棄した者により，所有権の行使が妨害された場合）に認められている，物権に基づく妨害排除請求をモデルにしています。もっとも，最近では，親権は，子の利益のために行使されるものであり，物権のように権利者が自由に行使できる権利と同じように扱うことができるのか，という疑問が提起されています。

1803 頁，人身保護請求について最判平成 5 年 10 月 19 日民集 47 巻 8 号 5099 頁，最判平成 6 年 4 月 26 日民集 48 巻 3 号 992 頁)。このようにして，子の引渡しを求める際には，原則として，家庭裁判所で行われる家事審判，あるいは審判前の保全処分を申し立てることが必要とされています。

このような事情があるため，本文では，家庭裁判所で行われる手続についてのみ紹介しました。親権に基づく妨害排除請求や人身保護請求が具体的にどのような場合に認められるかについては，より詳細な説明のある教科書などを参照してください。

POINT

1. 婚姻をしている夫婦は，夫婦双方が子に対する親権を持ちます。夫婦が離婚をすると，夫婦の一方のみが子に対する親権を持ちます。これを単独親権といいます。
2. 親権者を指定する際の具体的な考慮要素としては，以下のようなものがあります。

   第1に，乳幼児については，子の出生以来主として子を監護養育してきた者の実績を考慮します。

   第2に，夫婦が離婚前に別居しており，どちらか一方と子が同居しているような場合には，現在の生活環境を変化させることは，子を心理的に不安定にさせてしまい望ましくないので，原則として現在の監護態勢を継続させます。

   第3に，子の利益を判断する際に，子の年齢や発達の程度に応じて，子の意思も考慮されます。
3. 離婚後に親権者とならなかった親（や親権者と監護権者を分離した場合に子を監護していない親権者）が，未成年である子と直接会ったり，メールや贈り物のやり取りといった間接的な方法により交流したりすることを，面会交流といいます。
4. 子との面会交流を定める場合，子の利益を最も優先して考慮しなければなりません（766条1項後段）。
5. 面会交流の義務を負う親が面会交流を拒絶している場合，履行を求める親は，①家庭裁判所に履行状況の調査や履行の勧告を求めることができます。さらに，②履行を拒む親に対して損害賠償を請求する，裁判所に間接強制を求めるといったことも可能です。
6. 父母の子に対する扶養義務があるために，父母は子に対して監護費用を負担する義務を負います。監護費用は父母の資力に応じて分担されます。
7. 監護費用分担義務を負う親が，監護費用の支払をしない場合，履行を求める親は，①家庭裁判所に履行の勧告をするよう求めることができます。また，②直接強制・間接強制を求めることもできます。
8. 家事事件手続法に基づいて子の引渡しを求める場合，監護者を指定する審判前に行う保全処分がしばしば用いられます。
9. 家庭裁判所が子の引渡しを命じたのに，引渡しを命じられた者が子を引き渡そうとしない場合の強制する手段として，間接強制と直接的な強制執行があります。原則として，間接強制を先に行います。

CHAPTER

第9章

後見・扶養

INTRODUCTION

この章では，親族法の最後のテーマとして，後見と扶養(ふよう)を扱います。

後見　838条～875条

未成年者に対して親権を行使する者がいなくなった場合には，誰か別の者に代わりを務めてもらう必要が出てきます。これは後見という仕組みによって行われます。この場合に，親権者の代わりを務める者を後見人といい，後見人の保護を受ける者を被後見人といいます。
⇒第7章

後見は，未成年者が被後見人となる場合（未成年後見といいます。838条1号）だけでなく，判断能力が常時欠けている成年者についても行われます（成年後見といいます。838条2号）。それぞれを 1 と 2 で扱います[1]。

note

[1] 説明　民法総則では，未成年者や成年被後見人が，法定代理人（親権者や後見人）のサポートなしに行った行為の効力について，規定が設けられています（5条，9条）。同様に，被保佐人や被補助人が，保佐人や補助人の同意を得ずに行った行為の効力についても，民法総則に規定が設けられています（13条，17条）。これに対して，本章で扱う，民法の親族編に置かれている後見，保佐，補助の規定は，これらの制度による保護を受ける者（被後見人，被保佐人，被補助人）をサポートするための仕組み（特に，後見人，保佐人，補助人がするべきこと）を定めています。

保佐・補助　876条〜876条の10

判断能力が全く欠けているとまではいえないが，それが著しく不十分であったり，不十分であったりする成年者のために，保佐と補助の2つの制度が設けられています。これらについては，3で，後見と比較したときの特徴を簡単に説明するにとどめます。

扶養　877条〜881条

1人で年金生活をしている高齢のAが，生活費に困っているとしましょう。このときに，Aは，余裕のある生活をしている親族に対して，扶養を求める（通常は，扶養料を支払うよう求める）ことができます（877条）。4では，どのような場合に誰が誰に対して扶養を求めることができるのかを説明します。

1 未成年後見

民法の親族編の後見の章にある規定（838条以下）は，①「未成年後見」と明確に書いてある規定（例えば840条），②「成年後見」と明確に書いてある規定（例えば843条），③「後見」とだけ書いてあり未成年後見と成年後見の両方にあてはまる規定（例えば844条）の3種類に分けられます。ここでは，未成年後見に適用される規定，つまり①および③のうち，重要なものをみていきます。②については2で扱います。

1 未成年後見の機関

未成年後見の開始

CASE 9-1

A（16歳）の両親は，B・C夫婦でした。A・B・Cは車で家族旅行に出かけて交通事故にあい，BとCは死亡して，Aだけが生き残りました。

CASE 9-1では，未成年のAに対して，両親のB・Cが親権を行使していましたが（818条3項）⇒第7章1，B・Cとも死亡したため，Aに親権を行使する者がいなくなりました。この場合には，未成年後見が開始します（838条1号前段）。「未成年後見が開始する」とは，未成年後見人を置くべき状態になるという意味です。

その他に，BとCの両方が，Aを虐待するなどしたために親権喪失の審判（834条）や親権停止の審判（834条の2）⇒第7章3を受けた場合にも，やはりAに親権を行う者がいなくなりますので，未成年後見が開始します（838条1号前段）。

未成年後見人の選任

CASE 9-2

CASE 9-1で，Aは，叔父（おじ）Dに引き取られて，日常は不自由なく生活しています。しかし，Aの学費を調達するために，Aの所有する甲土地を売却する必要が生じました。不動産業者Eが甲を買いたいと考えています。

(1) 未成年後見人の選任の請求

CASE 9-2において，未成年のAが自分ひとりで，所有している甲土地をEに売却する契約をEと結んでも，法定代理人の同意を事前に得ていないと，その契約は取り消される可能性があります（5条2項）。トラブルを避けるため，Eは通常，未成年のAではなく，Aの法定代理人とのあいだで，甲土地の売買契約の交渉をします。

Aの法定代理人となるのは，多くの場合ではAの親権者⇒第7章1です。しかし，CASE 9-2では，BもCも亡くなっているため，Aに親権者はいません。

このときに，Aに後見人がいれば（未成年者に付された後見人ということで未成年後見人といいます），その者がAの法定代理人となります（859条）。しかし，Aに親権者がいなくなると自動的にAに未成年後見人が用意されるわけではありません。誰かが家庭裁判所に選任を請求しない限り（840条1項），Aに未成年後見人がいない状態が続きます[2]。

CASE 9-2では，A自身やその親族であるDなどの利害関係人の請求により，

note

[2] 発展 Aに対して最後に親権を行う者が，遺言（いごん）（→第19章）で未成年後見人を指定するという制度もあります（839条。未成年後見監督人についても848条で同様の指定制度が用意されています）。これがされた場合には，未成年後見人の選任の請求がされていないにもかかわらず，Aに未成年後見人がいることになります。しかし実際には，未成年後見人や未成年後見監督人が遺言で指定されることはほとんどありません。

家庭裁判所が未成年後見人を選任します（840条1項）。Eは，選任された未成年後見人とのあいだで売買契約の交渉をすることになります。

(2) 未成年後見人の選任基準

CASE 9-2では，Dが未成年後見人の有力な候補者となります。しかし，DがAの未成年後見人に必ずなるとはいえません。家庭裁判所は，①Aの年齢，心身の状態，生活状況，財産状況，②後見人候補者の職業，経歴，Aとの利害関係の有無，③Aの意見など，一切の事情を考慮して，未成年後見人を選任します（840条3項）。家庭裁判所は，Dではなく第三者（弁護士など。法人であってもかまいません。840条3項のかっこ書参照）を未成年後見人に選任したり，複数の者を未成年後見人に選任したりすることもできます（840条2項，857条の2）。

後見監督人の選任

家庭裁判所は，必要があると認めるときは，後見監督人を選任することができます（849条）。

後見監督人の主な職務は，後見人が行う事務を監督することです（851条1号）。具体的には，後見人に事務の報告を求めたり，後見の事務や被後見人の財産の状況について自ら調査したりすることができます（863条1項）。

2 未成年後見人の事務

⇒第7章2

未成年後見人のするべきこと（事務）は，親権者と同じように，身上（しんじょう）監護権（857条）と財産管理権（859条）の2つに大きく分けられます。

身上監護権

未成年後見人は，被後見人である未成年者Aの監護および教育について，親権者と同一の権利義務をもちます（857条本文）。

財産管理権

(1) 財産目録の作成

Aの後見人に就任した者は，遅滞（ちたい）なくAの財産の調査を開始し，原則として1か月以内に，調査を終え，かつ財産目録（もくろく）を作成しなければなりません（853条1項）。

(2) 財産の管理

後見人は，Aの財産を管理する際に，善良な管理者の注意を払う義務を負います（869条による644条の準用）。「善良な管理者の注意」とは，「自己のためにするのと同一の注意」と対比される概念です。例えば，自分が買った本にエンピツで書き込みをしたり端を折ったりしても自由ですが，友人から借りた本には，そういうことをすべきではありません。他人の物は，原則として，自分の物よりも注意深く，善良な管理者の注意をもって扱わなければならないのです。

もっとも，親権者の場合には，子の財産を管理するにあたり，自己のためにするのと同一の注意を払えば十分だとされています（827条）。これは，親子の関係があることを考慮して，必要な注意のレベルを例外的に引き下げた規定だと理解されています。しかし後見の場合には，原則に戻り，叔父とその甥（おい）のような近しい関係がある場合であっても，後見人は被後見人の財産を管理する際に善良な管理者の注意を払う必要があります。

(3) 法定代理

後見人は，Aの財産に関する法律行為について，Aを代理[3]します（859条1項）。代理権は，Aの財産に関する法律行為の全般に及びます（包括的な代理権）。ただし，利益相反行為については，親権者のときと同じように（⇒第7章24），被後見人の代理人として行為することはできません（860条による826条の準用）。

3 未成年後見人の任務の終了

任務の終了事由

未成年者Aが成年になったり，未成年のうちに死亡したりすれば，未成年後見は終了します。これらの場合において，終了時にAの未成年後見人を務めていた者がいるときは，その者の任務も終了します。

また，Aはまだ成年になっていないけれども，Aの未成年後見人となっていた者が死亡し，あるいは辞任したり解任されたりしたために（844条，846条），その者の任務が終了する場合もあります。この場合には，利害関係人の請求によ

note

[3] 説明 859条1項には「代表」と書いてありますが，親権に関する824条と同じように（→第7章23），「代理」という意味だと理解されています。

り，新たに未成年後見人を務める者を家庭裁判所が選任します（840条1項後段）。

任務の終了に伴う事務

後見人の任務が終了した場合には，その者（後見人の死亡による任務終了の場合には，その者の相続人）は，任務が終了した時から原則として2か月以内に，管理の計算をしなければなりません（870条）。管理の計算とは，その者の任務が開始してから終了するまでのあいだに後見の事務の執行に関して生じた財産の変動および現状を明らかにすることをいいます。

親権の場合であれば，子が成年に達したときには，子の養育および財産の管理の費用は，その子の財産から生じた収益と相殺（そうさい）したものとみなされます（828条ただし書）。つまり，支出と収益の差額を精算する必要はありません。これに対して，後見の場合には828条ただし書のような規定はありませんので，差額を精算する必要があります（873条は，そのことを前提とした規定です）。

 成年後見

CASE 9-3

A（82歳）は，自宅で寝たきりの生活をしており，認知症の症状がみられるようになってきました。Aの一人娘でA宅の近くに住むB（57歳）がAを介護していましたが，Bも体調を崩したため，Aは老人介護施設に入所することになりました。しかし，入所費用を調達するためには，A所有の自宅建物とその敷地を売却する必要があります。

成年後見については，未成年後見と異なる点を中心に説明します。

1 成年後見の開始

成年後見は，Aが精神上の障害により判断能力（7条にいう「事理を弁識する能力」）を欠く状態に常時ある場合において，関係者の請求により家庭裁判所がAについて後見開始の審判（7条）をしたときに，開始します（838条2号）。

Aが寝たきりとなり認知症の症状がみられるようになっても，日常生活上，特に支障がないのであれば，BがAについて後見開始の審判を請求する必要はありません。しかし，CASE 9-3における自宅の売却のように，重要な財産上の

行為をする必要が生じたのをきっかけにして，後見開始の審判の請求がされることがよくあります。

2 成年後見人の選任

後見開始の審判と同時に，家庭裁判所は成年後見人の選任の審判をします（843条1項）。成年後見人として誰を選任するかを決める際に，家庭裁判所は，①Aの心身の状態，生活状況，財産状況，②後見人候補者の職業，経歴，Aとの利害関係の有無，③Aの意見などの一切の事情を考慮します（843条4項）。複数の成年後見人が選任されることがあることや（843条3項），法人も成年後見人となることができること（843条4項のかっこ書），後見監督人が選任されることもあること（849条）については，未成年後見の場合と同じです。

3 成年後見人の事務

CASE 9-4

CASE 9-3で，Aの成年後見人としてBが，成年後見監督人としてCが選任されました。Bは，Aの法定代理人として，Cの同意を得たうえで（864条本文参照），Aの所有する自宅建物とその敷地を第三者Dに売却する契約を結びましたが，家庭裁判所の許可を得ていませんでした。

財産管理権のみ

成年後見人は財産管理権だけをもちます（859条。857条は未成年後見人にだけあてはまる規定です）。CASE 9-4において，仮にBが現にAを介護していたとしても，それはAの後見の事務として行っていることではありません。

Aの財産に関する法律行為について，後見人は包括的な代理権をもち（859条），しかし利益相反行為については例外となる（860条）という点は，未成年後見の場合と同じです。

成年後見に特有の規定

成年後見人のもつ財産管理権は，未成年後見人と基本的に同じです。ここでは，成年後見の場合のみに適用される規定のうち，2つだけとりあげます。

第1に，成年後見人Bは，被後見人Aの生活，療養看護および財産の管理に関する事務（例えば，Aの介護，住居の確保，施設入所などに関して，契約を締結したり相手方の履行状況を監視したりするなど）を行うにあたって，Aの意思を尊重し，かつ，Aの心身の状態および生活の状況に配慮する義務を負います（858条）。

第2に，Bは，Aが居住する建物またはその敷地について，Aの法定代理人として売却，賃貸，賃貸借の解除，抵当権の設定などをする際には，家庭裁判所の許可を得なければなりません（859条の3）。

CASE **9-4** の場合，Bは，後見監督人Cの同意を得て，Aの自宅建物とその敷地をDに売却する契約を結びましたが，家庭裁判所の許可を得ていませんでした。このとき，Dとの売買契約は859条の3の規定に違反して締結されたものであるため，自宅建物とその敷地の所有権がDに移転することはありません。

3 保佐・補助

1 成年後見との共通点

876条以下に「保佐及び補助」という章が設けられています。民法総則で学習
⇒1巻第**3**章
したように，保佐および補助は，成年者のうち，判断能力を常時欠いているわけではないが，精神上の障害があるために判断能力が著しく不十分であったり（11条），不十分であったりする者（15条）を保護するための制度です。

保佐と補助のどちらも，家庭裁判所の審判によって開始され（11条，15条），開始される際に，それぞれ保佐人，補助人が選任されます（876条の2第1項，876条の7第1項）。

このように，制度の目的や仕組みにおいて，保佐，補助には，成年後見と共通するところがあり，そうした部分については後見の規定が準用されています。

2 成年後見との相違点

他方で，保佐や補助が，成年後見と異なる点もあります。

代理権

後見人は，被後見人の財産に関する法律行為の全般について，被後見人を代理

する権限をもちます（包括的な代理権）。これに対して，保佐人や補助人は，原則として被保佐人や被補助人を代理する権限をもちません。もっとも，家庭裁判所は，被保佐人や被補助人本人の同意があれば（876条の4第2項，876条の9第2項），特定の法律行為について，保佐人や補助人に代理権を与える審判をすることができます（876条の4第1項，876条の9第1項）。

同意権

保佐人や補助人が被保佐人や被補助人に事前に同意を与えていた場合には，その同意の範囲内で被保佐人や被補助人が自分ひとりで結んできた契約は，取り消すことができません（13条1項・4項，17条1項・4項）。

これに対して，成年被後見人が自分ひとりで結んできた契約は，事前に成年後見人の同意を得ていたとしても，取り消すことが可能です[4]（9条本文）。

	成年後見	保佐	補助
保護の対象者	精神上の障害により判断能力を欠く常況（じょうきょう）にある者	精神上の障害により判断能力が著しく不十分である者	精神上の障害により判断能力が不十分である者
保護される者（A）	被後見人	被保佐人	被補助人
保護する者（B）	後見人	保佐人	補助人
開始の審判の際のAの同意	不要	不要	必要（15条2項）
Bのもつ代理権の範囲	包括的（859条）。ただし，利益相反行為は例外（108条，860条）	代理権を付与する旨の審判（876条の4）で定められた範囲	代理権を付与する旨の審判（876条の9）で定められた範囲
AがBの同意なしに行った場合に取り消すことが可能な行為[4]	Aが自分ひとりでした行為は，Bの事前の同意を得ていたとしても，取消し可能（9条本文）	13条1項で規定された行為。それ以外の行為についてもBの同意を要する旨を13条2項の審判で定めることが可能	補助人の同意を要する旨の審判（17条1項）で定められた行為

note

[4] 説明 ただし，成年被後見人Aがした日常生活に関する行為は，後見人Bの事前の同意の有無に関係なく，取消しができません（9条ただし書）。Aの自己決定を尊重するためであると説明されています。保佐や補助にも同趣旨の規定が設けられています（13条1項柱書ただし書，17条1項ただし書）。

扶　養

1　生活保持義務と生活扶助義務

CASE 9-5

A（75歳）は地方で1人暮らしをする年金生活者です。Aには，東京で公務員をしている子B（50歳）がいます。Aは生活に困っており，Bに扶養料を毎月送金してもらいたいと考えています。

自分の資産や労力だけでは経済的に自立した生活をすることが困難な者に対する援助の仕組みを，扶養制度といいます。扶養は民法の問題でもありますが（私的扶養），生活保護法なども関係します（公的扶助）。この章では民法上の扶養制度だけを取り上げます。

民法は「扶養」という章を877条以下で設けています。877条以下で規定されている扶養制度の特徴は，扶養する義務を，一定の範囲の親族間で互いに負う点にあります。CASE 9-5は，高齢の親が，1親等の血族である成年の子に対して扶養を求めるという場面であり，877条の規定が典型的にあてはまります。

ところで，民法には，扶養に関係しそうな規定として，他に，夫婦間の扶助義務に関する752条（⇒第2章42），夫婦の婚姻費用分担義務を定める760条（⇒第2章52），子の監護費用（養育費）の分担に言及する766条（⇒第8章3）などがあります[5]。これらの規定と，877条以下の「扶養」の章の規定とは，どのような関係にあるのでしょうか。

生活保持義務と生活扶助義務の区別

この点を説明するためによく用いられるのが，生活保持義務と生活扶助義務という概念です。

生活保持義務とは，夫婦や，未成熟の子[6]とその親のように，同居して同一水

note

[5] 説明　これらのほかに，730条は，「直系血族及び同居の親族は，互いに扶け合わなければならない」と規定しています。しかし，この規定は，裁判で紛争を解決する基準となる規範ではないと考えられているため，ここでは取り上げないことにします。

準の生活を送るべき関係においてあてはまる扶養の義務をさします。

これに対して，生活扶助義務とは，扶養する者とされる者が同居して同一水準の生活を送るべきであるとはいえない関係にあてはまる扶養の義務のことです。例えば，高齢の親と成年の子は，同居している場合も多いでしょうが，法的に同居する義務があるわけではありません。

扶養の当事者間に同居義務があるかないかで区別をすることには，次のような意味があります。同居義務がある場合には，余裕がある方が余裕のない方に扶養をした結果として，両者が同一の生活水準になるべきだと考えられます（生活保持義務。比喩的に，「最後に残された一片の肉まで分け与えるべき義務」などといわれることもあります）。これに対して，同居義務がない場合には，そうなるべきだとまではいえません。つまり，扶養をする側は，扶養のために出費したことで生活水準がある程度下がり，反対に扶養を受けた側の生活水準はある程度上がりますが，両者の生活水準が一致するまで扶養しなければならないとするのは行き過ぎだと考えるのです（生活扶助義務）。

生活保持義務の関係にあてはまる規定

(1) 夫婦間の扶養義務

配偶者は，血族でも姻族でもありません⇒第1章21。したがって，夫婦が互いに扶養をする義務は，直系血族間および兄弟姉妹間での扶養義務を定める877条1項によってはカバーされません。第**2**章で見たように，夫婦間の扶養義務の根拠は752条（扶助義務）であり，さらにそれを具体化する形で，婚姻費用の分担に関する760条が規定されています。

(2) 未成熟の子に対する親の扶養義務

これに対して，未成熟の子に対する親の扶養義務の一般的な根拠となるのは，877条1項であると考えられます[7]。

もっとも，CASE **9-5** のような，高齢の親を成年の子が扶養する事例にも，や

note

[6] 用語　未成熟の子という言葉は，法律の規定で使われている言葉ではなく，文脈によって意味が微妙に異なります。扶養の文脈では，20歳前後までの子であって経済的に自立していない者をさします。

[7] 発展　もっとも，婚姻中の夫婦間においては760条の婚姻費用の分担の一環として，また離婚後の元夫婦間においては766条1項の「子の監護に要する費用の分担」として，子の監護費用の分担の請求がされるという形で問題になることが多く，子が877条に基づいて親に扶養を直接請求する事例は少ないです。

はり直系血族間での扶養義務を規定する877条1項が適用されます。しかし，同じ規定が適用されるといっても，未成熟の子を親が扶養することは生活保持義務の関係であるのに対して，高齢の親を成年の子が扶養するのは生活扶助義務の関係であるため，規定の適用のされ方におのずと違いが出てくると考えられているのです。

2 民法の規定内容

以下では，生活扶助義務の関係に877条以下の規定が適用される場合を想定して，民法の規定内容を説明します。

CASE 9-5（再掲）

A（75歳）は地方で1人暮らしをする年金生活者です。Aには，東京で公務員をしている子B（50歳）がいます。Aは生活に困っており，Bに扶養料を毎月送金してもらいたいと考えています。

扶養の当事者

877条1項は，Aの直系血族およびAの兄弟姉妹は，Aとの間で，お互いに扶養する義務を負うと定めています。CASE 9-5では，AとBは互いに扶養をする義務があることになります。

しかし，CASE 9-5で，Aには十分な年金収入があり，特に生活に困っているわけではないとしましょう。そのような場合にまで，Aへ毎月送金する義務をBに負わせる必要はもちろんありません。877条1項は，扶養を請求することができる相手方の範囲を定めているにすぎないのです[8]。請求された相手方が扶養料を支払う義務を実際に負うかどうかは，家庭裁判所では，以下で述べるような方法で判断されています。

要扶養状態・扶養可能状態

879条は，家庭裁判所が扶養義務について判断する際に考慮する事情として，

note

[8] 説明 家庭裁判所は，Aが扶養を請求することができる相手方の範囲を，特別の事情がある場合に限って，Aの3親等内の親族（Aの甥・姪（めい）など。姻族〔→第1章 2〕も含まれます）にまで拡大することができます（877条2項）。しかし，特別の事情が認められた事例はとても少ないです。

扶養を受ける権利のある者（扶養権利者といいます）の需要と，扶養をする義務のある者（扶養義務者といいます）の資力（しりょく）の2つを特に挙げています。

扶養権利者の需要とは，CASE 9-5 でいうと，扶養を求めている A が生活に困っているということです。扶養が必要な状態という意味で，要扶養状態ということもあります。

また，扶養義務者の資力とは，CASE 9-5 でいうと，送金を求められている B の生活に余裕があるという意味です。扶養可能状態ということもあります。

判断基準

では，A が要扶養状態にあるか，また B が扶養可能状態にあるかは，どのような基準によって判断すればよいのでしょうか。

(1) 要扶養状態

まず，要扶養状態の判断基準としては，生活保護の基準額が用いられることが多いといわれています。

(2) 扶養可能状態

次に，扶養可能状態の判断基準については，生活保護の基準額のような明確な基準はありません。一般論としては，扶養を請求された者の社会的なポジション（CASE 9-5 でいうと，東京で暮らす 50 歳の公務員であること）に見合った生活を送るために必要な額を超えた収入を得ていれば，扶養可能状態にあると判断されます。

扶養の方法・程度

CASE 9-6

CASE 9-5 で，A（75 歳）は生活に困っており，要扶養状態を脱するには毎月 4 万円が必要です。他方で，子 B は，東京で暮らす 50 歳の公務員であるという社会的なポジションに見合う生活を送るために必要な額を考えると，毎月 3 万円を A に送金するのが限界です。

扶養が請求されている当事者の間で協議が成立しない場合には，家庭裁判所が，扶養の方法や程度を定めます（879 条）。

(1) 扶養の方法

「扶養の方法」には，①金銭給付の形で扶養する方法と，②本人を引き取って同居する形で扶養する方法の２つがあります。もっとも，②は，両当事者が合意しない限り認められるべきではないと考えられています。したがって，裁判になるときは，①の金銭給付の形で解決が図られます。

⑵ 扶養の程度

「扶養の程度」とは，金銭給付の場合には，毎月いくら払うかということです。

CASE 9-6 においては，A が要扶養状態を脱するために必要な毎月４万円と，B がギリギリ送金できる額である毎月３万円とを比較して，より少ない額である月３万円を，B は A に支払うべきことになります。もちろん，それだけでは，A は要扶養状態を脱することができないのですが，B にもそれ以上を送金する余裕がありませんので，それでやむを得ないと考えられています。

扶養の順位

CASE 9-7

CASE 9-5 において，A には子 B（50 歳）のほかに，A の弟で，大阪で会社役員をしている C（70 歳）もいました。A が要扶養状態を脱するには毎月４万円が必要です。B にも C にも，毎月４万円を支払うだけの余裕があります。

ここまで，A が扶養を請求できそうな相手方は B だけであるという単純な例を考えてきました。しかし，実際には，要扶養状態にある A に，直系血族や兄弟姉妹として複数の者がいる場合が多いでしょう。

CASE 9-7 においては，A を扶養すべき者として，B と C の２人が考えられます。ここで，B と C は同順位であり，それぞれが２万円ずつ A に送金すべきなのでしょうか。それとも，B と C には順位の先後があり，どちらか一方だけが４万円全部を負担すべきなのでしょうか。これが，878 条前段がいう「扶養をすべき者の順序」の問題です。

扶養をすべき者の順序について，当事者間での協議の結果，合意ができる場合には，その合意内容に従えばよいですが，そうでない場合には，家庭裁判所がそれを定めます（878 条前段）。

CASE 9-7 の場合には，一般論としては，A の子 B が弟 C よりも先に，A を扶養すべきであると考えられます[9]。そうすると，B だけが毎月４万円を負担し，C は負担しないことになります。しかし，C が特に余裕のある生活をしているとか，Aが高校卒業後すぐに働きに出たおかげでCは大学に行くことができたなどの特別の事情がある場合には，Aへの送金の義務をCも（あるいはCだけが）負うべきだと判断されることもありえます。

POINT

1 後見には，未成年者が被後見人となる場合（未成年後見）と，判断能力が常時欠けている成年者が被後見人となる場合（成年後見）の2種類があります（838条）。
2 後見人は，被後見人の財産について財産管理権をもちます（859条1項）。未成年後見人は，これに加えて，被後見人についての身上監護権ももちます（857条）。
3 成年後見人は，被後見人の意思を尊重し，かつ，被後見人の心身の状態および生活の状況に配慮する義務を負います（858条）。
4 後見人は，被後見人の財産に関する法律行為の全般について代理権をもちます（859条）。これに対して，保佐人や補助人が被保佐人や被補助人を代理する権限は，家庭裁判所でその旨の審判がされた場合に，その審判で定められた事項に限って，認められます（876条の4，876条の9）。
5 民法上，扶養をする義務は，扶養を請求する者（扶養権利者）と扶養する義務を負う者（扶養義務者）との関係が，同居して同一の水準の生活を送るべき性質のものであるかどうかに応じて，生活保持義務と生活扶助義務の2種類に分けられます。夫婦が婚姻費用を分担する義務や，未成熟の子を親が扶養する義務は，生活保持義務に分類され，高齢の親を成年の子が扶養する義務は，生活扶助義務に分類されます。
6 生活扶助義務に基づいて扶養を請求することができる相手方は，原則として，自分の直系血族および兄弟姉妹です（877条1項）。
7 扶養料の支払を請求する権利が現実に生じるためには，扶養を請求する者が要扶養状態にあり，かつ，請求を受けた相手方が扶養可能状態にあることが必要です。

note

9 発展 明治民法955条は，ある者に対する扶養義務者が複数いる場合に，扶養の義務を果たすべき者の順序を明確に定めていました（配偶者，直系卑属，直系尊属，戸主，家を同じくする直系姻族，兄弟姉妹，その他の家族という順序。なお，戸主，家，家族については→第1章）。しかし，順序を明確に定めると柔軟な対応が妨げられることから，第2次大戦後の改正の際に，順序を明確に定めない規定に改められました。

CHAPTER

第10章

相続法の全体像

INTRODUCTION

本章では，相続法で扱う内容の全体像を説明します。また，相続法では，日常では使わない言葉が多く出てきますので，あわせて主な用語の説明もします。細かい点は第**11**章以下で扱いますので，本章では大筋を押さえておけば十分です。

1 相続法とは

1 相続制度の機能

CASE 10-1

Aが妻のBと子のCを残して死亡しました。死亡した時，Aは甲土地（価額[1] 5000万円）を所有しており，Gから借りた500万円をまだ返していませんでした。

Aの死亡後，誰が甲土地の所有者になるでしょうか。また，Gは，誰に対して，500万円を返してほしいと請求することができるでしょうか。

note

[1] 用語 価額とは，金銭でない財産の価値を，金額によってあらわしたものです。

被相続人

相続人という言葉は聞いたことがあると思います。死亡した誰かの財産を相続する人のことです。これに対して，その「誰か」，つまり相続人によって相続される人のことを，被相続人（ひそうぞくにん）といいます。CASE 10-1 では，A が被相続人です。

「相続は，死亡によって開始する」（882 条）とは，相続が問題になるのは，誰か（被相続人）が死亡した場合であるという意味を含んでいます。なお，被相続人となるのは人（自然人）だけであり，法人は含まれません（⇒1 巻第 4 章）。法人は，解散することはあっても死亡することはないからです。

Column 7　家督相続

いま，「相続が問題になるのは，誰か（被相続人）が死亡した場合である」と書きました。当たり前だと思われたかもしれません。しかし，明治民法（⇒第 1 章）のもとでは，生前に相続が開始することもありました。

明治民法では，相続制度は家督相続（かとく）と遺産相続（いさん）の 2 本立てになっていました。家制度（⇒第 1 章 1 1）のもとで，戸主（こしゅ）（家という団体の長）が交代する際に，その交代に付随する形で旧戸主のもっていた財産をすべて新戸主が相続することになっていました。これが家督相続です（これに対して，遺産相続は，戸主でない者の財産の相続に関するものでした）。そして，戸主が死亡すればもちろん戸主が交代することになりますが，生きている間に戸主が交代することもありました[2]（隠居（いんきょ））。今でいうと，中小企業のオーナーが引退して子が経営を引き継ぐようなものです。

第 2 次世界大戦後に家制度が廃止されたのに伴い，明治民法の家督相続の制度も廃止されました。現行民法の相続編の規定は，明治民法の遺産相続の規定を土台にして作られています。現行民法の相続編の最初の規定（882 条）も，明治民法 992 条（遺産相続の最初の規定）をほぼそのまま引き継いだものです[3]。

note

[2] 発展　前戸主が隠居すると，新戸主にすべての財産が承継されてしまい，旧戸主は一文無し（いちもんな）しになってしまうのかというと，そうではありません。というのも，隠居の際に，旧戸主は，自分に残しておきたい財産を留保することができ，隠居後もその財産（留保財産）をそのままもち続けることができたのです。

[3] 発展　明治民法 992 条は，「遺産相続は家族の死亡に因（よ）りて開始す」という規定でした（原文はカタカナ書き）。「家族の死亡」というときの「家族」とは，戸主のもとに統率される「家」という団体のメンバー（戸主自身は含まない）のことです（明治民法 732 条。→第 1 章 1 1）。家制度の廃止の際に，「遺産相続」を「相続」に改め，また「家族の」という語を削除して，現行民法 882 条の規定に仕立てたのです。

被相続人の死亡によって生じる問題

では，CASE 10-1 で，A が死亡すると一体どのような問題が生じるというのでしょうか。

A は，死亡すると，財産をもつ資格を失ってしまいます。権利能力（権利をもち義務を負う資格〔3 条 1 項〕⇒1 巻第 2 章）は，生きているあいだにだけ認められるからです。

そうすると，CASE 10-1 で，甲土地は，A が死亡すると，誰も所有しない物（無主物（むしゅぶつ）といいます。239 条）になってしまうのでしょうか。そうではないことは，皆さんも常識として知っているでしょう。

ここに，相続という制度の意味があります。つまり，A が死亡した瞬間（相続が開始した時。882 条）に，誰かが甲土地の所有権を A から得た（A から承継（しょうけい）取得した[4]）ということにして，甲土地が無主物となることを避けるという役割を，相続制度は果たしています。

2 遺言と法定相続

被相続人 A が死亡した瞬間に，A が所有していた甲土地を承継する「誰か」は，どのようなルールによって決められるのでしょうか。

遺　言

もし，A が生前に，自分の死後はこの人に甲土地をあげたいと考えている人がいて，A がその意思を遺言（いごん）という方式によって表明していれば，その意思が法的に尊重されます。

被相続人が，遺言によって誰かに財産を与える（無償で[5]処分する）ことを，遺贈（いぞう）といい，遺贈を受ける人のことを，受遺者（じゅいしゃ）といいます。遺言や遺贈については，3 でさらに説明します。

note

[4] 説明　物の所有権を得る仕方（態様）には，原始取得と承継取得があります（→2 巻〔近刊〕)。例えば，時効取得（162 条）や，無主の動産の先占（せんせん）（239 条 1 項）は，所有権の原始取得の例です。他方で，承継取得の典型例は，契約（売買など）による取得ですが，相続による取得も承継取得に分類されます。

[5] 用語　「無償で」とは，対価なしにという意味です。無償の反対語は有償で，対価を支払ってという意味です。売買（買主は，代金を支払って売主から物を取得する）は，有償行為の典型例です。これに対して，贈与（受贈者は，対価なしに贈与者から物を取得する）や遺贈は，無償行為の典型例です。

法定相続

しかし，Aが遺言を残しているとは限りません。遺言がない場合でも，Aがもっていた財産が無主物になるという事態の発生を防がなければなりません。そこで，Aの死後にその財産を承継する人が法律で決められています。これが相続人です。

このように，遺言で表示された被相続人の意思ではなく，法律の規定に基づいて，被相続人の財産が相続人に承継されることを，法定相続といいます[6]。相続人は，受遺者と同じように，対価なしに被相続人の財産を取得します。

この本では，法定相続のルールの重要性にかんがみて，法定相続を先に扱うことにします。

3 単独相続・共同相続

先ほど述べたように，相続人とは，法定相続のルールのもとで，被相続人Aの財産を承継すると定められている者のことです。

通常は，Aの近親者が相続人になるというルールが設けられていますが，その具体的な範囲は国によって異なります[7]。日本法のもとでは，CASE 10-1においては，Aの妻であるBと，子であるCが，どちらもAの相続人となります。

相続人が2人以上いる場合のことを，共同相続といいます。これに対して，相続人が1人だけの場合を，単独相続といいます。

単独相続の場合には，Aの相続が開始すると，相続人がAに入れ替わる形で，Aのもっていた財産全部を一括で承継取得するだけであり，それほど難しい問題は生じません。

これに対して，CASE 10-1のような共同相続の場合には，Aの財産をどのように分けるかを決めること（遺産分割（いさんぶんかつ）といいます）が必要になります。これは，まずは相続人たち（CASE 10-1ではBとC）の話し合いによって決められますが，

note

[6] 用語 「法定」とは，意思に基づくのではなく，法律の規定に基づいてという意味です。

[7] 発展 相続の根拠論とは，被相続人のもっていた財産を相続人がもらうことができる根拠は何なのかを探求する議論です。配偶者相続人（→第11章23）については，被相続人との婚姻中に共同で形成した財産の清算を，血族相続人（子など。→第11章22）については，血族関係に基づく生活保障を，それぞれ相続の根拠として挙げる説などがあります。

それがうまくいかない場合には，最終的には裁判によって決められます。このように，共同相続の場合には，単独相続の場合よりも話が複雑になります。

4 相続財産

これまで，「A の財産」という言い方をしてきました。「財産」というと，プラスの価値のあるものを思い浮かべることでしょう。

しかし，CASE 10-1 で，G は，A が死亡すると，誰に対しても 500 万円を返せといえなくなってしまうのかというと，もちろんそうではありません。A が甲土地の所有者であるというポジションが，A の死亡後に誰かに承継される必要があるのと同じように，A が G に 500 万円の借金（債務）を負っているというポジションも，A の死亡後に誰かに承継される必要があります。つまり，相続法では，被相続人のもっていたプラスの価値のある財産（積極財産といいます）だけでなく，債務のようにマイナスの価値をもつ財産（消極財産といいます）についても考えておく必要があるのです。

896 条本文は，「相続人は，相続開始の時から，被相続人の財産に属した一切の権利義務を承継する」と規定しています。CASE 10-1 でいうと，A の相続人である B と C は，甲不動産の所有権（権利）を承継するばかりでなく，G に 500 万円を返す債務（義務）も承継します（具体的に，G が B や C に対していくらを支払うよう請求することができるのかは，第 **15** 章で扱います）。

相続によって承継されることになる「一切の権利義務」（いま述べたように，消極財産も含みます）を，相続財産または遺産（いさん）といいます。

法定相続

ここでは，法定相続のルールとしてどのようなものがあるかを紹介します。これは，すべての相続において問題となること（1）と，共同相続の場合にだけ問題になること（2）に大きく分けられます。

1 すべての相続で問題となること──だれが，何を

まず，誰が，何を相続するのかを明確にする必要があります。

だれが

(1) 相続人

まず，相続人がどのようなルールによって決定されるかを，第**11**章で学びます。

(2) 相続資格の剝奪（はくだつ）

相続人として被相続人の財産を相続するようにみえるが，何らかの事情があるために，相続することが許されない場合があります。例えば，子が親を殺害したり虐待したりしたという事例を思い浮かべてください。このような場合に子の相続資格を否定する制度として，相続欠格（けっかく）（891条）と，推定相続人の廃除（はいじょ）（892条以下。「排除」ではないので注意してください）があります。これらも第**11**章で扱います。

(3) 相続の承認・放棄

相続人は，必ず被相続人の財産を相続しなければならないわけではありません。相続するという選択をすることを相続の承認といい，相続しないという選択をすることを相続の放棄といいます。第**12**章で扱います。

何　を

相続人に承継される財産は，原則として，相続の開始時に被相続人がもっていた財産（先ほど述べたように，積極財産だけでなく，消極財産も含まれます）のすべてです（896条本文）。しかし，例外もあります。例えば，権利の性質上，被相続人の死亡とともになくなってしまうため相続人に承継されないものがあります（896条ただし書）。詳しくは第**13**章で扱います。

2　共同相続の場合にだけ問題となること

第**14**章から第**16**章では，共同相続の場合にだけ問題となることがらを扱います。

どれだけ――相続分

共同相続の場合には，遺産から，各相続人がどれだけを得るのかを決める必要があります（これを相続分といいます）。この計算の仕方を，第**14**章で扱います。

遺産分割

次に，相続分に応じて，遺産に含まれる具体的な財産を各相続人に割り振ります。第**16**章で扱います。

遺産共有

相続が開始してから，遺産分割が完了するまでに，長い時間がかかることもあります。遺産分割が完了するまでの間，遺産に含まれる具体的な財産がどのような状態にあるのかが問題になることがあります。例えば，CASE 10-1 でいうと，遺産分割がされる前に，CがBの反対を押し切って甲土地の土壌改良工事をすることができるかといった問題です。第**15**章で扱います。

遺　言

> **CASE 10-2**
> Aが死亡して，相続が開始しました。Aは生前に遺言をしていました。その遺言には，①自分の死後，子たちは仲良く協力しあってほしい，②先祖伝来の美術品は長男Bが受け継いでほしい，と書かれていました。

第**19**章では，遺言を扱います。

1　遺言事項

被相続人は，さまざまな事柄について，自分の死後にこうなってほしいという希望をもつことがあります。そのような希望のなかには，法的に意味があるもの（遺言でその希望を表明しておけば，最終的には裁判を通じてその内容どおりの実現を図ることができるもの）と，そうでないものがあります。法的に意味があるものを，遺言事項といいます。

遺言事項のうち一番重要なのは，遺贈などの，財産の処分に関する定めです。CASE 10-2 では，②は遺言事項にあたりますが，①は遺言事項にあたりません。

2 遺言の要式性

被相続人の希望が遺言事項にあたるものであったとしても，裁判所がその実現を図ってくれるには，その希望が，967条以下の規定で定められた方式に従って，書面で表明される必要があります（960条。遺言の要式性といいます。また，遺言が書かれている書面のことを遺言書といいます）。

被相続人の生前の意思表示さえあればよく，方式は特に必要ないとすると，被相続人の死後に争いが生じやすいことから，一定の方式に従って表示された被相続人の意思だけを，法的に意味があるものとして扱うことにしたのです。

3 遺言の効力発生時

遺言の特徴の1つとして，遺言をした被相続人（遺言者（いごんしゃ）といいます）が遺言書を作成しても，遺言者の生前に効力を生じることはないという点があります（985条1項）。遺言者は，いったん遺言をしても，死亡するまでのあいだにいつでも，その遺言をなかったことにする（自由に撤回（てっかい）する）ことができます（1022条以下）。

4 遺　贈

先ほども述べたように，遺贈は，遺言事項の中で最も重要なものです。遺贈は，誰かに財産を無償で与えるという点において，贈与（549条。→5巻第**8**章）と共通性があります。しかし，次のような違いもあります。

方　式

贈与は契約の一種であり，契約の一般論に従い，方式は特に必要とされません（522条2項）。これに対して，遺贈は遺言で行うものですので，遺言の方式（967条以下）による必要があります。

撤　回

贈与は契約の一種ですので，いったん成立したら，自由に撤回することはできません[8]。これに対して，遺言者は死亡するまでのあいだ，遺言を撤回することによって，その遺言で定めた遺贈も自由に撤回することができます。

放　棄

贈与が契約であるのとは異なって，遺贈は，遺言者が遺言で，死後にこの財産を誰々にあげたいという意思を一方的に表明しているだけですので，それを受けるかどうかは，受遺者の選択にゆだねられています。受ける選択をすることを遺贈の承認といい，受けない選択をすることを遺贈の放棄といいます（986条以下）。

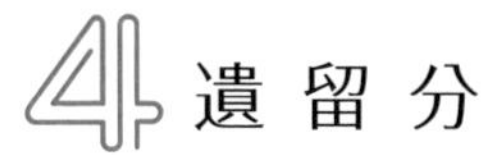

遺 留 分

CASE 10-3

Aが死亡し，相続が開始しました。相続人は妻Bと子Cの2人です。死亡の当時，AはD銀行に1000万円の普通預金をしていました。また，Aは，有名な画家の描いた絵画（価額7000万円）を所有していましたが，それをコレクターの友人Eに遺贈していました。BとCは，Eへの遺贈のせいで，Aからもらえたはずの財産の価額が大幅に減ってしまったことを不満に思っています。

CASE 10-3では，被相続人Aが，遺産の価値のほとんどを占めていた絵画をEに遺贈しており，そのせいで，被相続人からこれくらいの財産を相続できるだろうという妻Bや子Cの期待が大きく害される結果が生じています。

このときに，期待を害された相続人は，遺留分（いりゅうぶん）という権利に基づいて，穴埋めとして金銭を支払うよう請求できることがあります。詳しい計算方法は第**20**章で説明することにして，ここでは結論だけ述べますと，CASE 10-3において，BとCは，それぞれ1500万円の支払をEに請求することができます。

このように，遺留分とは，相続人は被相続人から少なくともこれだけはもらえるという最低限度を保障する制度です。もっとも，第**20**章でみるように，被相続人の兄弟姉妹が相続人となる場合には，遺留分という権利（最低限度の保障）は与えられていません。遺留分という権利が与えられている相続人のことを，遺

note

8 発展　もっとも，贈与が無償の行為であることを考慮して，書面によらない贈与については，履行が終わった部分を除いて契約を解除することが認められており（550条。→5巻第**8**章），通常の契約よりも拘束力が弱められています。

留分権利者といいます。

最後に，本書の相続編の各章で扱う内容を表で示しておきます。

法定相続	すべての相続で問題となること	誰が 何を	第11章・第12章 第13章
	共同相続の場合にだけ問題となること	どれだけ（相続分） 遺産共有 遺産分割	第14章 第15章 第16章
	その他	相続回復請求権 相続財産の清算	第17章 第18章
遺言			第19章
遺留分			第20章
相続と登記			第21章

POINT

1 相続とは，誰か（被相続人）が死亡した瞬間（相続が開始した時）に，その人がもっていた財産が別の誰かに承継されるという制度です（882条）。

2 遺言で表示された被相続人の意思ではなく，法律の規定に基づいて，被相続人の財産を承継する者を，相続人といいます。

3 被相続人のもっていたプラスの価値のある財産（積極財産）だけでなく，債務のようにマイナスの価値をもつ財産（消極財産）も，相続による承継の対象となります（896条）。

4 被相続人が自分の死後に関してもつ希望について，裁判所がその実現を図ってくれるには，その希望が，法律で定められた遺言の方式に従って表明される必要があります（960条。遺言の要式性）。

5 遺言は，遺言をした人（遺言者）が死亡するまで，効力を生じません。遺言者は，死亡するまでのあいだにいつでも，遺言を自由に撤回することができます（1022条以下）。

6 遺留分とは，相続人は被相続人から少なくともこれだけはもらえるという最低限度を保障する制度です。この最低限度の保障が法律で与えられている人のことを，遺留分権利者といいます。

CHAPTER

第11章

相続人

INTRODUCTION

被相続人が死亡して相続が開始した時，その財産を誰が承継するのかを決める方法は2つあります。1つ目は，被相続人が遺言で財産を承継する人（受遺者といいます）を決める方法です。2つ目は，法律の規定に従って財産を承継する人（相続人といいます）を決める方法です。

⇒第19章

第11章では，相続人となる人をどのようなルールで決定するのかについて説明します。

相続開始時における権利能力の存在 886条

1では相続人となるために必要な資格について説明します。

相続人の範囲 887条～890条

2では法律の規定に従って相続人となる人は誰かについて説明します。

相続権を失う場合 891条～895条

相続人となる資格のことを相続権といいます。相続人であっても何らかの事情がある場合には，相続人となることが許されず，相続権を失います。3では，どのような場合に相続権を失うのかについて説明します。

1 相続開始時における権利能力の存在

権利能力

相続制度は，被相続人が死亡した時に，その財産上の権利や義務を特定の人（受遺者・相続人）に帰属させて，一瞬たりとも無主物（所有者がいない状態）になることを避ける役割を果たしています。⇒第10章そのため，相続人は，被相続人の財産上の権利や義務を承継するために，相続開始の時に，権利能力（権利を持ち，義務を負うことができる資格のことです。⇒1巻第2章3条1項）があるのでなければなりません。

同時存在の原則

相続人において，相続開始の時に権利能力があることとは，相続人が相続開始の時に生きている，つまり存在しているのでなければならないということを意味します。この原則を同時存在の原則といいます。

そうしますと，被相続人よりも先に死亡した人または被相続人と同時に死亡した人（同時死亡の推定。⇒1巻第2章32条の2）は，相続開始の時に権利能力がないので相続人となることができません。

相続に関する胎児の権利能力

相続開始の時にまだ生まれていない胎児（たいじ）も，相続開始の時に権利能力がないので相続人となることができないことになります。そうしますと，胎児は近い将来生まれ出てくる存在でありながら，相続開始の時よりも前に生まれたか後に生まれたかという偶然の事情で，相続人となることができるかどうかが左右されてしまいます。そこで，胎児を保護するために，「胎児は，相続については，既に生まれたものとみな」して，胎児も相続人となります（886条1項）。

2 相続人の範囲

CASE 11-1

Aが死亡しました。Aには，配偶者B，子C，父D，兄Eがいます。

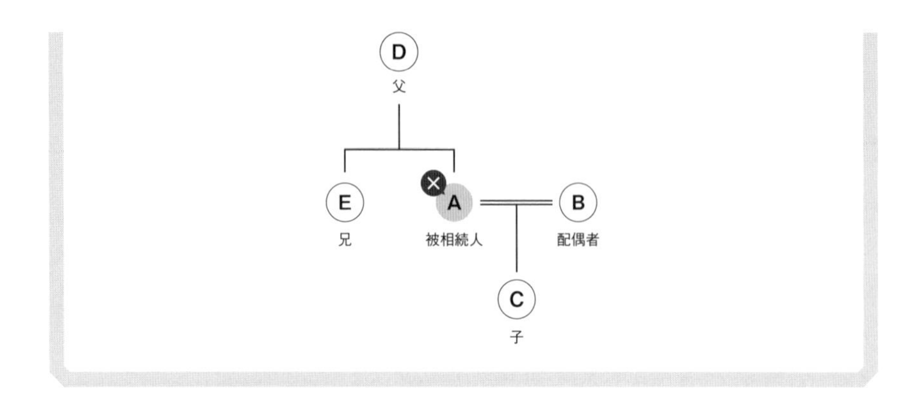

1 相続人の種類と順位

法定相続人

被相続人が死亡した時に，誰がどのような優先順位で相続人となるのか（これを相続人の範囲といいます）法律で定められています（法律の規定に従って相続人となる人を法定相続人といいます)。それ以外の人は相続人となることができません。

相続人の種類と順位

相続人となる人は一定範囲の親族に限定されています。相続人となるのは血族相続人と配偶者相続人です。⇒第1章21

ただし，血族相続人については，血族相続人に当たる人すべてが相続人となれるわけではなく，相続人となることができる優先順位が定められています。先順位の血族相続人（第2順位の血族相続人からみた第1順位の血族相続人のように，優先順位が高い血族相続人のこと）がいる場合には，後順位の血族相続人（第1順位の血族相続人からみた第2順位の血族相続人のように優先順位が低い血族相続人）は，相続人となることができません。

血族相続人		配偶者相続人
第1順位	被相続人の子およびその代襲相続人	
第2順位	被相続人の直系尊属	
第3順位	被相続人の兄弟姉妹およびその代襲相続人	

2 血族相続人

子

第1順位の血族相続人は被相続人の子です（887条1項）。CASE 11-1 ではCがこれに当たります。子が複数いる場合には，すべての子が同順位（優先順位が同じことを意味します）の相続人となります。

子は，男であるか女であるか，実子であるか養子であるか，嫡出子であるか嫡出でない子であるか，普通養子[⇒第5章]か特別養子[⇒第6章]かを問いません。

直系尊属

第2順位の血族相続人は被相続人の直系尊属[⇒第1章 2 1]です（889条1項1号）。CASE 11-1 ではDがこれに当たります。

直系尊属が相続人となるのは，①第1順位の血族相続人である子およびその代襲相続人がいない場合，②これらの人々がいても，その人たちすべてが相続人の欠格事由の規定に該当する（891条）か廃除（892条）されたため相続権を失った場合，③これらの人々すべてが相続放棄[⇒第12章]（939条）をした場合です。

直系尊属の中では，親等[⇒第1章 2 2]の近い人が優先されます（889条1項1号ただし書）。したがって，父（1親等の直系尊属）がいる場合には，祖父（2親等の直系尊属）は相続人となることができません。

直系尊属は，実親であるか養親[⇒第6章]であるかを問わず，親等を同じくする直系尊属が複数いる（例えば，父と母がいる）場合には，すべて同順位の相続人となります。ただし，ここでいう直系尊属に姻族[⇒第1章 2 1]は含まれません。

兄弟姉妹

第3順位の血族相続人は被相続人の兄弟姉妹です（889条1項2号）。CASE 11-1 ではEがこれに当たります。

兄弟姉妹が相続人となるのは，①第1順位の血族相続人である子およびその代襲相続人，第2順位の血族相続人である直系尊属がいない場合，②これらの人々がいても，その人たちすべてが相続人の欠格事由の規定に該当するか廃除されたため相続権を失った場合，③これらの人々すべてが相続放棄をした場合です。

兄弟姉妹が複数いる場合には，すべて同順位の相続人となります。

兄弟姉妹は，父母の双方を同じくする兄弟姉妹であるか，父母の一方を同じくする兄弟姉妹であるかを問いません。

3　配偶者相続人

配偶者は常に相続人となります（890条）。CASE 11-1 ではBがこれに当たります。

ここでいう「常に」とは，血族相続人がいるならばその者と同順位の相続人として共同して，血族相続人がいなければ単独で，相続人となることを意味します。

890条の「配偶者」とは，被相続人と婚姻の届出（739条）をした配偶者を意味しています。したがって，内縁の配偶者⇒第4章は，890条の「配偶者」には当たらないので，相続人となることはできません。

4　代襲（だいしゅう）相続

CASE 11-2

Aが死亡しました。Aの子Bはすでに死亡しています。Aには，Bの子（Aの孫）CとCの子（Aのひ孫）Dがいます。

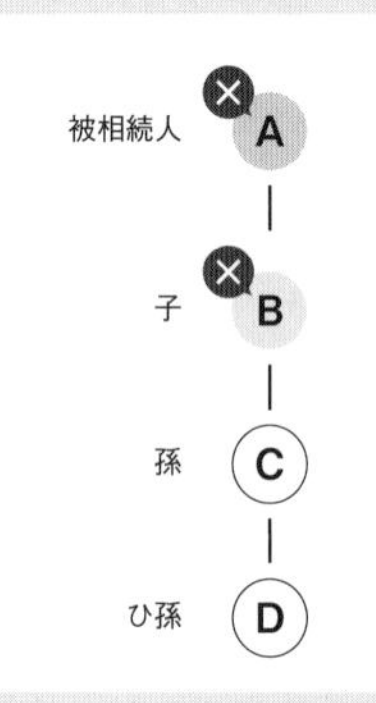

CASE 11-3

Aが死亡しました。Aには，子も直系卑属もなく，兄E，甥（Eの子）Fがいます。EはAを殺害しました。

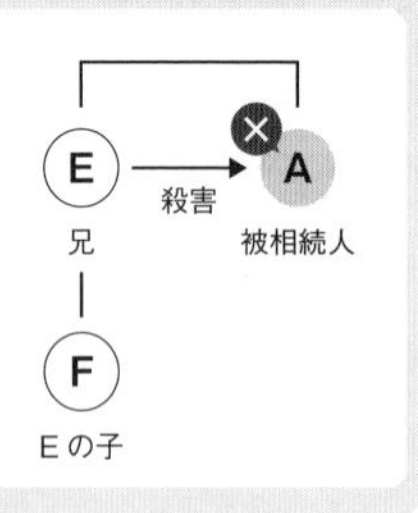

代襲相続とは

(1) 代襲相続とは

代襲相続とは，相続人（被代襲者といいます）が相続開始以前に死亡したとき，あるいは相続人の欠格事由⇒31の規定に当たり，もしくは廃除⇒32によって，その相続権を失ったときは，相続人の子（代襲相続人といいます）が，相続人に代わって（民法は，「代襲[1]して」と表現しています）相続することをいいます（887条2項）。

(2) 代襲相続が認められる理由

CASE 11-2 では，Bは，Aよりも先に死亡したため，Aの相続人となることができません。この場合に，もし，BがAよりも先に死亡しなかったならば，BはAの相続人としてAの財産を承継し，そしてBが死亡した後は，CがBの相続人としてBの財産（それに含まれるAの財産）を承継することができたはずです。Bの死亡がAの死亡の前か後かという偶然の事情によって，CがAの財産を承継することができるかどうかが左右されることのないように，代襲相続が認められています。

被代襲者

(1) 被代襲者となる人

被代襲者は，被相続人の子（887条2項）または兄弟姉妹（889条2項）のみです。直系尊属と配偶者には代襲相続が認められません。

CASE 11-2 ではBが，CASE 11-3 ではEが被代襲者にあたります。

(2) 代襲相続が認められる場合

代襲相続が認められる場合（これを代襲原因といいます）は，被代襲者について，①相続開始以前に死亡した場合，②相続人の欠格事由の規定にあたる場合，③廃除された場合に限定されています（887条2項）。

CASE 11-2 ではBについて相続開始以前の死亡という代襲原因が発生し，CASE 11-3 ではEについて相続人の欠格事由⇒31の規定に当たるという代襲原因が発生していますから，代襲相続が認められます。

note

[1] 用語 「襲」には襲う・奇襲・逆襲・襲撃のように人を攻撃するという意味だけでなく，世襲・襲名・踏襲のように人の跡を継ぐという意味があります。

代襲相続人

代襲相続人となる人は，①被代襲者の子であること，②被相続人の直系卑属であること，③相続権を失っていないこと，④被相続人の死亡の時に存在することが必要です。CASE 11-2 のCは，①Bの子であり，②Aの直系卑属であり，③相続人の欠格事由の規定に該当せず，Aから廃除されていない，④Aの死亡の時に存在していることから，代襲相続人となります。

CASE 11-3 のFも，①Eの子であり，②Aの血族であり（「被相続人の直系卑属でない者」をどのように読み替えるかについて複数の解釈があり，その一つが「被相続人の血族でない者」と読み替える解釈です），③相続人の欠格事由の規定に該当せず，Aから廃除されていない，④Aの死亡の時に存在していることから，代襲相続人となります。

再代襲相続

CASE 11-2 では，B（Aの子）について代襲原因が発生すれば，C（Aの孫）が代襲相続人となりますが，仮に，Cについても代襲原因が発生した場合には，その子であるD（Aのひ孫）が代襲相続します（887条3項)。これを再代襲相続といいます。

再代襲相続は，代襲者（887条3項の主語は「代襲者」です）について代襲原因が発生する場合に認められます。つまり，被相続人の直系卑属（ひ孫，玄孫（やしゃご）…）が存在する限り再代襲相続が認められ，第1順位の血族相続人である被相続人の子の代襲相続人がいることになります。

ただし，兄弟姉妹について，再代襲相続は認められていません（889条2項は，再代襲を規定する887条3項を準用していません。兄弟姉妹については，その子〔被相続人の甥（おい）・姪（めい）〕に限り代襲相続が認められます)。

代襲相続の効果

代襲相続が認められると，代襲相続人は，被代襲者の相続権を承継します。被代襲者について代襲相続人が複数いる場合には，すべて同順位の相続人となります。

3 相続権を失う場合

1 相続欠格

相続欠格

法定相続人であっても，何らかの事情がある場合には，相続人となることが許されず，法律上当然に（特別な手続をしなくてもという意味です）相続権（相続人となる資格）を失います。これを相続欠格といいます（資格がないことを欠格といいます）。

相続人の欠格事由

CASE 11-4

父A（被相続人）を，子Bが保険金目的で殺しました。Bは，殺人罪（刑199条）により拘禁刑10年の実刑判決を受けました。

891条は，相続人となることが決して許されない行為を定めています。これを相続人の欠格事由といいます。

1号	故意に被相続人または先順位もしくは同順位にある者を死亡するに至らせ，または至らせようとしたために，刑に処せられた者。	相続人となることができない
2号	被相続人の殺害されたことを知って，これを告発せず，または告訴しなかった者。	
3号	詐欺または強迫によって，被相続人が相続に関する遺言をし，撤回し，取り消し，または変更することを妨げた者。	
4号	詐欺または強迫によって，被相続人に相続に関する遺言をさせ，撤回させ，取り消させ，または変更させた者。	
5号	相続に関する被相続人の遺言書を偽造し，変造し，破棄し，または隠匿した者。	

CASE 11-4では，Bは，891条1号に当たるので，Aの相続人となることができません。Bのように，相続人の欠格事由の規定に当たり，相続人となることができない人を相続欠格者といいます。

二重の故意

CASE 11-5

Aには，子B・C・Dがいました。Aは，「私が所有する甲土地を売却し，売却代金をBの債務に充ててください」との遺言書を作成し，Bに預けました。Aが死亡し，遺産分割協議が行われた際，Aの遺言書の存在およびその内容等が問題となりました。当時，BはAの遺言書を保管していましたが，兄弟間で遺産を均等に分けたいと考えて，その存在をC・Dに知らせませんでした。そこで，C・Dは，Bは遺言書を破棄または隠匿したとして，Bには891条所定の欠格事由があるからAの相続人となることができないと主張しました。

Bは，被相続人がした相続に関する遺言[2]の存在と内容を公表しないことによって，他の相続人から遺言の存在と内容（遺産分割の出発点となる情報）を得る機会を奪いました。Bの行為は，遺言書の破棄（はき）（遺言の効力を消滅させる行為）または隠匿（いんとく）（遺言書の発見を妨げるような状態に置く行為）にあたります。しかし，欠格事由に該当するとして，直ちに，Bの相続権を失わせることは厳しすぎるのではないでしょうか。

891条5号の趣旨は，遺言に関し著しく不当な干渉行為をした相続人に対して制裁を課そうとするところにあります。そうすると，Bの行為が，遺言書の破棄または隠匿に当たる場合であっても，「相続に関して不当な利益を目的とするものでなかったとき」は，これを遺言に関する著しく不当な干渉行為ということはできないことから，このような行為をしたBに相続人となる資格を失わせるという厳しい制裁を課することは，同条5号の趣旨に沿いません。したがって，Bは同条5号の相続欠格者にはあたらず，Aの相続人となります（最判平成9年1月28日民集51巻1号184頁）。

このように，同条5号については，二重の故意，つまり，遺言書の破棄または隠匿をする故意（行為をする故意）だけでなく，その行為によって不当に相続上の利益を得ようとする意思（第2の意味での故意）を必要とすると理解されています。

note

[2] 用語 「相続に関する遺言」とは，相続財産や相続人の範囲に影響を与える遺言事項（例えば，相続分の指定〔902条〕，遺産分割方法の指定〔908条〕，遺贈〔964条〕，認知〔781条2項〕など）についての遺言をいいます。

欠格の効果

相続人の欠格事由の規定にあたる人は，法律上当然に相続権を失うので，相続人となることができません（891条）。

2 推定相続人の廃除

CASE 11-6

Aには子Bがいます。Bは，17，18歳頃から素行（そこう）が悪くなり，Aに無断でAの土地を担保に借金をしたり，Aの自宅から金目の物を持ち出して売却したりして入手した金を，酒，女，競輪，競馬などに使ってしまいました。また，Bは，詐欺罪により数回服役し，そのつどAは，被害者への弁償金を支払うために，Aが所有する農地や山林を売却したり抵当に入れたりするなどして財産を失い，現在も借金が残っています。

推定相続人の廃除とは

(1) 推定相続人の廃除

推定相続人であっても，相続人の欠格事由ほどの重大な行為をした場合ではないけれども，被相続人に対する非行行為がある場合には，被相続人の請求により，裁判所が，相続人となる資格を失わせます。これを推定相続人の廃除（はいじょ）[3]といいます。

(2) 推定相続人とは

相続が開始した場合に相続人となるべき者を推定相続人といいます（892条参照）。CASE 11-6では，Bがこれに当たります。

Bは，Aの相続開始前のある時点で，将来Aが死亡し相続が開始した場合に，Aの相続人となる資格（相続権）を持っています。ただし，将来Aが死亡し相続が開始した場合に，BがAの相続人となるかは未確定です。なぜなら，Bが，Aの相続開始以前に死亡した場合，相続人の欠格事由の規定に当たる場合，Aから廃除された場合には，BはAの相続人となることができなくなるからです。

note

[3] 用語 「廃除」を「排除」とする誤記を目にします。「廃」には，廃止・撤廃（てっぱい）のようにすてるという意味があります。これに対して，「排」には，排気・排斥（はいせき）のように押しのけるという意味があり，廃とは意味が大きく異なります。

CASE 11-6 では，A の相続が開始する前のある時点で，A の推定相続人 B が持っている相続権は，単に「将来 A が死亡し相続が開始した場合に，A を相続することができるだろう」と期待することができる資格（これを期待権といいます）にすぎません。

(3) 推定相続人の相続権

相続開始の時点で，A の相続人となった人が A の財産を承継します（896 条本文）。したがって，A の相続が開始する前の時点で，B は A の財産に対する権利を持っていません。

廃除の対象となる人

(1) 廃除の対象となる人

CASE 11-6 で，A が，B に財産を承継させたくない場合には，B 以外の人に贈与や遺贈をしたり，遺言で B の相続分をゼロと指定することが考えられます（第 19 章参照）。しかし，配偶者，子，直系尊属は，遺留分（⇒第 20 章）を持っているので（「兄弟姉妹以外の相続人」。1042 条 1 項柱書），B は，遺留分侵害額請求権を行使することにより（第 20 章参照），A の財産の一部を取得することができます。そのため，A が，B から遺留分を請求する権利を奪うには，廃除によって B の相続権を失わせる必要があります。

したがって，廃除の対象となるのは，相続が開始した場合に相続人となるべき人（推定相続人）のうち「遺留分を有する推定相続人」（配偶者，子，直系尊属）に限られます（892 条）。

(2) 廃除事由（じゆう）

892 条は，遺留分を有する推定相続人について，相続人となることが許されない非行行為を定めています。これを廃除事由といいます。

要件	効果
遺留分を有する推定相続人が，被相続人に対して虐待（ぎゃくたい）をし，またはこれに重大な侮辱（ぶじょく）を加えたとき	その推定相続人の廃除を家庭裁判所に請求することができる
遺留分を有する推定相続人にその他の著しい非行があったとき	

廃除の方法

⑴　推定相続人の廃除の請求

遺留分を有する推定相続人に廃除事由があるとき，その推定相続人を廃除することを，家庭裁判所に請求することができます。

⑵　推定相続人の廃除を請求する人

推定相続人の廃除を請求するかどうかの判断は，被相続人の意思に委ねられています。

したがって，被相続人の生存中に廃除を請求する場合（これを生前廃除といいます）には，被相続人が廃除を請求します（892条）。あるいは，被相続人は，遺言で，推定相続人を廃除する意思を表示することができます（これを遺言による廃除といいます）。この場合には，遺言執行者が，遺言が効力を生じた後，速(すみ)やかに，その推定相続人の廃除を家庭裁判所に請求しなければなりません（893条）。

⑶　家庭裁判所の審判

推定相続人の廃除は，誰が相続人になるかに重大な影響を及ぼします。被相続人の自分勝手な考えや特定の人だけに向けられた愛情によって，推定相続人が廃除されることがあってはなりません。そのため，推定相続人に廃除事由が存在することが認められるかどうかは，家庭裁判所の客観的な判断に委(ゆだ)ねられています。

廃除の効果

CASE 11-6 では，家庭裁判所は，A の推定相続人 B について廃除事由が存在すると認めた場合には，B を推定相続人の地位から廃除する旨の審判をします。この審判が確定すると，廃除の効果が生じます。したがって，B は，A の推定相続人の地位を失います。廃除によって推定相続人の地位を失った人を廃除者といいます。

廃除の取消し

CASE 11-6 では，A が B を廃除した後に，A が廃除の効果を失わせてよいとする意思（B の相続権を回復させる意思）をもったのであれば，A の意思に基づいて，いつでも廃除を取り消すことが認められます（894条）。この「いつでも」には，A の生前にいつでも取り消すことができるという意味だけでなく，特別な理由がなくても取り消すことができるという意味も含まれています。

ただし，誰が相続人であるかを明確にするために，家庭裁判所の審判が必要です。Aは，家庭裁判所に廃除の取消しを請求しなければなりません。被相続人が生前に請求する場合（894条1項）と遺言（⇒第19章）による場合（同条2項）があります。家庭裁判所の審判が確定すると，廃除の取消しの効果が生じます。したがって，BはAの推定相続人の地位を回復します。

POINT 

1 同時存在の原則とは，相続人が相続開始の時に生きている（権利能力がある）のでなければならないという原則をいいます。
2 胎児は，相続については，すでに生まれたものとみなします。
3 被相続人の配偶者は常に相続人となります。
4 被相続人の一定範囲の血族については，相続人となる順位が定められています。第1順位は被相続人の子，第2順位は被相続人の直系尊属，第3順位は被相続人の兄弟姉妹で，この順位で相続人となります。先順位の相続人がいるとき，後順位の人は相続人となることができません。
5 被相続人の子が，相続の開始以前に死亡したとき，または相続人の欠格事由の規定に該当し，もしくは廃除によって，その相続権を失ったときは，被相続人の孫が被相続人の子を代襲して相続人となります。これを代襲相続といいます。
6 相続人の欠格事由の規定に該当する人は，相続人となることができません。
7 遺留分を有する推定相続人に廃除事由があるとき，被相続人は，その推定相続人の廃除を家庭裁判所に請求することができます。家庭裁判所の審判が確定すると，廃除者は相続人となることができません。

CHAPTER

第12章

相続の承認・放棄

INTRODUCTION

婚姻をしていないAが死亡して相続が開始し，子としてBだけがいたとします。このとき，第**11**章で学んだように，Bに相続欠格事由（891条）がなく，Aから廃除（892条，893条）もされていなければ，BはAを相続することができます。

しかし，BはAを相続することを強制されるわけではなく，むしろ相続するかどうかを選択することができます。相続するという選択をすることを相続の承認といい，相続しないという選択をすることを相続の放棄といいます。

相続人の選択肢（せんたくし）

920条，922条，939条

まず，Aの相続についてBにどのような選択肢があるのかを見ます（①）。

熟慮期間

915条〜917条

次に，熟慮（じゅくりょ）期間について扱います（②）。熟慮期間とは，BがAの相続についてどういう選択をするべきかを判断する前提として，Aにどのくらいの資産や借金があるのかを調査するために与えられている猶予（ゆうよ）期間のことです。

相続の承認・放棄の方法 921 条，923 条，924 条，938 条，919 条

最後に，相続の承認や放棄をする方法を学びます（③）。

1 相続人の選択肢

INTRODUCTION で述べたように，相続人に与えられている選択肢は，大きく分けると，相続の承認と相続の放棄の 2 つです。相続の承認は，さらに単純承認と限定承認とに分けられます。それぞれの内容についてみていきましょう。

CASE 12-1

A が死亡して相続が開始しました。A に配偶者はなく，子として B がいます。A は死亡時に，積極財産として，価額 1500 万円の甲土地だけを所有していました。

❶ A は死亡時に，G に対して 1000 万円の債務を負っていました。

❷ A は死亡時に，G に対して 2500 万円の債務を負っていました。

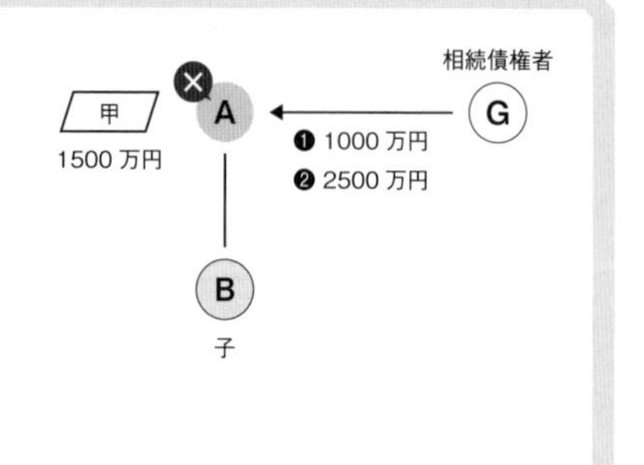

1 単純承認

B が単純承認（920 条）をすると，A が持っていた財産は，プラスの価値のもの（積極財産）も，債務などマイナスの価値のもの（消極財産）も，そっくりそのままの状態で B が承継します。

CASE 12-1 の❶の場合に，B が A の相続を単純承認すると，B は，甲土地の所有者となり，1000 万円の債務の債務者となります。その結果，差し引きすると 1500－1000＝500 万円だけ，相続したことによって B は得をします。

なお，相続人が選択できるのは，被相続人がもっていた財産の全部を，一括で承継するか，一括で放棄するかだけです。CASE 12-1 の❶を例にとると，B は甲土地を相続するが 1000 万円の債務は相続しないという選択肢は認められません。

2 放　棄

CASE 12-1 の❷の場合に，B が A の相続を単純承認したとすると，1500－2500＝－1000 万円となり，相続したために 1000 万円損をしてしまいます。

このとき，B は，相続すると 1000 万円損をしてしまうという結果を，相続を放棄（938 条）することによって，避けることができます。

> **CASE 12-2**
>
> A が死亡して相続が開始しました。A には配偶者も直系尊属もなく，子としては B が，また兄弟姉妹としては弟 C だけがいました。B は A の相続を放棄しました。

CASE 12-2 において，相続の放棄によって，B は初めから A の相続人とならなかったものとみなされます（939 条）。そうすると，A の子は誰も相続しないことになり，また直系尊属もいないため，弟 C に，A を相続できる順番がまわってきます（⇒第 11 章889 条 1 項）。

ここで，C も，A の相続を承認するか放棄するかを選択することができます。C も相続を放棄した場合には，A の相続人が誰もいないことになるため，相続人不存在の手続が始まります⇒第 18 章。

Column 8　事実上の相続放棄

相続の放棄は，本文で触れたように，被相続人が負っていた債務の承継を免れる目的でされることがあります。この目的を達するためには，3 で扱うように，熟慮期間内に家庭裁判所に相続の放棄を申述するという手順を踏む必要があります（正規の相続放棄）。

このほかに，共同相続人のうちの特定の者（例えば長男）に遺産を集中させる目的で，他の相続人が相続の放棄をするということもあります。この目的を達するためであれば，正規の相続放棄によらなくても，遺産分割の協議⇒第 16 章において，長男が遺産の全部を承継し，他の相続人は何ももらわないことを合意するというやり方をとることもできます。これを事実上の相続放棄といいます。

3 限定承認

CASE 12-3

Aが死亡して相続が開始しました。Aに配偶者はなく，子としてBがいます。Aは死亡時に，積極財産として，価額1500万円の甲土地だけを所有していました。Aは生前，ギャンブル好きで，いろいろな金融業者からお金を借りていたようですが，その全容はよくわかりません。

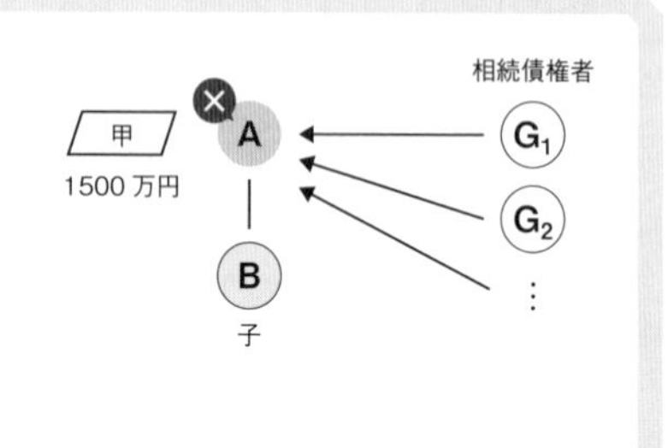

(1) 限定承認を認める必要性

CASE 12-3では，Aがどれくらい債務を負っているのかがわからないので，BがAの相続を単純承認すると得をすることになるのか，損をすることになるのか自体がはっきりしません。このようなときに，一応Aの相続を承認して，得をするチャンスを確保しつつ，損をすることは避けたいと思うBのために，限定承認という選択肢が用意されています。

(2) 限定承認の特徴

CASE 12-3でBが単純承認をしたとしましょう。このとき，相続によってBが承継した債務（相続債務といいます）を支払わないときは，その債権者（相続債権者といいます）は，Bが相続によって得た財産（相続財産）だけでなく，Bがもともともっていた他の財産（固有財産といいます）にも，差押えをしてそこから債権回収することができます。つまり，Bがもっている財産であれば，範囲の限定なしに（920条の「無限に」），どれでも差押えをしてそこから債権回収することができるのです（無限責任といいます）。

これに対して，CASE 12-3でBが限定承認をすると，どうなるのでしょうか。この場合にもBが相続債務を承継することは，単純承認の場合と変わりません。しかし，限定承認をしたBは，相続債権者に対して，自分は相続によって得た財産（甲土地）の限度でしか支払わないと主張することができます（922条）。いいかえると，Bが相続債務を支払わない場合に，相続債権者は，BがAから相続した積極財産（甲土地）には，差押えをしてそこから債権回収することができますが，Bがもともと持っていた財産（固有財産）は差し押さえることができないのです（有限責任といいます。債権者が差し押さえてそこから債権回収することができる，債務者の財産の範囲が限定されているという意味です）。

限定承認の場合には，相続人の有限責任を実現するために，相続財産を清算する手続が必要になります。相続財産の清算については，第**18**章で学びます。

 熟慮期間

1 趣 旨

1 でみたように，相続するかどうかを選択するにあたっては，被相続人がもっていた積極財産の価額が消極財産の価額よりも多いかどうかが，とても重要です。そこで，相続人には，被相続人の財産状況を調査して（915条2項），どのような選択をすべきかを考えるための期間が認められています（915条1項）。これを熟慮（じゅくりょ）期間といいます。

相続の限定承認や放棄をしたい場合には，3 でみるように，家庭裁判所にその旨を申述（しんじゅつ）することが必要ですが（924条，938条），この申述は熟慮期間内にしなければなりません。熟慮期間内に限定承認も相続の放棄もしなかった場合には，単純承認したものとみなされてしまうからです（921条2号）。

2 起算点

熟慮期間の長さは，原則として3か月です（915条1項本文）。では，いつの時点（起算点といいます）から計算して3か月間なのでしょうか。

CASE 12-4

Aが死亡して相続が開始しました。Aには配偶者も直系尊属もおらず，子としてBが，また兄弟姉妹としては弟Cがいました。

原 則

熟慮期間の起算点は，「自己のために相続の開始があったことを知った時」です（915条1項本文）。これは，①被相続人が死亡したことと，②自分がその相続人となったことの両方を知った時をさします[1]。

CASE 12-4 において，子 B が A の死亡の瞬間に立ち会っていたとしますと，その時点で，①だけでなく，自分が A の子であること（②）も知っていたはずです。そうだとすると，B の熟慮期間の起算点は，A の死亡時となります。

ここで，もし B が熟慮期間内に相続の放棄をしたとしますと，CASE 12-2 でみたように，A を相続することができる順番が，弟 C にまわってきます。このとき，C の熟慮期間の起算点は，①A が死亡したことと，②先順位で A の相続人となる資格がある B が相続の放棄をしたために A の相続人となる順番が自分にまわってきたことの両方を，C が知った時になります。

判例による例外

CASE 12-5

A が死亡し，相続が開始しました。A には子 B がいましたが，A はかつて，飲酒しては家族に暴力をふるったため，B は 15 歳のときに家を飛び出し，それ以来 A との連絡を絶っていました。A は，最後の 10 年ほどは生活保護に頼って 1 人で暮らしており，ほとんど財産をもっていませんでしたが，友人 C が D から借りた 1000 万円の債務について，死亡の 1 年前に保証人となっていました。A は死亡の半年前から入院し，B は市役所から連絡を受けて 30 年ぶりに A と再会し，何度かお見舞いに行きましたが，保証人になっているという話を A から聞いたことはありませんでした。

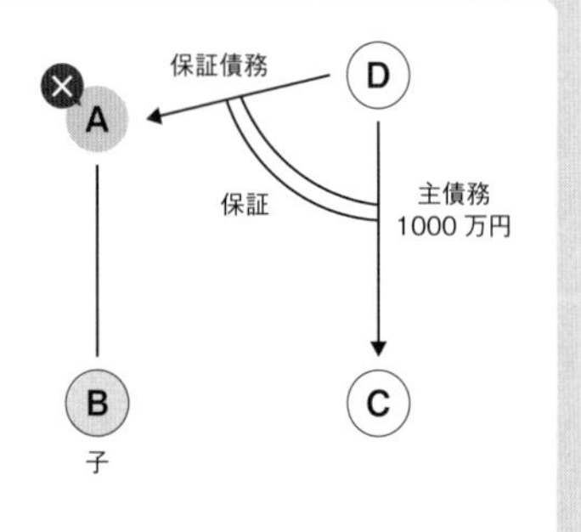

A の死亡の瞬間に立ち会った B は，A には何の財産もないと思って，A の相続について何の選択もしないでいました。ところが，A の死亡の 1 年後に D が現れ，A が負っていた 1000 万円の保証債務を相続人である B が承継したはずだから，1000 万円を支払えと B に請求しました。B は，今からでも A の相続を放棄して，A の保証債務を承継していないと D に主張することができるでしょうか。

note

1 発展　熟慮期間に関して，916 条という規定があります。この規定は，理解しづらいですが，次のような場合を想定しています。A が死亡して相続が開始しました。A には子 B がいましたが，B は，熟慮期間が経過する前に，A の相続について選択しないまま死亡してしまいました（916 条にいう「相続人が相続の承認又は放棄をしないで死亡した」とはこのような意味です）。ここで，B に子 C がいたとすると，C（916 条にいう「その者の相続人」にあたります）が，B の相続についてだけでなく，A の相続についても，選択をすることになります。このように，最初の A→B の相続について B が選択をしないまま，B→C の相続が開始してしまい，A→B の相続について B でない者が選択すべき状況が生じることを，再転相続（さいてんそうぞく）といいます。

916 条自体は，再転相続の状況のもとで，C が A の相続について選択をすべき熟慮期間の起算点が，C が「自己のために相続の開始があったことを知った時」であることを，規定しています。

CASE 12-5において，BはAの死亡の瞬間に立ち会いましたので，原則通りだと，Aの相続についてのBの熟慮期間の起算点は，Aが死亡した時となります。そうすると，その時から3か月以内にAの相続について何の選択もしなかったBは，Aの相続について単純承認したものとみなされ（921条2号），よって，Dからの保証債務の履行請求をBが拒むことは難しいという結果になりそうです。

しかし，Bが30年にもわたってAと連絡を取っておらず，Aの生活状況をほとんど知らず，再会したAからは何の話もなかったという事情もふまえると，BがAに相続財産がないと信じてAの相続について限定承認も放棄もしなかったのも不思議ではないともいえそうです。

判例は，CASE 12-5のような事例において，Aが保証債務を負っていたことをBが知った時あるいは知ることができた時まで，熟慮期間の起算点を遅らせることを認めました。その時から3か月以内にBがAの相続を放棄すれば，相続の放棄は熟慮期間内にされた有効なものであり，初めからBはAの相続人とならなかったものとみなされます（939条）。そのため，Bは，Aの負っていた保証債務を相続により承継していないと主張することができるとしたのです（最判昭和59年4月27日民集38巻6号698頁）。

もっとも，最高裁は，熟慮期間の起算点を遅らせるという例外扱いが認められる場合を，かなり限定しています。具体的にいうと，本来の熟慮期間内にBがAの相続について限定承認も放棄もしなかったのが，Aに相続財産がないと信じたためであり，かつ，Aの相続財産の調査をBに期待することが著しく困難な事情があり，Bがそう信じたことにも相当な理由があると認められる場合にのみ，例外扱いが認められるとしています。

3 相続の承認・放棄の方法

最後に，相続の承認や放棄をどのようにすればよいかを説明します。もっとも，2でも見たように，相続人が熟慮期間内に特に何もしなかったため単純承認したものとみなされるという場合（921条2号）が，実際には非常に多いです。

1 意思表示

単純承認したものとみなされてしまう場合（921条。法定単純承認といいます）を除くと，相続の承認や放棄の効果を発生させるためには，その旨の意思表示が必要です。

撤回不可

相続の承認や放棄の意思表示を一旦してしまうと，熟慮期間がまだ経過していなくても，もはや撤回することができなくなります（919条1項）。相続を承認するか放棄するかは，多くの人に影響を及ぼすので，すでにしてしまった承認や放棄の効力を，単に気が変わったというだけの理由によって，なかったことにできるとするべきではないからです。

取消しは可能

もっとも，この意思表示を，民法の総則編および親族編の規定に従って取り消すことはできます（919条2項）。例えば，だまされて（つまり詐欺によって）相続を放棄する意思表示をしてしまった場合に（96条1項）⇒1巻第9章1，その意思表示を取り消すことが可能です[2]。

2 限定承認および放棄の場合

相続の単純承認をする場合，方式は特に必要とされません。これに対して，相続の限定承認や放棄をしたい者は，その意思を，熟慮期間内に（921条2号参照），家庭裁判所に対して書面で表示する（申述（しんじゅつ）といいます。家事201条5項）必要があります（924条，938条）。限定承認をしたい場合には，相続人が複数いるときは全員が共同して行うことと（923条），相続財産の目録を作成して家庭裁判所に提出すること（924条）も必要です。

家庭裁判所は，申述が熟慮期間内にされたことや申述者の真意によるものであることを確認して，申述を受理する旨の審判（家事201条7項）をします。

note

[2] 説明 ただし，限定承認や相続の放棄は家庭裁判所への申述という方式によって行う必要がある（→2）ことの関係で，限定承認や相続の放棄を取り消すときにも，家庭裁判所への申述が必要とされます（919条4項）。

POINT

1 相続人は，相続の承認をするか，相続の放棄をするかを選択することができます。

2 相続人は，相続を承認すると，被相続人がもっていた財産だけでなく，負っていた債務（相続債務）も承継します。

3 単純承認（920条）をした相続人が相続債務を支払わないときは，その債権者（相続債権者）は，相続人が相続によって得た財産（相続財産）だけでなく，もともと持っていた財産（固有財産）にも，差押えをしてそこから債権回収することができます（無限責任）。

4 限定承認（922条）をした相続人は，相続債務について，相続財産から弁済する責任を負うだけです。相続債権者は，固有財産を差し押さえることができません（有限責任）。

5 相続人が相続を放棄すると，初めから相続人にならなかったものとみなされます（939条）。

6 相続人には，被相続人の財産状況を調査したうえで，相続についてどのような選択をすべきかを考えるための猶予（ゆうよ）期間が，3か月間与えられています（熟慮（じゅくりょ）期間。915条）。

7 熟慮期間の起算点は，原則として，①被相続人が死亡したことと，②自分が相続人となったことの両方を，相続人が知った時です。

8 相続の限定承認や放棄をしたい者は，その意思を，熟慮期間内に，家庭裁判所に対する申述（しんじゅつ）という方式によって表示する必要があります（924条，938条）。熟慮期間内に相続の限定承認も放棄もしなかったときは，単純承認したものとみなされます（921条2号）。

CHAPTER

第13章

相続の対象

INTRODUCTION

本章では，相続人は，被相続人から何を相続し，何を相続しないのかという点について説明します。具体的には，以下の3つの点について説明します。

包括承継の原則　896条本文

相続人が何を相続するのかに関する原則は，896条本文に規定されています。それによると，「被相続人の財産に属した一切の権利義務」は相続人に承継されることになります。被相続人に属していたすべての権利義務は，すべてまとめて（これを「包括的に」といいます）相続人が承け継ぐ（これを「承継する」といいます）ことを包括承継の原則といいます。本章では，この原則の意味について説明します。

包括承継の原則に対する例外　896条ただし書，897条

包括承継の原則については，2つの例外があります。第1に，「被相続人の一身に専属した」財産については相続人に承継されません（896条ただし書）。第2に，「系譜，祭具及び墳墓の所有権」については，「慣習に従って祖先の祭祀を主宰すべき者」に承継されます（897条）。本章では，これらのルールの意味について説明します。

無権代理と相続

さらに，包括承継の原則をそのまま適用してよいかが問題となっている場面として，「無権代理と相続」と呼ばれる場面があります。本章では，どのような場面で何が問題になっているか，どのような解決法が採用されているかを説明します。

1 包括承継の原則

1 包括承継の原則とは

CASE 13-1

Aは，建物甲と自動車乙，そして1000万円の銀行預金を残して死亡しました。相続人は，Aの妻Bと子Cでした。Aが死亡した時に，友人から借金したことによる50万円の金銭債務が残っていました。これらの不動産，自動車，預金，そして金銭債務は，BとCに承継されるのでしょうか。

896条本文は，「相続人は，相続開始の時から，被相続人の財産に属した一切の権利義務を承継する」と規定しています。相続は，被相続人の死亡によって開始しますので（882条），この時から，被相続人に属していたすべての権利義務は，包括的に相続人が承継することになります。これを**包括承継の原則**といいます。

2 包括承継の原則が適用される具体例

権利の承継

この規定によると，「被相続人の財産に属した一切の権利義務」が承継されます。このように，「権利」の承継が認められますので，CASE 13-1では，建物甲，自動車乙のような物権や，銀行に対する預金債権（銀行から預金を返してもらう債権）のような債権は，被相続人であるAから相続人であるBとCに承継されることになります。

義務の承継

同じく896条本文によれば，「義務」も承継されます。これによると，被相続人Aが負っていた50万円の金銭債務も，相続人であるBとCに承継されます。

地位の承継

ここでいう「権利義務」には，まだ具体的な権利義務が発生していないけれども，具体的な権利義務を発生させることができる状態（これを「地位」といいます）も含まれます。たとえば，契約をしてほしいという申込みを受けたときは，承諾をすれば契約が成立し，権利義務が発生しますので，そのような申込みを受けたという地位も相続人に承継されることになります。この場合は，その後相続人が承諾をすれば，契約が成立することになります。

複数の相続人が承継した場合

CASE 13-1 の場合はさらに，BとCの間で建物甲，自動車乙，1000万円の銀行預金をどのように分けるか，50万円の金銭債務をどのように負担するかが問題となりますが，これらの点は第**15**章3および第**16**章で学ぶことになります。

包括承継の原則に対する例外

896条本文が定める包括承継の原則に対しては，2つの例外が認められています。どのような例外が認められているのか，以下で見ていきましょう。

1 一身専属的な権利義務

896条ただし書は，「被相続人の一身に専属した」権利義務については，相続の対象とならないことを規定しています。「被相続人の一身に専属した」権利義務とは，被相続人その人のみに帰属する権利義務であり，相続によっても他人（相続人）に移転することのないもののことをいいます。具体的には，どのようなものがあるでしょうか。

身分関係に結び付いた権利義務

第1は，身分関係に結びついた権利義務です。たとえば，次のようなものがこれにあたります。

CASE 13-2

Aには父Bがいました。Bが生活に困窮していたので，Aは，Bに扶養料として月5万円支払っていました。その後，Aが死亡しました。相続人は，Aの妻Cと子Dでした。この場合，Bは，CとDに対して，月5万円の支払を求めることができるでしょうか。

877条1項は，「直系血族及び兄弟姉妹は，互いに扶養をする義務がある」と規定しています。これによると，AとBは親子ですので，直系血族関係にありますから，互いに扶養する義務を負うことになります。⇒第9章4

この扶養義務は，原則として，金銭を給付する形で履行されます。Aがどれだけの額を扶養料として負担するかは，当事者間の協議で定められます。当事者間で協議をしても合意が得られない場合には，家庭裁判所の審判により定められます（879条）。家庭裁判所が定める際には，扶養に対する権利を持つBがどの程度の扶養を必要としているかや扶養義務を負うAの資力[1]などの事情が考慮されます（同条。詳しくは第9章42を参照してください）。

このように，扶養請求権はAとBの間の身分関係のほか，さまざまな事情に基づいて決定されるものですので，Aの負っていた義務がAの妻Cや子Dに承継されるとするのは適当ではありません。そのため，BのAに対する扶養請求権は，896条にいう「一身に専属したもの」にあたり，相続によって承継されないと考えられています。これによると，Bは，CとDに対して，扶養料の支払を求めることができません。

個人的な信頼関係に基づく契約上の権利義務

第2は，個人的な信頼関係に基づいて結ばれた契約上の権利義務です。当事者の個人的な信頼関係に基づく契約は，当事者が死亡すると，契約を続ける基礎が

note

[1] 説明 資力とは，金銭債務を支払うことができるだけの財産状態のことをいいます。

なくなりますので，契約は終了すると考えられます。たとえば，次のようなものがこれにあたります。

CASE 13-3

Aは，BにAが所有する建物甲の売却を依頼し，売却先が見つかったらAがBに報酬を支払うこととしました。その後，売却先が決まらない間にAが死亡し，Aの子Cは，唯一の相続人として，建物甲を含めたAの権利義務を包括的に承継しました。Aの死後，Bは，売却先が決まったとして，Cに対して報酬の支払を求めました。この請求は認められるでしょうか。

AとBの間の契約は，Aに関する契約をBが代わりに行うことを内容としています。このような事務処理を他人に委託することを内容とする契約を，委任契約といいます（643条，656条）。⇒5巻第13章

委任契約は，個人的な信頼関係に基づく契約であると考えられています。CASE 13-3でも，Aが建物甲という重要な財産の売却をBに委ねていますが，それはAとBとの間に個人的な信頼関係があるからであるということができます。

Aの死亡後に，包括承継の原則に基づいてA・B間の権利義務関係がAからCへとそのまま承継されてしまうと，B・C間に個人的な信頼関係があるわけではないのに，契約関係を続けなければならないことになってしまいます。それは，委任契約のような個人的な信頼関係に基づく契約をした当事者にとって望ましいことではありません。

そのため，委任契約については，「委任者又は受任者の死亡」によって契約が終了するとされています（653条1号）。これによると，Aの死亡によって委任契約は終了しますので，BはCに対して，報酬の支払を求めることはできません。

2 祭祀財産

祭祀財産とは何か

897条は，「系譜，祭具及び墳墓」の所有権は，「慣習に従って祖先の祭祀を主宰すべき者が承継する」と規定しています。

祭祀とは，祖先をまつる，つまり祖先のために儀式を行い，霊を慰めること

を意味します。系譜とは，家系図のことです。祭具とは，位牌（いはい）・仏壇（ぶつだん）・仏具などのように，祭祀や礼拝のために用いるものをいいます。墳墓（ふんぼ）とは，墓石・墓碑（ぼひ）など，遺体や遺骨を葬（ほうむ）っている設備のことをいいます。系譜，祭具，墳墓のことをまとめて祭祀財産と呼びます。「祭祀財産」とは，祖先をまつるために用いられる財産という意味です。

祭祀財産の承継

897 条は，これら祭祀財産に対する特別のルールを設けています。

CASE 13-4

Aが死亡し，Aの相続が開始しました。Aの相続人は，妻Bと子C・Dです。Aは先祖代々の墓を所有し，管理していました。Aは生前，Dに自分の死後の墓の面倒を頼んでいました。この場合，墓の所有権は誰に帰属するでしょうか。

(1) 「祭祀を主宰すべき者」の判断方法

897 条は，「系譜，祭具及び墳墓」の所有権は，「慣習に従って祖先の祭祀を主宰すべき者が承継する」と規定しています。

祭祀を主宰すべき者（祭祀主宰者といいます）は，次のような形で決められます。まず，被相続人の指定があればそれに従います（897 条 1 項ただし書）。指定がないときには，慣習によります（897 条 1 項）。指定もなく，慣習も明らかでないときは，家庭裁判所が審判により定めます（897 条 2 項，家事 39 条，別表第 2，11 項）。

CASE 13-4 の墓については，B・C・D が相続分に応じて取得することはありません。つまり，896 条本文に定めるような形での包括承継はされません。CASE 13-4 のように，A が D に墓の面倒を頼んでいたという事情がある場合には，被相続人 A の指定があったということになり，D が墓の所有権を承継取得することになります（897 条 1 項ただし書）。

(2) 審判で判断する際の基準

審判で定める際には，祭祀主宰者であった被相続人と緊密な関係があり，被相続人に対する感謝の気持ちを強く持っていることが重視されます（東京高決平成 18 年 4 月 19 日判タ 1239 号 289 頁を参照）。

祭祀財産である墓には，祭祀主宰者であった被相続人の遺骨がおさめられるだけでなく，その者の先祖の遺骨もおさめられていることが多いです。また，将来，被相続人の親族の遺骨がおさめられることもあります。そのような事情を考えると，被相続人との関係の近さだけで決めていいのか，という疑問を持つかもしれません。

しかし，今では遠い祖先を敬う人も少なくなりつつあります。祭祀主宰者であった被相続人と近い関係にあり，その人への感謝の気持ちを持つ親族に次の祭祀主宰者を委ねることにも，合理的な理由があるといえそうです。

3 無権代理と相続

包括承継の原則をそのまま適用してよいかどうかが問題となっている場面として，一般に「無権代理と相続」といわれている場面があります。

1 無権代理とは何か

代理とは何か

CASE 13-5

AはBが所有する建物甲の購入を望んでいます。Bは甲をAに売却する契約をCに代わりに結んでもらうことにしました。このような場合，どのような法律構成を用いればいいでしょうか。

代理とは，本人以外の者（代理人）が本人に代わって意思表示をした場合に（あるいは意思表示を受けた場合に），その効果を本人に直接生じさせる制度です（詳しくは1巻第**12**章を参照してください）。

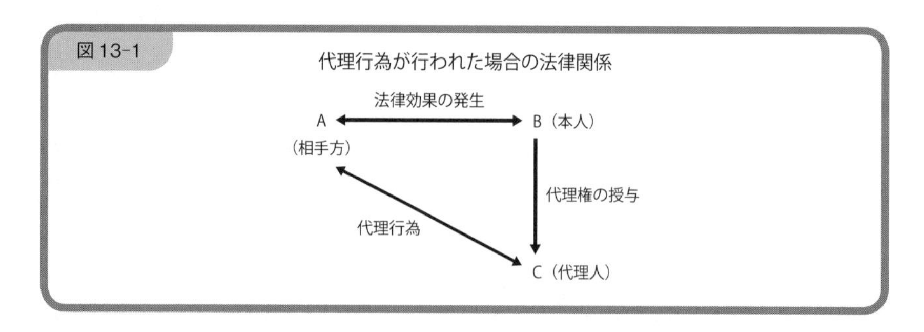

図 13-1　代理行為が行われた場合の法律関係

CASE 13-5の場合，Cに甲をAに売却する契約をしてもらうとしても，その効果はBに生じさせたいので，代理という仕組みが用いられます。

この場合，他の者に契約などの行為をしてもらう人を本人，本人に代わって行為をする人を代理人，代理人の行った行為の相手を相手方と呼びます。そして，代理人と相手方が行った行為のことを代理行為といいます。

代理行為を有効に行うためには，以下の3つが必要です（99条）。

① 代理人が相手方との間で意思表示をしたこと（代理行為）
② 代理人が相手方に対して「本人のためにする」ことを示したこと（顕名（けんめい））
③ 代理人が本人のために意思表示をすることができる権限（代理権）を持っていること

無権代理とは何か

CASE 13-6
Aは，Bが所有する建物甲の購入を望んでいました。Bの息子Cは，Bから代理権を与えられていないにもかかわらず，Bの代理人だと称して，甲をAに3000万円で売却する契約を結びました。

CASE 13-6のCは，本人Bから代理権を与えられていません。このように，代理人に代理権がないにもかかわらず，代理人がした代理行為のことを無権代理といいます。そして，無権代理を行った代理人を無権代理人といいます。

無権代理の効果

(1) 原　則

無権代理が行われた場合，無権代理人Cが行った法律行為の効果は，本人Bに生じないのが原則です（113条1項）。

(2) 追認・追認拒絶

もっとも，この場合でも，本人は，有効に代理行為を行ったように扱うことも可能であるとされています。このような効果を生じさせる本人の意思表示を追認（ついにん）といいます。そして，このような本人の追認をする権限を追認権といいます。また，本人は，この追認を拒絶することもできます。この権限を追認拒絶権といいます。

追認またはその拒絶は，相手方Aに対する意思表示により行います（113条2項）。追認をしたときは，その効果は，原則として契約の時にさかのぼります（116条）。つまり，契約をした時点から，有効な代理権があったものとして扱われます。追認を拒絶したときは，本人に効果が帰属しないことが確定し，その後は，追認することができなくなります。

無権代理人の責任

無権代理人Cは，原則として，相手方Aに対して責任を負います（117条1項）。例外的に，①無権代理人Cが代理権をもっていないことを相手方Aが知っていたとき，②無権代理人Cが代理権をもっていないことを相手方Aが過失によって知らなかったときには，無権代理人Cは責任を負いません（117条2項1号・2号）。ただし，②の事情があったとしても，無権代理人Cが自身に代理権がないことを知っていた場合には，相手方Aに対して責任を負います（117条2項2号ただし書）。

Cに責任が認められる場合，相手方Aは，次の2種類の責任をCに対して追及できます。

(1) 履行責任

第1に，相手方Aが契約の履行を請求する場合，無権代理人Cは，自らが契約当事者になった場合と同じ責任を負います。CASE 13-6 でいえば，Cは，建物甲の売買契約の売主になるわけではありませんが，甲の所有権をAに移転する義務を負います。したがって，Cは，Bから甲の所有権をまず取得し，その上で，甲の所有権をAに移転させなければなりません。

(2) 損害賠償責任

第2に，相手方Aは，無権代理人Cに対して履行に代わる損害賠償を求めることもできます。「履行に代わる損害賠償」というのは，契約が履行されたならば得られたはずの利益の賠償を意味します。たとえば，Aが甲を3300万円で第三者に転売する契約を結んでいたときは，AはBに対し転売すれば取得できたであろう利益の額である300万円（3300万円－3000万円）の賠償を求めることができます。

(3) 履行責任と損害賠償責任の関係

相手方Aは，まずCに対して履行の責任を求め，その後，Cが建物甲の所有権移転義務を果たさない段階で損害賠償を請求することもできますし，Cに対して履行の責任を求めることなくただちに損害賠償を請求することもできます。

2　無権代理と相続

2つの場面

CASE 13-6 の場合，本人Bは，相手方Aに対して追認権・追認拒絶権を持っており，相手方Aは無権代理人Cに対して117条による無権代理人の責任を追及することができます。

それでは，無権代理行為の後に，①本人Bや②無権代理人Cが死亡した場合にどうなるのか，というのが無権代理と相続といわれる問題です。

①は，具体的には次のような場面で生じる問題です。

CASE 13-7

AはBが所有する建物甲の購入を望んでいました。Bの息子Cは，代理権をもっていないにもかかわらず，Bの代理人と称してAとの間で甲の売買契約を締結しました。その後，Bが死亡しました。Bの相続人はCのみでした。この場合に，AがCに対して甲の引渡しを求めるのに対し，Cは，Bから相続した追認拒絶権を行使して，甲の引渡しを拒むことができるでしょうか。

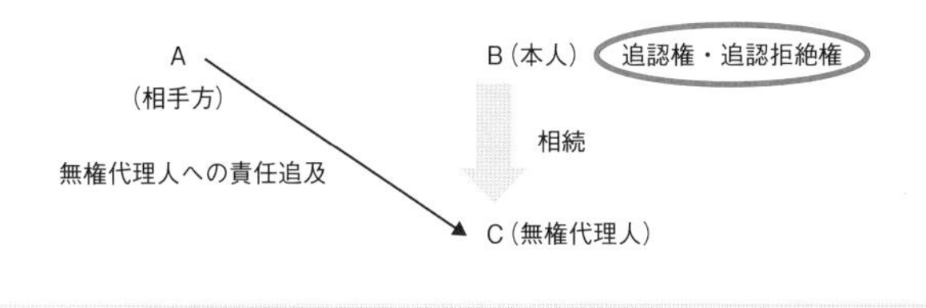

②は，具体的には次のような場面で生じる問題です。

CASE 13-8

CASE 13-7 と同様に，Cは，代理権を有していないにもかかわらず，Bの代理人と称してAとの間で建物甲の売買契約を締結しました。その後，Cが死亡しました。Cの相続人はBのみでした。この場合，AがBに対して甲の引渡しを求めるのに対し，Bは，自らがもっている追認拒絶権を行使して，甲の引渡しを拒むことができるでしょうか。引渡しを拒むことができる場合，BはCの相続人として117条による無権代理人の責任を追及されたときにどのような内容の責任を負うのでしょうか。

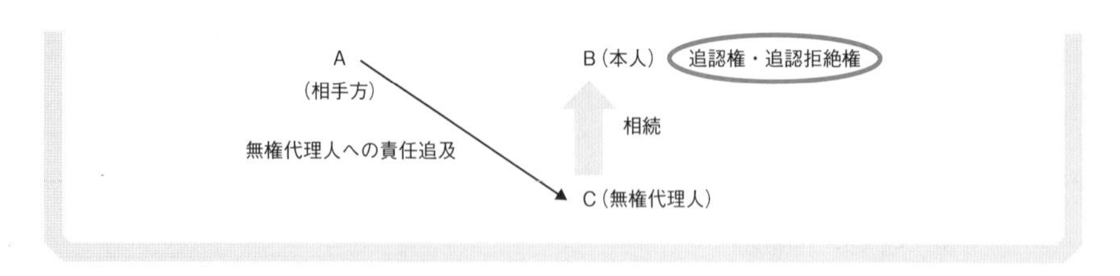

以下では，無権代理人が本人を相続する場合と，本人が無権代理人を相続する場合のそれぞれについて説明します。

無権代理人が本人を相続する場合

無権代理人が本人を相続する場合には，無権代理人のみが相続人である場合（このように相続人が1人の場合を単独相続といいます）と無権代理人以外に相続人がいる場合（このように相続人が複数いる場合を共同相続といいます）がありますので，それぞれの場面に分けることにします。

(1) 単独相続の場合

まず，無権代理人のみが相続人である CASE 13-7 について考えてみましょう。もしBが生きていれば，無権代理人Cがした行為について追認を拒絶することができます。つまり，Bは，追認拒絶権を行使して，甲の引渡しを拒絶することができます。

Bが死亡した場合，Cは，相続により，本人であった被相続人Bが持っていた追認権と追認拒絶権を承継することになります。問題は，無権代理行為をしたCが，本人Bから承継した追認拒絶権を行使することを認めてよいかどうかです。

Cは，無権代理行為をした際に，顕名，つまり「自分のした行為の効果が本人Bに帰属する」という表示をしています。そのような表示をしたのに，後で，本人に効果が帰属するのを拒否する（追認拒絶をする）のは，矛盾行為であり，信義に反するということができます。そこで，このような場合，信義則（1条2項）に基づき，Cは追認拒絶をすることができません（最判昭和37年4月20日民集16巻4号955頁がこのような考え方を示しています）。したがって，Cは，甲の引渡しを拒絶することができません。

(2) 共同相続の場合

CASE 13-9

CASE 13-7 と同様の事案で，Bの相続人として，Cの他にCの弟Dもいました。

この場合，Cは，Bから相続した追認拒絶権を行使して，Aに対して建物甲の引渡しを拒むことができるでしょうか。引渡しを拒むことができる場合，Cは，117条による責任としてどのような内容の責任を負うでしょうか。

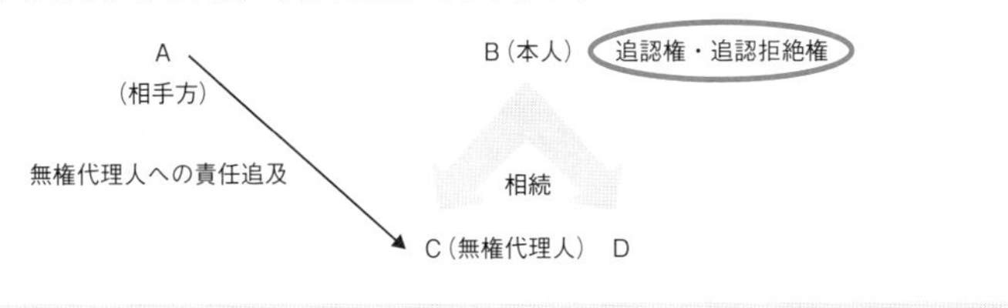

(a) **共同相続人C・Dの法的地位**　Cは，無権代理人として責任を負います。そして，Bが死亡したことに伴い，Cは，包括承継の原則により，本人Bが持っていた追認権・追認拒絶権を，Dとともに承継します。

Dは，無権代理人としての責任を負いません。そして，Bが死亡したことに伴い，包括承継の原則により，本人Bが持っていた追認権・追認拒絶権を，Cとともに承継します。

(b) **追認権の行使方法**　単独相続の場面で紹介した通り，無権代理人Cが追認を拒絶することは，信義則により認められません。これに対して，D自身は無権代理行為をしていないのですから，Dが追認拒絶をすることは矛盾行為にあたりません。つまり，信義に反しません。したがって，表のようになります。

	追認	追認拒絶
C	できる	できない
D	できる	できる

判例は，共同相続人全員が共同で追認する場合に限り，無権代理行為が有効になるとしています（最判平成5年1月21日民集47巻1号265頁）。これによれば，Dが追認拒絶をすれば，代理行為の効果は本人Bを相続したCとDに生じないことになります。これに対して，Dが追認をする場合，Cは追認拒絶ができませんので，共同相続人全員が追認をしたことになり，代理行為の効果は本人Bを相続したCとDとの関係で生じることになります。そうすると，CとDは，建物甲をAに引き渡す義務を負うことになります。

(c) **Dが追認拒絶をした場合の無権代理人Cの責任**　以上によると，Dが追認拒絶をした場合，代理行為の効果は本人Bを相続したCとDに生じないことになりますが，相手方Aは，無権代理人Cに対して117条の責任を追及することができます。117条によれば，AはCに対して履行，つまり甲の引渡しを求めることも，損害賠償を求めることもできます。

もっとも，AがCに履行を求めるには，次のような問題があります。Bの相続人CとDは，被相続人Bが所有していた建物甲について，それぞれ法定相続分にあたる持分を相続しています（第15章1を参照）。このため，Cが履行の責任を果たすには，Dが持っている甲の持分を譲り受ける必要があります。しかし，Dは，すでに追認拒絶をしています。これは，甲を相手方Aに譲り渡すつもりはないということを意味しています。したがって，Cは，甲の引渡債務を履行することはできません。つまり，AがCに対して，117条による無権代理人の責任を追及する際には，損害賠償を求めるしかないということになります。

本人が無権代理人を相続した場合

次に，本人が無権代理人を相続した場合について説明します。先ほど紹介した，CASE 13-8について考えてみましょう。

(1) 本人としての追認拒絶

本人Bは，相続により無権代理人Cの権利・義務を承継しても，自分では無権代理行為をしていないのですから，本人として追認拒絶をしても信義に反しません（前掲最判昭和37年4月20日）。

(2) 無権代理人の相続人としての責任

しかし，Bは，無権代理人Cとしての権利・義務を相続しています。これにより，Aは，Bに対し，117条による無権代理人の責任を追及することができます（最判昭和48年7月3日民集27巻7号751頁）。

(a) 損害賠償責任　この判例で相手方Aが選択したのは，損害賠償の請求でした。この場合であれば，本人Bは，損害賠償として賠償金を相手方Aに支払いますが，建物甲の所有権を失わずにすむので，追認を拒絶して建物甲の引渡しを拒否したことが無意味になるわけではありません。

(b) 履行責任　しかし，相手方Aが履行の請求を選択できるとすると，追認を拒絶したことが無意味になってしまいます。そこで，本人Bが本人として追認を拒絶したときは，無権代理人から承継した履行責任はもう履行のしようがなくなっている（履行不能になっている）以上，相手方Aは損害賠償の請求しかできないと考えることができます。これによると，本人Bは，損害賠償の請求に応じなければなりませんが，追認を拒絶すれば甲の所有権は失わずにすむことになります。

POINT

1 相続人は，相続開始の時から，被相続人に属していたすべての権利義務を包括的に承継します（896条本文）。
2 被相続人の一身に専属する権利義務は，相続人に承継されません（896条ただし書）。身分関係に結び付いた権利義務（たとえば，扶養請求権）や個人的な信頼関係に基づく権利義務（たとえば，委任契約の当事者の地位）などが，一身に専属する権利義務にあたります。
3 祭祀財産は，祭祀主宰者が承継します。祭祀財産とは，系譜，祭具，墳墓など，祖先をまつるための財産を指します。祭祀主宰者は，①被相続人の指定があればそれに従い，②指定がない場合には慣習によります。③指定もなく，慣習も明らかでない場合には，家庭裁判所が審判により定めます（897条）。
4 無権代理人が本人を相続する場合，無権代理人は，本人の地位（追認権と追認拒絶権）を包括的に承継します。しかし，無権代理人が追認拒絶をすることは，信義則（1条2項）に反するため認められません。
5 本人を相続する共同相続人の中に無権代理人が含まれている場合も，無権代理人が追認拒絶することは信義則に反するため認められません。判例は，他の共同相続人全員が共同で追認する場合に限り，無権代理行為が有効になるとしています。
6 本人が無権代理人を相続する場合，本人は，自らが有する追認拒絶権を行使することができます。ただし，本人は無権代理人の地位を相続しているので，117条の責任を負うことになります。相手方が117条の責任として履行の請求を選択できるとすると，本人のした追認拒絶が無意味になってしまいます。そこで，本人が追認を拒絶している以上，無権代理人から承継した履行責任は履行不能であり，相手方Aは損害賠償の請求しかできないと考えられます。

CHAPTER

第14章 相続分

INTRODUCTION

本章では，相続分をとりあげます。

被相続人Aが死亡したとき，相続人が1人だけであれば（単独相続の場合），Aの遺産は，そっくりそのまま，その相続人が承継します。これに対して，例えばAの3人の子B・C・Dが相続人になったとすると（共同相続の場合），Aの遺産を3人のあいだでどのように分けるのかを決める必要があります。その割り当てを決めるのが遺産分割⇒第16章ですが，遺産分割において，各相続人がどれだけの財産を取ることができるのかを，割合や価額の形で示したのが，相続分です[1]。

本章では，次の項目を説明します。

法定相続分 900条，901条

相続分は，まず，割合の形であらわされます。民法が定める相続分の割合を法定相続分といいます（900条，901条）。しかし，被相続人Aが遺言によって相続分の割合を指定していれば，その指定の方が優先されます（902条。指定相続分と

note

[1] 発展 相続分という言葉は，相続人がその相続分に応じた割り当てを遺産分割において受けることができる権利という意味で，用いられることもあります。905条で出てくる「相続分」の譲渡（→第16章 2 3）は，そのような意味です。

いいます)。

1 では，法定相続分の計算を扱います。指定相続分は，遺言の章で扱います。⇒第 19 章 4 2

特別受益・寄与分　903 条～904 条の 2

次に，相続分は，相続人 B は遺産分割において被相続人 A の遺産から○○円分の財産を取る権利があるというように，価額の形であらわされます(条文にない言葉ですが，具体的相続分といいます)。

具体的相続分は，原則としては，遺産全体の価額に，法定相続分(または指定相続分)の割合をかけることで算出されます。しかし，例えば，被相続人から生前に贈与を受けていた相続人がいる場合(特別受益。903 条)や，被相続人の事業を無償で手伝っていた相続人がいる場合(寄与分。904 条の 2)には，そのような事情をふまえた修正をする必要があります[2]。

2 では特別受益について，3 では寄与分について，それぞれ扱います。

特別寄与料制度　1050 条

例えば，被相続人 A の義理の娘 E が，A の生前に無償で A を介護し，そのおかげで A は老人介護施設に入所するための多額の費用を支払わなくて済んだとしましょう。ここで，E は，A の相続人ではないため，遺産分割で A の遺産をもらうことはできませんが，A の相続人に対して，自分がした寄与に見合う額の金銭の支払を請求することができます。これを，特別寄与料制度といいます。

厳密に言えば，特別寄与料制度は相続とは関係がないのですが[3]，考え方としては寄与分制度に似たところが多く，条文(1050 条)も相続編の最後に置かれています。そこで，本章の最後に，4 でこれを扱うことにします。

note

[2] 説明　ただし，相続開始時から 10 年を経過した後にされる遺産分割においては，原則として，特別受益や寄与分が考慮されることなしに，法定相続分(相続分の指定がある場合には指定相続分)の割合にしたがった遺産分割が行われます(904 条の 3。→第 16 章 1)。

[3] 説明　本章の内容は，基本的に共同相続の場合にのみ問題となります。しかし，4 で扱う特別寄与料制度だけは，単独相続の場合にも適用されます(1050 条 5 項参照)。

1 法定相続分

共同相続の場合に，各相続人の法定相続分を計算することは，相続人が誰であるかが正確に特定できていれば，難しくありません（**1**）。⇒第11章24代襲相続が出てくる場合には，少し複雑になります（**2**）。

1 代襲相続が出てこない場合

配偶者相続人がいない場合

まず，被相続人Aに配偶者がいなかった場合を考えましょう。

CASE 14-1

Aが死亡して，相続が開始しました。Aの相続人は子であるB・C・Dの3人です。B・C・Dの法定相続分はそれぞれどのくらいでしょうか。

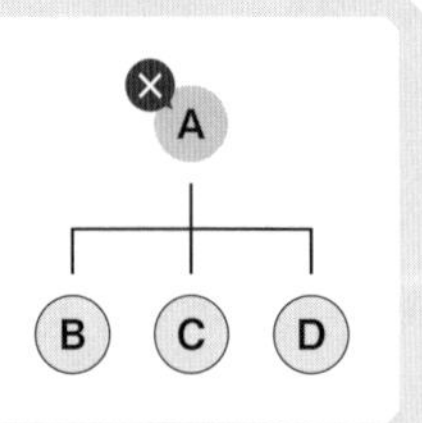

CASE 14-1 において，相続人であるB・C・Dの法定相続分は等しくなります（900条4号本文）。よって，B・C・Dの法定相続分は各3分の1となります。

配偶者相続人がいる場合

CASE 14-2

Aが死亡して，相続が開始しました。Aの相続人は，配偶者Bと子Cです。BとCの法定相続分はそれぞれどのくらいでしょうか。

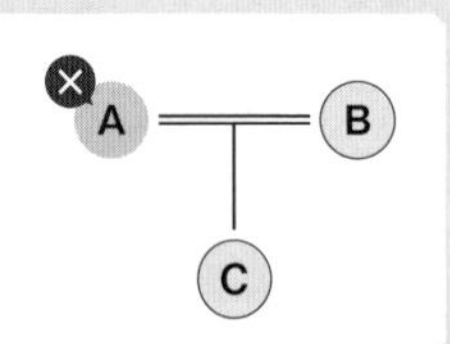

CASE 14-2 では，被相続人Aの配偶者であるBが相続人となっています（配偶者相続人。890条。なお，重婚が禁止されているため⇒第2章24〔732条〕，配偶者相続人がいるとすれば必ず1人です）。もし，配偶者相続人のほかに血族相続人（887条，889条）も

いるときは，相続人が複数いる（898条，900条などでは「相続人が数人ある」という表現が用いられています）ことになります。

このとき，配偶者の法定相続分は，血族相続人となるのが被相続人の子か，直系尊属か，兄弟姉妹かによって，異なります（900条1号～3号）。

相続人の組み合わせ	法定相続分	
	配偶者相続人	血族相続人
配偶者と子	1/2	1/2
配偶者と直系尊属	2/3	1/3
配偶者と兄弟姉妹	3/4	1/4

CASE 14-2は，配偶者Bと子Cという組み合わせですので，BとCの法定相続分は各2分の1となります。

CASE 14-3

Aが死亡して，相続が開始しました。Aの相続人は，配偶者Bと，兄弟姉妹C・Dです。A・C・Dの父はいずれもEで，母はいずれもFでしたが，EもFもAより先に亡くなっていました。B・C・Dの法定相続分はそれぞれどのくらいでしょうか。

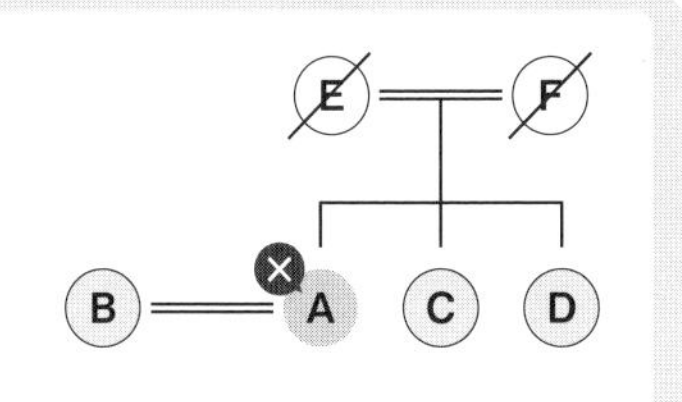

配偶者相続人がいて，さらに血族相続人が2人以上いるという場合でも，配偶者相続人の法定相続分は上の表によります。CASE 14-3では，配偶者と兄弟姉妹という相続人の組み合わせの事例ですので，配偶者Bの法定相続分は4分の3です。

そして，残りの4分の1を，CとDの2人で分け合います。CとDはいずれも，Aと父母の両方が同じです（全血（ぜんけつ）の兄弟姉妹といいます）。したがって，CとDの法定相続分は平等です（900条4号本文）。よって，CとDの法定相続分は各8分の1です。

CASE 14-4

CASE 14-3において，Dの母はFでしたが，Dの父はEとは別の男性Gであったとします。このとき，B・C・Dの法定相続分はそれぞれどのくらいでしょうか。

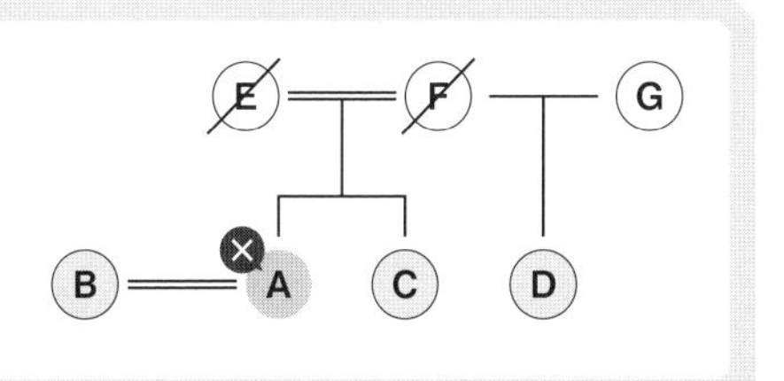

CASE **14-4** でも，配偶者Bの法定相続分は4分の3であり，残る4分の1を兄弟姉妹で分け合うところまでは，CASE **14-3** と同じです。

CASE **14-4** において，CはAの全血の兄弟姉妹です。これに対して，Dは，父母の一方（CASE **14-4** では母）だけがAと同じです（半血（はんけつ）の兄弟姉妹といいます）。このとき，半血の兄弟姉妹Dの法定相続分は，全血の兄弟姉妹であるCの半分となります（900条4号ただし書）。よって，下の図の通り，CとDの法定相続分はそれぞれ6分の1と12分の1になります。

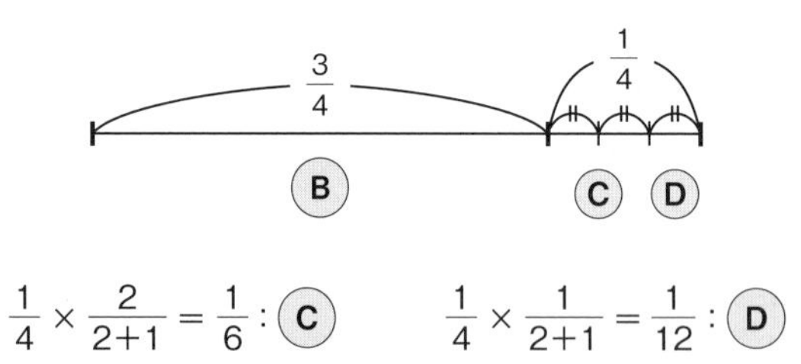

2 代襲相続が出てくる場合

CASE 14-5

Aが死亡して，相続が開始しました。Aには，配偶者Bとのあいだに子C・Dがいましたが，DはAより先に死亡しており，Dには，配偶者EとのあいだにF・G・Hの３人の子がいました。Aの相続人となるのは誰で，法定相続分はそれぞれどのくらいでしょうか。

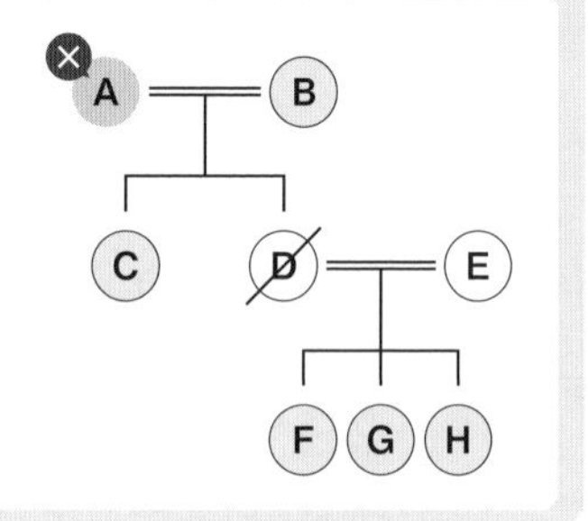

相続人となる者（復習）

CASE **14-5** でAの相続人となるのは，まず，配偶者Bと子Cです。

子DはAより先に死亡していたので，Aを相続することはありません（同時存在の原則⇒第11章 1）。しかし，Dに代わって，F・G・Hが相続人となります（代襲（だいしゅう）相続⇒第11章 2 4。887条2項）。なお，EはAの配偶者でも血族でもありませんので，Aの相続人にはなりません。

したがって，Ａの相続人となるのは，Ｂ・Ｃ・Ｆ・Ｇ・Ｈの５人です。

各相続人の法定相続分

次に，法定相続分を計算しましょう。

CASE 14-5は配偶者と子という相続人の組み合わせの事例ですので，配偶者Ｂの法定相続分は２分の１です（900条１号）。子の法定相続分は全体で２分の１で，これをＣ・Ｆ・Ｇ・Ｈの４人で分け合うことになりますが，この４人が平等の割合になるわけではありません。

CASE 14-5では，まず，Ｄもまだ生きているかのように扱って，２分の１をＣとＤで平等に分け合います。そうしますと，Ｃの法定相続分は４分の１です。

次に，Ｄが生きていたならばＤに割り当てられるはずだった法定相続分４分の１を，代襲相続するＦ・Ｇ・Ｈの３人でさらに分け合います（901条１項。このような考え方を株分（かぶわ）け説といいます）。そうすると，Ｆ・Ｇ・Ｈの法定相続分は平等ですので（901条１項ただし書，900条４号），次の図の通り，それぞれ12分の１となります。

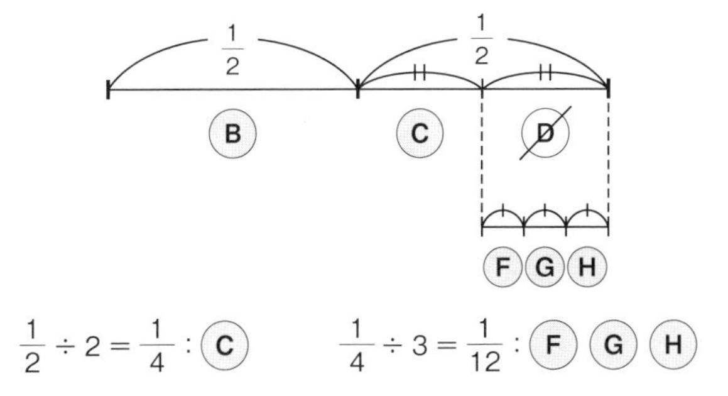

$\frac{1}{2} \div 2 = \frac{1}{4}$: C　　$\frac{1}{4} \div 3 = \frac{1}{12}$: F G H

なお，CASE 14-5は被相続人の子について代襲相続が起こった事例ですが，株分けという考え方は，被相続人の兄弟姉妹について代襲相続が起こる事例にもあてはまります（901条２項）。

2 特別受益

1 制度の趣旨

CASE 14-6

Aが死亡して，相続が開始しました。Aの相続人は子B・C・Dの3人です。Aの遺産に債務はなく，積極財産の価額は3000万円でした。Bは，Aが死亡する1年前に，住宅購入のための資金の一部として，Aから600万円の贈与を受けました。遺産分割において，Aの遺産3000万円分を，B・C・Dの間でどのように分ければよいでしょうか。

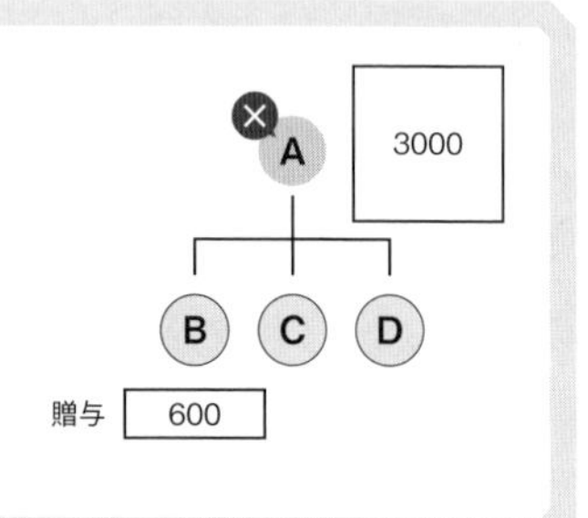

特別受益を考慮しない場合の問題点

CASE 14-6 で，B・C・Dの法定相続分は各3分の1です。したがって，遺産分割では，Aの遺産3000万円分を1000万円ずつ分ければよいように思えます。

しかし，そうすると，AがBに贈与した600万円を含めて考えた場合に，BはAから合計で1600万円もらえるのに対して，CとDはそれぞれ1000万円しかもらえません。これでは，B・C・Dの実質的な公平が実現されません。

特別受益を考慮した計算方法

そこで，B・C・Dの実質的な公平を図るために，次のような計算をします（903条1項）。

① まず，遺産の価額[4]に，生前にBへ贈与された価額[5]を加えて，実質的な遺産（これをみなし相続財産といいます）の価額を算出します。
3000万円＋600万円＝3600万円
② 次に，みなし相続財産の価額を，法定相続分にしたがって分けます。
3600万円×1/3＝1200万円
③ 最後に，Aから贈与を受けていたBについては，②の価額から，受けた贈与の価額を引くと，具体的相続分が算出されます。

B：1200 万円－600 万円＝600 万円
C・D：各 1200 万円

この計算によると，A が死亡した時点で残っていた遺産の価額 3000 万円は，B に 600 万円分，C と D にそれぞれ 1200 万円分という形で分けるべきことになります。そうすると，B は，贈与もあわせて考えれば，A から 1200 万円もらえることになります。したがって，B・C・D が A からもらった財産の価額は，いずれも 1200 万円となり，共同相続人間の実質的な公平が図られるわけです。

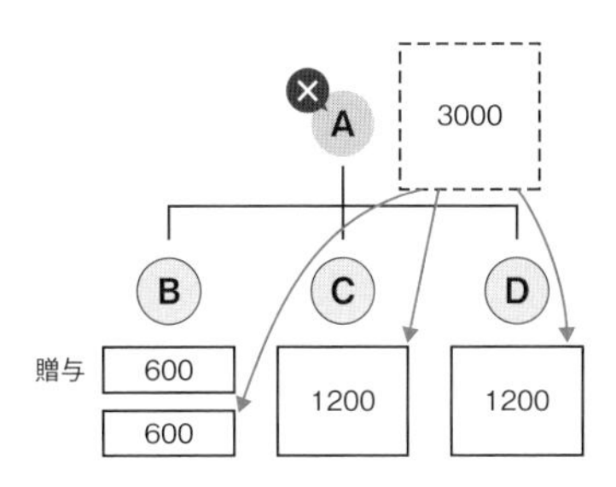

持戻し

なお，CASE 14-6 で，贈与された 600 万円という価額を遺産の価額に加え（上記計算①），最後に差し引く（上記計算③）という操作のことを，条文にはない言葉ですが，持戻し（もちもど）しといいます。また，持戻しという操作がされる無償の財産処分を受けた相続人のことを特別受益者といい（903 条の見出し参照），特別受益者が受けた利益のことを特別受益といいます。

⇒2 2

note

4 説明 CASE 14-6 は，被相続人 A が負っていた債務（相続債務）はないという設定の事例ですが，仮に相続債務があった場合でも，903 条 1 項の計算にあたって，その存在は一切考慮されません。遺留分でも似たような計算が出てきますが（→第 20 章），遺留分では，債務も考慮して計算することが規定されています（1043 条 1 項の「債務の全額を控除」）。それに対して，特別受益に関する 903 条 1 項は，そのようには規定されていません。つまり，903 条 1 項にいう「相続開始の時において有した財産」とは，積極財産のみを指すと理解されているのです。相続債務は，903 条 1 項で規定される積極財産の割り当てとは別のやり方で（詳しくは第 15 章 3 で学びます），共同相続人に承継されます。

5 発展 持戻しの計算の際には，相続開始時における財産の価額が用いられます。このことは金銭についても同じです。たとえば，貨幣価値に大きな変動があり，相続開始の 1 年前から相続開始時までに物価が 2 倍になっていたとすると，相続開始時の 1 年前の金銭 600 万円は，相続開始時には，2 倍の 1200 万円として評価されます。ここでは，贈与時と相続開始時とで，貨幣価値には一切変動がなかったものとします。

2 持戻しの対象となる財産処分

では，被相続人Aが相続人に対して行ったどのような財産処分について，持戻しという操作をすべきなのでしょうか。

遺贈・贈与

903条1項は，持戻しをすべきものとして，被相続人から受けた❶遺贈，❷婚姻または養子縁組のための贈与，❸生計の資本としてされた贈与（生計を維持するための基礎とすることができるような財産の贈与）の3つを挙げています。

遺贈[6]（❶）は常に持戻しの対象となります[7]。これに対して，贈与は，❷や❸のようなある程度の規模のものでないと，持戻しの対象となりません。

死亡保険金

CASE 14-7

Aが死亡して，相続が開始しました。Aの遺産の価額は1億円で，Aの相続人は，前妻Bとのあいだの子であるCと，Bの死亡後に再婚した後妻Dです。Aは生前に，自分を被保険者（その者の死亡に関して保険会社が死亡保険金を支払うこととなる者。保険法2条4号ロ参照）とする生命保険契約を保険会社と結んで，Dを保険金受取人に指定し，契約で定めたとおりに保険料を支払っていました。その後，保険期間内にAが死亡し，死亡保険金1000万円がDに支払われました。Dが受けた死亡保険金1000万円は，持戻しの対象となるでしょうか。

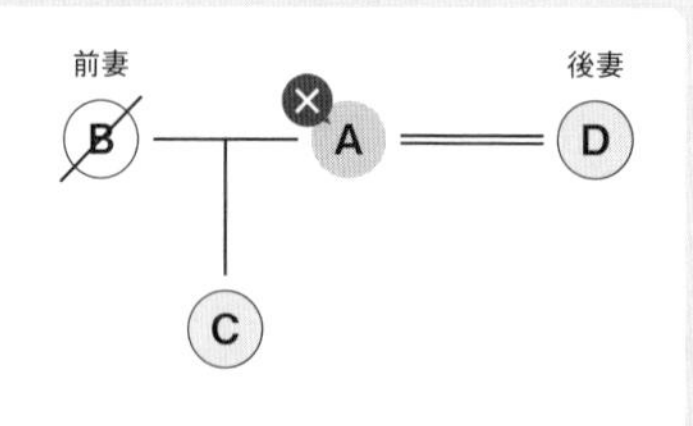

note

[6] 説明 相続人に対して遺言で財産を与えるときには，遺贈よりも特定財産承継遺言というものがよく用いられます（→第19章 5 2）。特定財産承継遺言による財産処分も，持戻しとの関係では，遺贈と同じように扱うべきだと考えられています。

[7] 説明 厳密にいうと，遺贈は贈与と異なり，903条1項が規定する持戻しの操作のうち，みなし相続財産の価額の算出のための足し算（①）の対象となりません（③の引き算の対象にはなります）。これは，遺贈された財産は，「被相続人が相続開始の時において有した財産」に含まれているため，重ねて①の足し算の対象とする必要がないためです。

(1) 生命保険の仕組み

CASE 14-7 では生命保険が出てきますが，生命保険とはどのようなものでしょうか。

保険契約者（CASE 14-7 ではＡです）が，保険会社とのあいだで生命保険契約を結びますと，保険契約者は，契約で定めたとおりに保険料を支払う義務を負います。そして，保険料がきちんと支払われている状況のもとで，契約で定めた保険期間内に被保険者が死亡しますと，保険契約者の指定した者（保険金受取人といいます。CASE 14-7 ではＤです）は，保険会社に対して死亡保険金の支払を請求する権利を取得します。これが生命保険の仕組みです[8]。

(2) 死亡保険金は持戻しの対象となるか

CASE 14-7 では，Ａが生命保険契約をしてきちんと保険料を支払っていたおかげで，Ｄが1000万円の死亡保険金を得ています。これについて，ＡがＤに遺贈や贈与をしたのと同じであるとみて，持戻しの対象とすべきでしょうか。

Ａが，死亡の瞬間に保険会社に対する死亡保険金の支払請求権を取得し，それが直ちにＤに遺贈されたのと同じであると考えれば，Ｄが受けた死亡保険金は持戻しの対象とすべきことになりそうです。

しかし，死亡保険金の支払請求権は，Ａの死亡時に，保険金受取人として指定されていたＤが，誰かから譲り受けたのではない形で取得する（これを「原始取得する」といいます）というのが，一般的な理解です。判例は，このことを理由の１つに挙げて，死亡保険金は原則として持戻しの対象とならないとしています。ただし，例外として，死亡保険金の額がＡの遺産の総額よりも大きいなどの事情があり，死亡保険金を持ち戻さないとすると共同相続人間の不公平が著しくなるという場合には，持戻しの対象とする余地があるとも述べています（最決平成16年10月29日民集58巻7号1979頁）。

3 計算例

持戻しの計算の仕方は CASE 14-6 で見ましたが，もう少し複雑な事例をもと

note

[8] 発展 生命保険の中には，契約で定めた保険期間の終了時（例えば被保険者が60歳になった時）よりも前に被保険者が死亡した場合に死亡保険金の支払を受けることができるばかりでなく，その時点で被保険者が生存していた場合にも保険金（死亡保険金と対比して，満期保険金といいます）の支払を受けることができるものがあります（養老保険）。ここでは，満期保険金ではなく，死亡保険金が支払われた事例を考えます。

にして，計算の仕方を再確認することにしましょう。

CASE 14-8

Aが死亡して，相続が開始しました。Aの相続人は子B・C・Dの3人です。Aの遺産に債務（消極財産）はなく，積極財産としては，Aが居住していた甲土地および乙建物（価額の合計2000万円），丙土地（価額1000万円）と，金銭3000万円がありました。Bは，Aから甲土地と乙建物を遺贈されていました。また，Aは生前，Dが婚姻した際に，家宝の壺（つぼ）（Aの相続開始時における価額3000万円）をDに贈与していました。Aの遺産から，B・C・Dはそれぞれどれだけの価額の財産を受けることができるでしょうか。

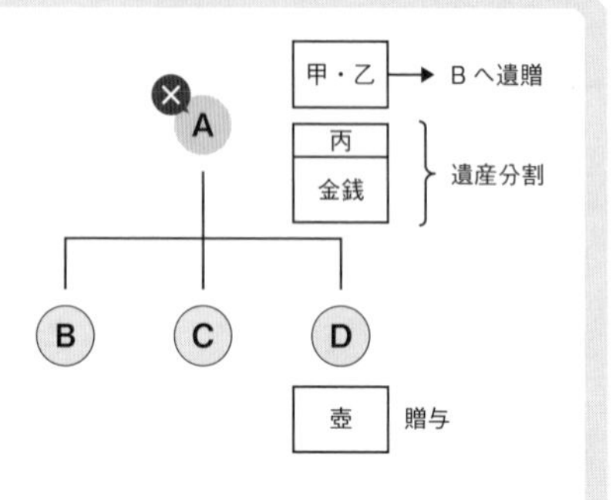

CASE 14-8において，B・C・Dの法定相続分は各3分の1です。また，Aの遺産の価額は，2000万円（甲土地・乙建物）+1000万円（丙土地）+3000万円（金銭）=6000万円です。しかし，このうち甲土地と乙建物はBへ遺贈されているため，それ以外の，丙土地および金銭（価額合計4000万円）だけがB・C・Dの間で遺産分割されることになります。

以上をふまえて，903条1項にしたがって計算すると，次のようになります。

① 6000万円（被相続人が相続開始の時において有した財産の価額）+3000万円（生前贈与の価額）=9000万円（みなし相続財産）
② 9000万円×1/3=3000万円
③ Bの具体的相続分は，3000万円−2000万円（遺贈の価額）=1000万円
　Cの具体的相続分は，3000万円
　Dの具体的相続分は，3000万円−3000万円（生前贈与の価額）=0円

したがって，遺産分割の対象となる財産（丙土地と金銭）の価額4000万円は，Bに1000万円，Cに3000万円，Dに0円と分けることになります。

これだけを見ると，B・C・Dの3人が公平に扱われていないようにも思えます。しかし，Bは別途，遺贈として甲土地および乙建物（価額合計2000万円）をもらっていますし，Dは生前贈与として壺（価額3000万円）をもらっています。よって，Aからもらった財産の価額は，BもCもDも同じ3000万円となり，実質的な公平が図られています。

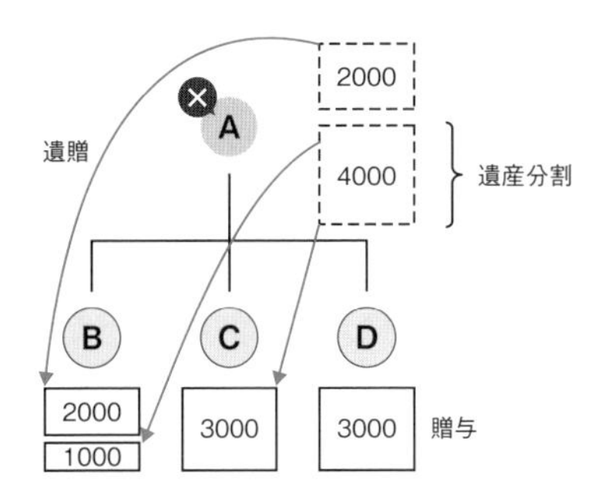

4 持戻し免除の意思表示

持戻し免除の意思表示とは

持戻しというやや面倒な操作をするのは，遺産分割において共同相続人間の実質的な公平を図るためであることは，すでに見てきたとおりです。しかし，903条3項によれば，持戻しの操作は，それを免除する旨の意思を被相続人が表示していれば，しなくてよいとされています。このような意思表示を，持戻し免除の意思表示といいます。

持戻し免除の意思表示は，黙示であってもよく，まして遺言でされる必要はありません。

計算例

持戻し免除の意思表示がされた場合に，具体的相続分をどのように計算するのでしょうか。具体例で見てみましょう。

CASE 14-9

Aが死亡して，相続が開始しました。Aの相続人は子B・C・Dの3人です。Aの遺産に消極財産はなく，積極財産としては，Aが居住していた甲土地および乙建物（価額の合計2000万円），丙土地（価額1000万円）と，金銭3000万円がありました。Bは，Aから甲土地と乙建物を遺贈されていました。また，Aは生前，Dが

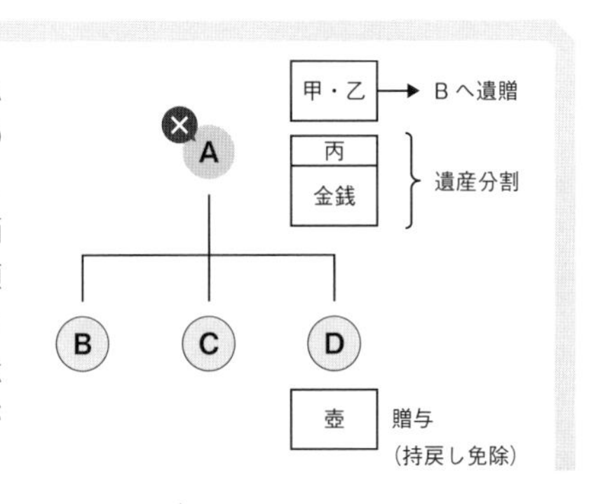

婚姻した際に，家宝の壺（A の相続開始時の価額 3000 万円）を D に贈与していましたが，この贈与について，A は持戻し免除の意思表示をしていました。A の遺産から，B・C・D はそれぞれどれだけの価額の財産を受けることができるでしょうか。

CASE 14-9 は，CASE 14-8 の事例を少し変えて，D への贈与について持戻し免除の意思表示がされていたという設定にしたものです。この場合，次のような計算になります。

① 6000 万円（A が相続開始の時において有した財産の価額）＋0 円（D への贈与について持戻し免除）＝6000 万円（みなし相続財産）
② 6000 万円×1/3（法定相続分）＝2000 万円
③ B の具体的相続分は，2000 万円−2000 万円（遺贈の価額）＝0 円
C・D の具体的相続分は，各 2000 万円

こうして，遺産分割の対象となる財産（丙土地および金銭）の価額 4000 万円を，B は 0 円，C は 2000 万円，D は 2000 万円と分けることになります。

そうしますと，A からもらった財産の価額の合計は，次のようになります。

B：2000 万円（甲土地・乙建物の遺贈）
C：2000 万円（遺産分割）
D：2000 万円（遺産分割）＋3000 万円（壺の贈与）＝5000 万円

このように，D への贈与について A が持戻しを免除したために，D は，B や C に比べて，えこひいきされる結果になります。

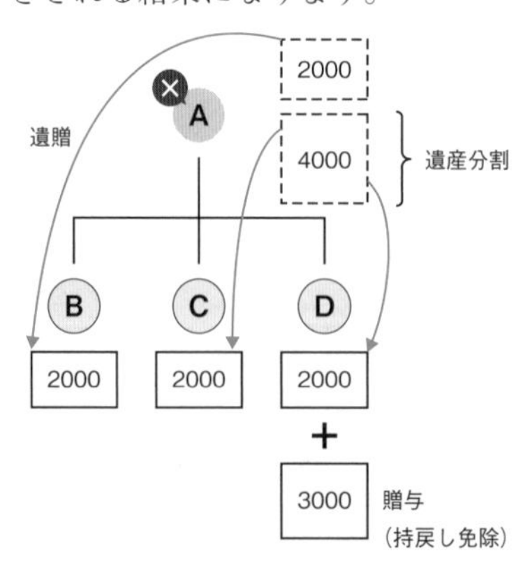

持戻し免除の意思表示の推定

903条4項によると，婚姻期間が20年を超える夫婦の一方が，他方に対して，居住用の建物またはその敷地について贈与または遺贈をした場合には，持戻し免除の意思表示をしたものと推定されます。

CASE 14-10

Aが死亡して，相続が開始しました。Aの相続人は，Aと40年以上連れ添ってきた配偶者B（75歳）と，A・B間の子であるC（45歳）です。Aは，死亡する5年前に，Bと一緒に居住してきた家とその敷地（価額の合計3000万円）を，Bに贈与していました。Aの遺産には，銀行預金3000万円だけがあります。このとき，銀行預金3000万円を，BとCでどのように分けることになるでしょうか。

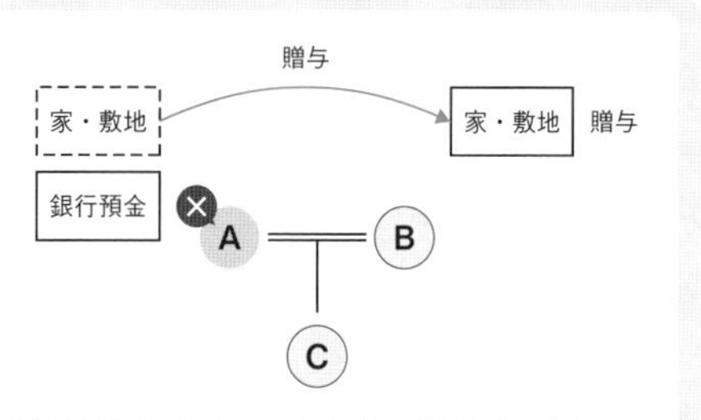

CASE 14-10で，Bへの贈与について，持戻し免除の意思表示がされていなかったとすると，次のように，Bの具体的相続分はゼロとなります。

① 3000万円（遺産の価額）＋3000万円（家とその敷地の贈与）＝6000万円（みなし相続財産）
② 6000万円×1/2（B・Cの法定相続分）＝3000万円
③ Bについては，受けた贈与の価額を引く
　3000万円−3000万円＝0円

そうすると，遺産分割においてBは何の割り当ても受けられず，Cが銀行預金3000万円の全部を取ることになります。

しかし，そうしますと，Bは，贈与を受けて家とその敷地を所有しているので，そのままその家に住み続けることはできますが，それ以外に何の財産ももらえないことになります。Bが年金暮らしをしている場合には，現金を得るために，せっかく贈与を受けた家とその敷地を，結局は売却して出ていかなければならなくなるかもしれません。

これに対して，CASE 14-10において，Bへの贈与について持戻し免除の意

思表示がされていたとすると，次のように，BとCの具体的相続分は各1500万円となります。

① 3000万円（遺産の価額）＋0（贈与につき持戻し免除）＝3000万円
② 3000万円×1/2（B・Cの法定相続分）＝1500万円
③ 贈与につき持戻し免除がされているので，B・Cの具体的相続分は各1500万円のまま

こうして，Bは家とその敷地の贈与を受けただけでなく，遺産分割においても，銀行預金から1500万円分を得ることができます。したがって，現金を得るために家とその敷地を売却しなければならない必要性が，その分だけ減るのです。

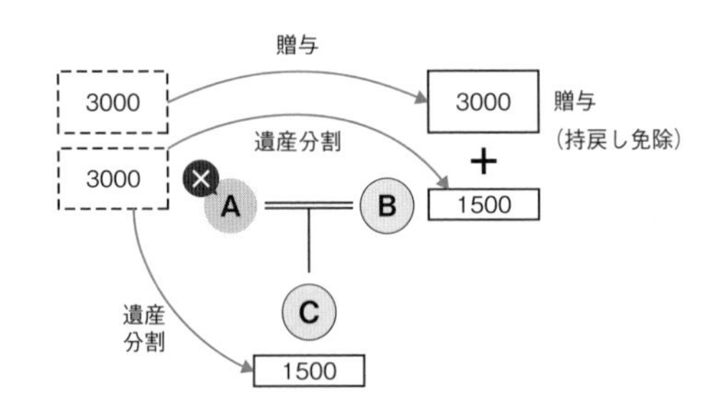

3 寄与分

1 制度の趣旨

CASE 14-11

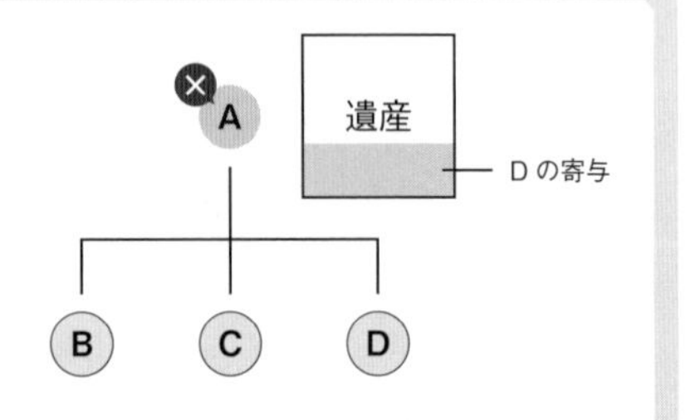

被相続人A（70歳）が死亡して，相続が開始しました。Aの相続人は子B・C・D（いずれも40代）であり，Aの遺産に債務はなく，積極財産の価額の合計は4500万円です。

Aは生前，北海道で農場を経営していました。BとCは東京で会社勤めをしていますが，Dは20年以上にわたってAと同居し，報酬なしでAとともに農場の経営にたずさわってきました。その間，Dが考案した新たな栽培法により，Aの農場の経営状況は大きく改善され，その結果，Aの遺産の価額が1500万円分増えていたとします。

このとき，B・C・Dは，遺産の価額4500万円をどのように分けあうことになるのでしょうか。

CASE 14-11 において，DはAの生前に，Aの農場の経営について，高齢の親と成年の子のあいだの扶養義務⇒第9章4の範囲を大きく超える貢献（寄与）をし，そのために，Aの遺産の価額が，1500万円だけ増加しています。

このような場合には，Dの寄与を価額で評価したうえで（この評価額のことを寄与分といいます），次のように，持戻しとは全く逆に，最初に寄与分を遺産の価額から差し引き，最後に寄与分を加算するという計算をします（904条の2第1項）。

① 4500万円（被相続人が相続開始の時において有した財産の価額）−1500万円（Dの寄与分）＝3000万円（みなし相続財産）
② 3000万円×1/3（法定相続分）＝1000万円
③ B・Cの具体的相続分は，各1000万円
Dの具体的相続分は，1000万円＋1500万円（Dの寄与分）＝2500万円

この計算の結果，Aの遺産の価額4500万円は，BとCに各1000万円，Dに2500万円と分けあうことになります。

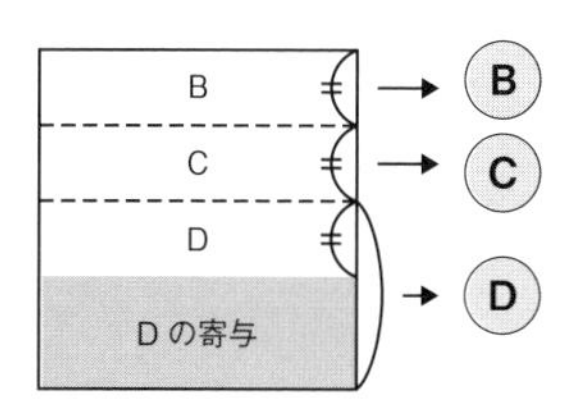

要するに，Aの遺産の価額のうち，Dの寄与分については，実質的にはDのものであるとみて，Aの遺産の価額からDの寄与分を差し引いた残額だけについて，B・C・Dが法定相続分にしたがって分け合うのです。このようにして，寄与分も，特別受益とは逆方向ですが，やはり共同相続人間の実質的な公平を図っています[9]。

2 寄与分として考慮されるもの

寄与は，何であっても寄与分として上のような計算をすべきことになるわけではなく，904条の2第1項で限定が加えられています。

寄与の主体

「共同相続人」がした寄与だけが考慮されます。これは，寄与分が共同相続人間での実質的な公平を図るための制度であることによります。それ以外の者がした寄与は，4で扱う特別寄与料制度の中で考慮される可能性があります。

特別の寄与

寄与は，「特別の」ものでなければなりません。特別の寄与となるためには，寄与した相続人と被相続人との身分関係（親子など）で通常期待される範囲を超えていて，しかも，その寄与について相当の対価（報酬など）が支払われていないことが必要だと考えられています。

遺産の維持または増加

寄与は，被相続人の生前に行われている必要がありますが，そのやり方は特に限定されていません。904条の2第1項は，被相続人の事業に関して労務の提供または財産上の給付をすることと，被相続人を療養（りょうよう）看護（介護）することを挙げていますが，これらは例示にすぎません。

しかし，共同相続人がした特別の寄与が，被相続人の遺産を増やし（増加），または遺産が減ることを食い止める（維持）という財産上の結果をもたらしたことは必要です。被相続人を精神的に支えただけでは，寄与分制度での考慮の対象となりません。

3 寄与分の決定

2でみた要件が満たされる寄与があった場合には，その寄与がいくらと評価されるかを決める必要があります。共同相続人間の協議によって評価額を決めるこ

note

9 発展 CASE 14-11で，寄与をしたDは，Aに対して（Aの死後は相続人に対して），寄与に見合った額について財産法上の請求をすることも考えられます。よく挙げられるのは，不当利得の返還を請求する（→6巻）というものです。しかし，CASE 14-11の場合に，不当利得の返還請求を裁判で認めてもらうことは，利得の不当性（原因がないこと）や利得の額を主張・立証することの困難などの理由により，簡単ではありません。このような状況のもとで，寄与分制度は，寄与をした者の請求を認めやすくする点において大きな意義があるといわれています。以下の叙述（4の特別寄与料制度を含む）では，財産法上の請求については考えないものとします。

とができれば，その額が寄与分となります（904条の2第1項）。共同相続人間での協議では決まらない場合には，特別の寄与をしたと主張する相続人の請求により，家庭裁判所が裁判で，一切の事情を考慮して，その額を定めます（同条2項）。

ただし，寄与分は，遺産の価額から，Aが遺贈した財産の価額を差し引いた額を超えることができません（904条の2第3項）。Aの遺産に，相続人の寄与による分が実質的には含まれているとしても，Aの遺産はあくまでもAが遺言で自由に処分することができるものです。そこで，寄与分は，Aが遺言で遺産を処分する自由をそこなわない限度でのみ，認定されることになっているのです。

4 特別寄与料制度

CASE 14-12

CASE **14-11** で，Dは，Eと婚姻した後に，農作業中の事故によって寝たきりになってしまい，その後，DではなくEが，新たな栽培法を考案してAの農場の経営状況を大きく改善させたとします。このとき，Eがした寄与について，Eはどのような主張をすることができるでしょうか。

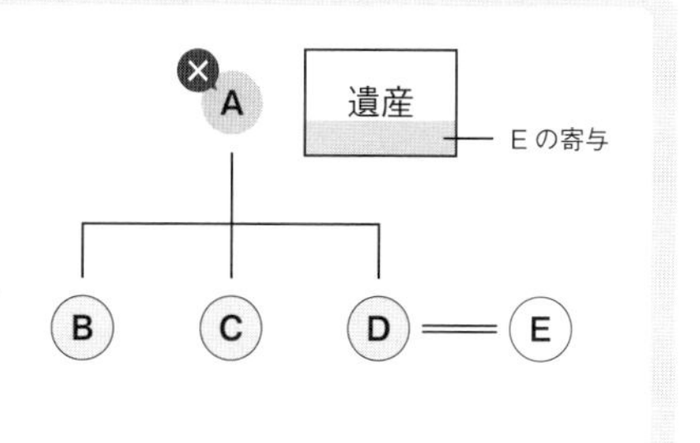

1 制度の趣旨

寄与分制度（904条の2）は，共同相続人間の実質的公平を図るために存在しているので，共同相続人がした寄与だけを考慮することは，3で述べた通りです。

しかし，CASE **14-12** において，たしかにEはAの相続人ではありませんが[10]，寄与に報（むく）いる必要性に変わりはないと考えることができます。

もっとも，寄与者が赤の他人である場合には，被相続人と契約を結び，その契約において報酬を定めておくことが多いでしょう。このときは，寄与者の寄与は報酬という形で評価されていますので，寄与分類似の制度を設ける必要性は小さ

note

[10] **説明** もし，EがAの養子（→第6章1）となっていれば，EもB・C・Dと同じく，Aの「子」としてAの相続人となります（887条1項）。ここでは，その場合は考えないものとします。

いです。

そこで，2018年の相続法改正により，被相続人の親族（725条）ではあるが相続人ではない者が，被相続人の生前に特別の寄与をした場合に，その人（特別寄与者）が，相続人に対して，その寄与に応じた額の金銭（特別寄与料）の支払を求めることができるという制度が設けられました（1050条）。

⇒第1章2

Column 9　特別寄与料制度ができる前は？

CASE 14-12 で，特別寄与料制度ができた現在では，EはAの相続人に対して特別寄与料を請求することができます。では，特別寄与料制度ができる前は，Eは泣き寝入りするしかなかったのでしょうか。

家庭裁判所の裁判例では，CASE 14-12 のような事例において，Eの寄与をDの寄与としてカウントし，BやCよりも多くの遺産をDに割り当てるという遺産分割をしたものがありました。これは，Eの寄与を拾い上げた点では評価できますが，Dと独立の人格をEに認めていないとみることもできます。そのように考えると，CASE 14-12 においてE自身が特別寄与料の支払を請求できるようになったのは大きな進歩だといえるでしょう。

では，CASE 14-12 で，EがDと法律上の婚姻をしていなかったならばどうなるでしょうか。その場合には，EはAの親族（725条）ではありませんので，特別寄与料の支払を請求する資格がありません。このように，特別寄与料制度が利用できない事例においては，Eの寄与をDの寄与としてカウントするというかつての方法は，一概（いちがい）には否定されていないと考えられています。

2　制度の概要

特別寄与者の範囲

特別寄与料の請求をすることができるのは，被相続人の親族（725条）であって，相続人ではない者に限られます（1050条1項）。

特別の寄与の態様

特別の寄与の態様としては，無償での労務の提供だけが考慮されます（1050条1項）。条文に挙げられている療養看護（介護）のほかに，被相続人の事業を手伝うことも含まれます。

特別寄与料の額の決定

特別寄与料の額は，まずは，特別寄与者が相続人と協議して決めます。それでは決まらない場合には，特別寄与者の請求に基づいて，家庭裁判所が一切の事情を考慮して定めます（1050条2項本文・3項）。家庭裁判所への請求は，特別寄与者が，相続開始の事実および相続人が誰であるかの両方を知った時から6か月以内に，かつ相続開始の時から1年以内に，しなければなりません（同条2項ただし書）。

また，特別寄与料の額は，遺産の価額から被相続人が遺贈した財産の価額を差し引いた額を超えることができません（1050条4項）。3で出てきた904条の2第3項と同じく，特別寄与料を定めることによって，被相続人が遺言で遺産を処分する自由がそこなわれないようにするという趣旨の規定です。

誰に対して支払を請求できるか

特別寄与料の額が，協議または家庭裁判所の裁判で決められたが，相続人がその額を支払ってくれないとしましょう。

このときに，もし相続人が1人だけであれば，特別寄与者は，その相続人に対して全額の支払を請求することができます。これに対して，相続人が複数いる場合には，そのうちの1人に全額の支払を請求することはできません。

CASE 14-12 において，Eの寄与が1500万円と評価されたとします。相続人はB・C・Dの3人で，法定相続分は各3分の1です。このとき，1050条5項によると，EはB・C・Dに対して各500万円ずつ，特別寄与料の支払を請求することができます[11]。

POINT

1 相続分とは，遺産分割において，各相続人がどれだけの財産の割り当てを受け

note

[11] 発展 1050条5項では902条も挙げられていますので，被相続人Aが相続分を指定していた場合には，法定相続分ではなく指定相続分に応じた額を，各相続人に請求すべきことになります。

ることができるのかを示したものです。相続分には，割合であらわされるもの（法定相続分〔900条，901条〕，指定相続分〔902条〕）と，価額であらわされるもの（具体的相続分〔903条，904条の2〕）があります。

2 血族相続人が複数いる場合には，彼らの法定相続分は互いに平等となるのが原則です（900条4号本文）。ただし，半血の兄弟姉妹の法定相続分は，全血の兄弟姉妹の半分になります（同号ただし書）。

3 配偶者相続人と血族相続人の両方がいる場合には，配偶者相続人の法定相続分は，血族相続人が誰であるか（子か，直系尊属か，兄弟姉妹か）によって異なります（900条1号～3号）。

4 代襲相続が起こる場合には，まず，代襲相続がない（被代襲者が相続人となる）ものと仮定して法定相続分を計算します。さらに，代襲相続人が複数いるときには，被代襲者の分の法定相続分を代襲相続人らで分け合います（901条。株分け説）。

5 各相続人の具体的相続分の算出の際には，相続人が被相続人の生前に受けた贈与の価額を遺産の価額に加え（みなし相続財産），それに各相続人の相続分の割合をかけて，最後に各相続人が受けた贈与や遺贈（特別受益）があればその価額を差し引くという操作（903条1項）を行います。これを持戻しといいます。

6 被相続人が，自分が行った遺贈や贈与について，持戻しをしなくてもよいという意思を表示すれば（持戻し免除の意思表示），持戻しの操作は行われません。このときには，持戻し免除の意思表示の対象となった贈与や遺贈を受けた相続人は，持戻し免除の意思表示がされなかった場合と比べて，より多くの財産を被相続人からもらうことになります。

7 共同相続人が被相続人の生前にした寄与のおかげで，遺産の維持・増加という結果が生じた場合には，その寄与を価額で評価したうえで（寄与分），持戻しとは逆に，最初に寄与分を遺産の価額から差し引き，それに各相続人の相続分の割合をかけ，最後に，寄与をした相続人については寄与分を加えるという操作をして，各相続人の具体的相続分を算出します（904条の2第1項）。

8 寄与分制度において考慮されるのは，相続の開始前に相続人がした寄与であって，その寄与が，被相続人とのあいだの身分関係（親子など）から通常期待される範囲を超えており，しかもその寄与について相当の対価が支払われていなかったものに限られます。

9 被相続人の親族ではあるが相続人ではない者が，被相続人の生前に労務の提供という形で特別の寄与をしたために，遺産の維持・増加という結果が生じた場合には，その人（特別寄与者）は，相続人に対して，その寄与に応じた額の金銭（特別寄与料）の支払を求めることができます（1050条）。

CHAPTER

第15章

遺産共有

INTRODUCTION

被相続人の死亡から遺産分割が成立するまでの間には，一定の期間の幅があります。本章では，その期間に生じる法律関係について説明します。

具体的には，次の3点について説明します。

遺産共有とは　898条

相続人が複数いる場合，被相続人の死亡から遺産分割が成立するまでの間，それらの相続人（これら複数の相続人を「共同相続人」といいます）は相続財産を共有します（898条1項）。この被相続人の死亡から遺産分割が成立するまでの間の，共同相続人による相続財産に対する共有関係のことを遺産共有といいます。以下では，この遺産共有となる場合の法律関係について説明します。

相続財産の管理　249条以下

共同相続人がある相続財産を共有している場合に，どのように相続財産を管理するかを説明します。

債権・債務の帰属関係　427条以下

相続人が複数いる場合，被相続人が残した債権・債務が，相続開始後にどのように扱われるのかについては，債権の種類ごと，債務の種類ごとに異なります。そこで，被相続人の債権・債務が相続開始後にどのように扱われるかを説明します。

1 遺産共有とは

1 遺産共有が生じる場面

CASE 15-1

被相続人Aが2000万円相当の甲建物と1500万円相当の乙建物，500万円相当の宝石を残して死亡しました。相続人は，Aの子BとCでした。Aが死亡した1年後，BとCの間で遺産分割が成立し，甲建物はBが取得し，乙建物と宝石はCが取得することとしました。この場合に，Aが死亡してから，BとCの間で遺産分割が成立するまで，相続人BとCは，相続財産である甲建物・乙建物と宝石についてどのような権利を持っていたといえるでしょうか。

Aが死亡する以前は，2つの建物と宝石はAが所有していました。Aが死亡すると，Aのものであった相続財産は，原則として相続人に承継されます（896条。詳しくは第**13**章を参照してください）。

相続人が数人いる場合，相続開始後に，共同相続人は遺産分割を行います（第**16**章で扱います）。遺産分割は，相続財産に含まれる個々の財産をどの相続人が取得するのかを決める手続です。つまり，遺産分割が成立すると，個々の財産が誰のものかが決まることになります。

もっとも，その手続は，相続開始から一定の期間かかることになりますので，相続開始後・遺産分割成立前に，Aが残した相続財産が誰のものになるのかが問題となります。

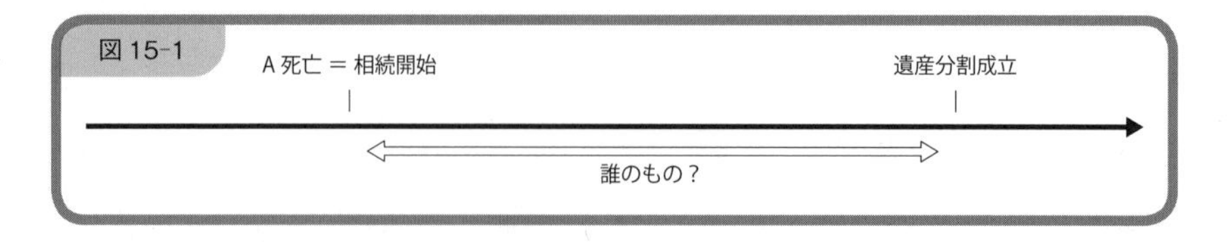

2　898条の規律

相続開始から遺産分割が成立するまでの間，相続財産が誰のものになるのかについて，898条1項は，「相続人が数人あるときは，相続財産は，その共有に属する」と規定しています。

この規定によると，BとCは，相続財産である甲建物，乙建物，宝石を共有することになります。共有というのは，複数の人が共同で1つの物を所有することを指します。

共有する者を共有者といい，共同所有する対象である物を共有物といいます。共有者は共有物に対して持分を持ちます。それぞれの共有者は，共有物に対して，所有者が1人しかいない場合のように自由に所有権を行使することはできず，持分に応じた権利行使しかできません。その持分は，原則として法定相続分となり，遺言による相続分の指定があるときは指定相続分となります（898条2項。法定相続分については第**14**章1を，遺言による相続分の指定については第**19**章4**2**を参照）。

 相続財産の管理

共同相続人が相続財産を共有している間に，相続財産を維持する必要が生じた場合や，どのように利用するのかを決めなければならなくなった場合などに，共同相続人間でどのように決めるのかが問題になります。このような問題を，一般に相続財産の管理の問題といいます。

以下では次の3点について説明します。

第1に，相続財産の管理の問題で一般に適用されるルールを紹介します。

第2に，相続財産の管理に関する具体的な問題として，不動産を共同相続人1人が占有していた場合に，他の共同相続人が使用利益の返還を求めたりすることができるかについて説明します。

第3に，第1や第2の部分で説明するルールに対する特則として配偶者短期居住権に関するルールが定められていますので，これついて説明します。

1 変更行為・管理行為・保存行為

CASE 15-2

被相続人Aが農地甲，建物乙を残して死亡しました。相続人は，Aの子であるB・C・D（相続分はそれぞれ3分の1）です。Aは生前に乙をEに賃貸していました。賃借人EはAの死後も乙を借りています。遺産共有の状態にあるときに，以下の行為をするにあたり，B・C・Dは，どのように決定すればいいでしょうか。

❶農地甲を宅地にするために土砂（どしゃ）を甲に運び込む行為

❷Eとの賃貸借契約を解除する行為

❸建物乙の雨漏りを修理する行為

物権法上の共有に関するルールの適用

CASE 15-2では，遺産共有の状態にあるときに，相続財産の管理の仕方を3人の相続人でどのように決定するかが問題となっています。

898条によると，相続財産は，共同相続人間の共有になるとされています。共有については，民法第2編「物権」の249条以下に規定が置かれています。判例は，相続財産の共有は，民法第2編「物権」で規定されている共有と異ならないという立場をとっています（例えば，最判昭和30年5月31日民集9巻6号793頁など）。

これによると，遺産共有の状態にあるときに相続財産を管理する際にも，第2編「物権」で規定されている251条と252条が適用されることになります。

251条と252条は，何をするかによって区別しています。これらの規定では，変更行為，管理行為，保存行為という3つの行為が区別されています。そして，それぞれに応じて決め方が異なっています。

変更行為

251条1項によると，各共有者（共同相続人）は，他の共有者（共同相続人）の同意を得なければ，共有物に変更を加えることができないとされています。共有者全員が権利を持っているので，共有物に変更を加えるには，その全員の同意が必要だとされているわけです。

ここでいう「変更」とは，財産の性質を変えることをいいます。ただし，「その形状又は効用の著しい変更を伴わないものを除」きます（251条1項かっこ書）。

このような軽微な変更については，全員の同意は必要ではないと考えられているためです。

農地を宅地にするには，都道府県知事の許可が必要です（農地法4条）。そのため，CASE 15-2 ❶のように農地を宅地にするために土砂を運び込むことは，その土地に対する法令による規制も異なることになるので，財産の形状も効用も著しく変更することになります。

これによると，Bは，他の相続人C・Dの同意を得ずに，農地甲を宅地に変更するために土砂を運び込むことはできません。Bが同意を得ることなくこのような行為をした場合には，C・Dは，Bに対して，甲土地を農地に戻すように求めることができます（最判平成10年3月24日判時1641号80頁）。このような請求を，もとの状態に戻すよう求めるという意味で，原状回復請求といいます。

管理行為

252条1項によると，共有物の管理に関する事項は，各共有者（共同相続人）の持分の価格にしたがって（ここでは，相続分の割合にしたがって），その過半数で決するとされています。

「管理」という言葉は，財産を共有している間にその財産をさまざまな形で用いるというような広い意味で使われることがあります。ここまでの説明でもそのような意味で「相続財産の管理」と呼んできました。しかし，252条1項にいう「管理」とは，財産の性質を変更することなく，その財産を利用したり改良したりすることを意味します。利用するとは，性質を変えずに使うことです。改良するとは，性質を変えるけれども変更に至らない行為のことです。

例えば，CASE 15-2 ❷のように，Aが乙をEに賃貸していた場合，この賃貸借契約は相続開始後も相続人に承継されます（896条本文。この点は第**13**章 1 で学びました）。Eとの賃貸借契約を解除する行為は，乙の利用の仕方を変える行為であり，管理行為にあたるといえます（最判昭和39年2月25日民集18巻2号329頁）。

これによれば，❷の行為は，共有者の持分の過半数で決めることになります。B・C・Dは法定相続分がそれぞれ3分の1ですので，BとCが契約を解除することについて賛成すれば，Dが反対しても，解除をすることができます（もちろん，建物の賃貸借契約を解除するための要件を満たす必要があります。この点は，5巻を参照してください）。

保存行為

これに対して，252 条 5 項によると，各共有者（共同相続人）は，単独で保存行為をすることができるとされています。保存行為とは，財産の現状（つまり今あるべき状態）を維持するために必要な行為のことです。このような行為は，全員にとって利益になる行為ですので，単独でしてよいこととされています。

例えば，CASE 15-2 ❸のように，建物乙の雨漏りを修理する行為は，乙が壊れてしまうことを防ぐことができるので，財産の今あるべき状態を維持する行為にあたります。したがって，乙の雨漏りを修理する行為は，相続人Ｂ・Ｃ・Ｄそれぞれは，他の共有者の同意を得ることなく，単独ですることができます。

以上をまとめると以下の表のようになります。

変更行為	その形状または効用の著しい変更を伴う	全員一致（251 条 1 項）
	その形状または効用の著しい変更を伴わない	各共有者の持分の過半数（251 条 1 項かっこ書・252 条 1 項）
管理行為		各共有者の持分の過半数（252 条 1 項）
保存行為		単独で実行可能（252 条 5 項）

2 共同相続人による不動産の占有と使用利益の償還

原 則

CASE 15-3

被相続人Ａが建物甲を残して死亡しました。相続人は，Ａの子Ｂ・Ｃ・Ｄ（法定相続分はそれぞれ３分の１）でした。Ｂ・Ｃ・Ｄの間の話合いにより，Ａの死亡後は遺産分割が終わるまでＢのみが建物甲を占有することになりました。その際，Ｃ・Ｄは，Ｂに対して，「君が建物甲を占有している間，私たちは甲を使用することができない。私たちは君にそれぞれ甲の３分の１の持分を貸しているといえるのだから，その分の賃料を支払ってほしい」といいました。Ｃ・Ｄの主張は認められるでしょうか。

249 条 1 項によれば，共有持分を有する者は，「持分に応じ」て使用することができるにすぎません。他の共有者の持分については，権利がないのに使用していることになります。したがって，他の共有者は，自分の持分について，権利がないのに使用した者が得た利益（これを使用利益といいます）の価値をお金で返す

（これを償還するといいます）ように求めることができます（249条2項）。

権利がないのに使用した利益の額は，その物を人に貸していればいくらぐらいの賃料が得られるかを調べて，それをもとに算定されます。

例　外

CASE 15-4

被相続人Ａが建物甲を残して死亡しました。相続人は，Ａの子Ｂ・Ｃ・Ｄでした。生前，高齢のＡは，建物甲にＢと同居し，Ｂに身の回りの世話をしてもらっていました。Ａの死亡後は，Ｂのみが建物甲を１年間占有していました。この場合，Ｃ・Ｄは，Ｂに対して，自分たちの持分に相当する使用利益１年分の支払を求めることができるでしょうか。

(1)　使用貸借契約の推定

判例によると，例外的に，不動産を使用していない共同相続人による使用利益の請求が認められない場合があります。それは，相続人が，被相続人の生前から，被相続人の許しを得て，被相続人が所有する建物で同居していた場合です（最判平成8年12月17日民集50巻10号2778頁）。

CASE 15-4 では，被相続人であるＡは，生前に相続人Ｂが建物に住むことを許しています。この場合，Ａは，自分が死亡した後も，遺産分割が終わり，甲が誰のものになるかが決まるまでは，引き続きＢが甲に住み続けることを許していると考えるのが通常です。多くの場合，同居を許されていた者も，その建物に引き続き住むことを望んでいます。

先ほどの判例は，このようなケースでは，ＡとＢの間で，「Ａが死亡した後も，遺産分割が終わるまでの間は，Ｂが無償[1]で住んでよい」という契約があったことを推定するとしています。このように，賃料（使わせてもらうことの対価）を支払うことなく借主が目的物を使用および収益する契約のことを，使用貸借契約といいます（593条）。

(2)　使用利益の償還義務の否定

この契約は，ＡとＢとの間で結ばれたことになります。Ａが死亡すると，相

note

[1] 用語　無償契約：契約の当事者の一方が対価を支払わない契約のことを無償契約といいます。

続人であるC・Dは，それぞれの持分に相当する部分についてAの地位を受け継ぐことになります。そうすると，C・DとBとの間で，使用貸借契約があったこととなります。Bは，C・Dとの関係でも，甲建物を無償で使用および収益することができます。

したがって，C・Dは，Bに対して，使用利益の償還を求めることはできません。

(3) 推定の意味

最高裁平成8年判決は，Aが生前に相続人Bが建物に住むことを許していた場合に，AとBとの間で，遺産分割が終わるまでBが無償で甲に住み続けてもよいという契約があったという事実を推定するとしています。

ある事実が推定されるとしても，それとは反対の事実の証明があれば，その推定は覆(くつがえ)されます。例えば，C・Dが，「AとBは，Aの死後はBが建物甲から出ていく約束になっていた」ことを証明すれば，Bは，CASE 15-3の場合と同じように，C・Dの持分に対応する部分について，建物甲の使用利益を償還しなければなりません。

3 配偶者短期居住権

居住建物が遺産分割される場合

CASE 15-5

被相続人Aが建物甲を残して死亡しました。相続人は，Aの配偶者Bと子Cでした。Bは，Aの生前，Aと同居していましたが，AとBとの間で，Aの死亡後はBが甲から出ていく約束になっていました。それにもかかわらず，Bは，Aの死亡後，甲を遺産分割が終わるまで占有していました。遺産分割が終わったのは，Aの死亡後1年後でした。この場合，Cは，Bに対して，持分に相当する使用利益1年分の支払を請求できるでしょうか。

(1) 配偶者短期居住権とは

Cは，使用利益の償還を求めていますが，Bは，CASE 15-4で見たとおり，AとBの間で甲についての使用貸借契約があり，Aの死後もCに受け継がれていると主張することができそうです。

もっとも，最高裁平成8年判決は，使用貸借契約があったと推定することを認めているだけですので，Cが「AとBとの間で，Aの死亡後はBが甲から出ていく約束になっていた」という反対の事実を証明すれば，Bは建物甲から出ていかなければなりません。

しかし，社会の高齢化社会が進み，相続が開始したときに残された配偶者も高齢である場合が多くなっています。残された高齢の配偶者にとっては，相続開始直後にこれまで住んでいた住居から退去しなければならないことが大きな負担となる場合も少なくありません。

そこで，配偶者の居住に対する利益を保護するために，「被相続人の財産に属した建物に相続開始の時に無償で居住していた場合」に，配偶者は，原則として遺産分割が終わるまで，その居住していた建物（これを居住建物といいます）を無償で使用する権利が認められています（1037条1項)。これを配偶者短期居住権といいます。

これにより，Bは，遺産分割が終わるまで，建物甲に無償で居住することができます。最高裁平成8年判決のルールは，被相続人と同居をしていた者が配偶者以外の場合にのみ意味を持ちます。

(2) 配偶者短期居住権の存続期間

配偶者短期居住権は，B・C間の遺産分割のように，遺産分割を行う者に配偶者が含まれ，遺産分割の対象に居住建物が含まれている場合には，遺産分割により居住建物が誰のものになるかが確定する日まで存続します。ただし，遺産分割が相続開始の時から6か月以内に行われた場合には，相続開始の時から6か月間，配偶者短期居住権は存続します（1037条1項1号)。

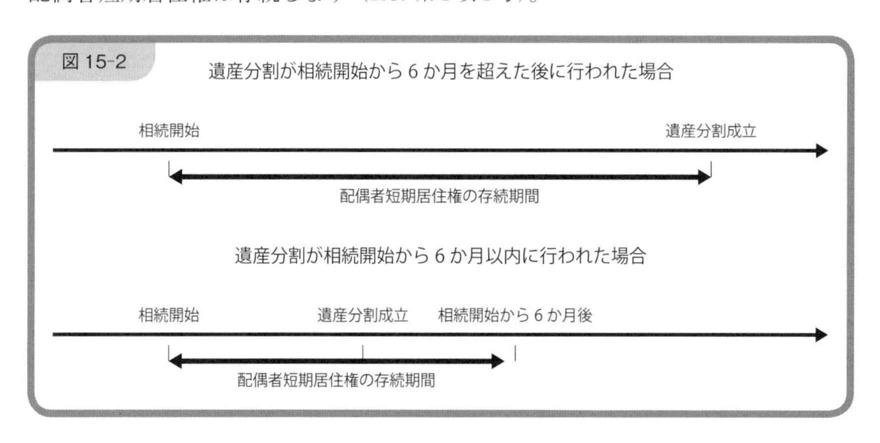

居住建物が遺贈される場合

CASE 15-6

被相続人Aが建物甲を残して死亡しました。Aの相続人は，Aの配偶者Bと子Cでした。Aは，「建物甲をDに遺贈する」という遺言を残していました[2]。配偶者Bは，Aと同居していましたが，Aの死亡後はBのみが建物甲を占有していました。Dは，遺言により建物甲は自分のものになったとしてBに建物を明け渡すよう求めました。この主張は認められるでしょうか。

配偶者短期居住権は，被相続人が居住建物を配偶者以外の者に遺贈するという内容の遺言を残していた場合にも認められます。

この場合，遺言者である被相続人の死亡時より，その建物の所有権は，遺言により建物を与えられた者（受遺者（じゅいしゃ）といいます）に帰属します（985条）。CASE 15-6の場合，建物甲は，Aの死亡時にDに帰属します。

しかし，そのような場合でも，Aの配偶者Bに引っ越しをするための準備の期間を与える方が望ましいといえます。そこで，この場合にも，配偶者が被相続人の財産に属した建物に相続開始の時に無償で居住していれば，配偶者に短期居住権が認められます。

これに対して，建物甲の取得者Dは，Bに対して，いつでも配偶者短期居住権の消滅の申入れをすることができるとされています（1037条3項）。この場合，配偶者短期居住権は，その消滅の申入れの日から6か月間存続します（1037条1項2号）。

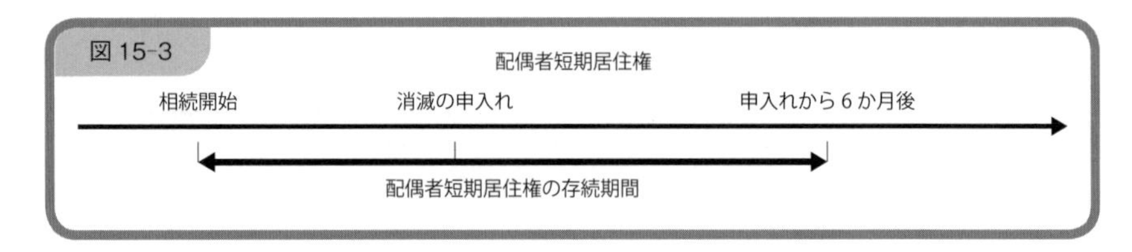

note

[2] 用語　遺言・遺贈：遺言をした者（遺言者といいます）によりなされる自らの死後に法的効力を生じさせる行為を遺言といいます。遺言により，財産を与えることを遺贈といいます。詳しくは，第**19**章で勉強します。

3 債権・債務の帰属関係

被相続人が残した債権や債務は，それらの性質に応じて，不動産や動産とは異なる形で共同相続人に帰属することがあります。その前提として，相続の場面に限られない一般ルールとして，債権者や債務者が複数いる場合にどのようなルールになっているかを説明します。

1 多数当事者の債権・債務

CASE 15-7

被相続人Aは，生前に，Bから絵画甲を購入する契約を締結しました。Bが甲をAに引き渡す前に，Aが死亡し，Aの子CおよびDが共同相続人になりました。この場合，Cは単独でBに甲の引渡しを求めることができるでしょうか。

多数当事者の債権・債務とは

売買契約を結ぶと，買主は，売主に対して，買った物（目的物といいます）を引き渡してもらう権利（引渡債権）を持つことになります。CASE 15-7では，Aは，生前に，Bに対し，甲について引渡債権を持っていたことになります。この引渡債権は，Aが死亡した後に，相続人であるCとDに受け継がれます。

CASE 15-7のように債権者が2人以上いる場合，または債務者が2人以上いる場合（これらの場合に生じる債権・債務を多数当事者の債権・債務と呼びます）のルールは，民法第3編「債権」の427条以下に規定されています。被相続人が死亡して，被相続人が持っていた債権を2人以上の相続人が共同相続した場合についても，遺産共有の状態にある間は，債権者や債務者が2人以上いることになるので，原則として，多数当事者の債権・債務に関する規定が適用されます。

可分と不可分の区別

多数当事者の債権・債務については，その性質上，債権の目的（対象）が分けられるものかどうか（これを「可分」か「不可分」かといいます）によって区別されています。

例えば，100万円の金銭債権は，50万円の金銭債権2つに分けることが可能なので，債権の目的が性質上可分であると考えられます。そのため，このような債権は可分債権にあたります。可分債権の場合，相続人が数人いるときは，各相続人が相続分の割合で債権を有することになります（427条）。各相続人に債権が分割されることになりますので，これを分割債権といいます。

これに対して，ある絵画の引渡債権は，その絵画を2つに分けたりすることはできないので，債権の目的が性質上不可分（428条）であるといえます。そのため，この債権は，不可分債権にあたります。

以上のことを前提に，被相続人の債権が共同相続人に相続された場合と債務が共同相続人に相続された場合にどうなるかついて説明します。

2 債　権

不可分債権

まず，CASE 15-7 について考えてみましょう。そこで問題となっている債権は，絵画甲を引き渡してもらうという不可分債権です。

不可分債権については，それぞれの債権者（共同相続人）は，すべての債権者（共同相続人）のために全部または一部の履行を請求することができるとされています（428条が準用する432条）。これは，すべての債権者が一致して債務者に対して請求をしなくても，債権者の1人が単独で債務者に対して請求をすることができ，その請求によりすべての債権者が請求を行ったことになるということを意味します。

これによると，CとDは，遺産共有の状態にある間は，それぞれ，単独でBに甲の引渡債権の履行を請求することができます。

可分債権

CASE 15-8

被相続人Aは，Bに対する100万円の損害賠償請求権を行使しないまま死亡しました。Aの相続人は，Aの子であるCとDでした。この場合において，C・DはBに対してどのような形で損害賠償を請求することができるでしょうか。

(1) 原　則

損害賠償請求権も金銭の支払を目的とする債権ですので，可分債権です。可分債権は，相続が開始した時に自動的に（「当然に」という表現を用います）共同相続人の間で分割されるというのが原則です（最判昭和29年4月8日民集8巻4号819頁等）。この場合，分割の割合は，原則として法定相続分となります（遺言による相続分の指定がある場合にはその割合となります）。

これによると，CASE 15-8 では，CとDはそれぞれ，相続が開始した時に当然に，50万円の損害賠償請求権を取得することになり，遺産分割を待つことなく行使することができます。

(2) 預金債権

CASE 15-9

被相続人Aは，B銀行に対する2000万円の預金債権と2000万円相当の土地甲を残して死亡しました。Aの相続人は，Aの子であるCとDでした。この場合において，遺産分割が行われる前に，Cは，Bに対して，2000万円の預金債権のうち，Cの法定相続分である2分の1について（つまり1000万円）払戻しを請求することができるでしょうか。

預金債権の性質

銀行にお金を預けた場合に生じる債権（以下では預金債権といいます[3]）も，2000万円の金銭の支払を求めることができる債権であるという点に着目すると，性質上分けることができる可分債権であり，相続開始時に当然に共同相続人に分割されることになりそうです。

判例による例外の承認

もっとも，このようなルールについては，次のような不都合があります。

note

[3] 用語　預金と貯金：どちらもお金を預けるという意味で用いられていますが，お金を預ける金融機関によって，預金と貯金という言葉が使い分けられています。預金は，銀行，信用金庫，信用組合にお金を預けるときに使われます。貯金は，ゆうちょ銀行，農協（JA），漁協（JF）にお金を預けるときに使われます。預金と貯金は，歴史的な理由により使い分けられていますが，現在では内容としては同じです。そこで，本文では両者を含めて「預金債権」という言葉を用いています。

例えば，CASE 15-9 で，被相続人Aが死亡した時に，直ちにCとDがそれぞれ1000万円の預金債権を取得するとしますと，その後に遺産分割を行うときには，2000万円の土地甲しか遺産分割の対象となる財産がないことになります。これは，遺産分割の仕方として，便利ではありません。例えば「土地甲はCが取得し，預金はすべてDが取得する」というような分割の仕方ができた方が便利でしょう。

そこで，最大決平成28年12月19日民集70巻8号2121頁は，預貯金債権については，相続開始時に当然に分割されずに遺産分割の対象になることを認めました。

3 債　務

債務についても，債務が可分であるか不可分であるかにより取扱いが異なります。

不可分債務

CASE 15-10

被相続人Aは，生前に，Bに絵画甲を売却する契約を締結していました。その後，AがBに甲を引き渡す前に，Aが死亡し，その子CとDが共同相続人となりました。この場合に，Bは，Cに対し甲の引渡しを求めることができるでしょうか。

絵画甲を引き渡すという債務は，不可分債務にあたります。不可分債務の債務者が2人以上いる場合は，債権者は，その債務者（共同相続人）の1人に対し，または，同時もしくは順次にすべての債務者（共同相続人）に対し，全部または一部の履行を請求することができます（430条が準用する436条）。

これによると，債権者であるBは，Aが負っていた引渡債務を共同相続したCまたはDに対し，甲の引渡しを請求することができますし，CとDの双方に対し，甲の引渡しを請求することもできます。

可分債務

CASE 15-11

被相続人Aは，Bに対する100万円の損害賠償債務を負ったまま死亡しました。A

の相続人は，Aの子であるCとDでした。この場合において，Bは，C・Dに対して相続開始後ただちに損害賠償を請求することができるでしょうか。

金銭を支払う債務のような可分債務について，判例は，遺産分割を経ることなく，相続開始時に共同相続人に当然に分割されるとしています（大決昭和5年12月4日民集9巻1118頁）。この場合，分割の割合は，相続分の指定がない場合には法定相続分となります。

これによると，CASE 15-11 では，100万円の損害賠償債務は，相続開始時に当然にBのCに対する50万円の損害賠償債務とBのDに対する50万円の損害賠償債務に分割されます。したがって，Bは，CとDのそれぞれに対して，50万円の支払を請求することができます。

POINT 

1 相続人が数人あるときは，相続開始から遺産分割が成立するまでの間，相続財産は，その共有に属します（898条1項）。この間の共有のことを遺産共有といいます。

2 遺産共有状態にあるときに相続財産を管理する際にも，民法第2編「物権」に定められた共有物の管理に関する規定が適用されます。その際，「変更行為」，「管理行為」，「保存行為」という3つの行為に区別されます。

3 各共有者（共同相続人）は，他の共有者（共同相続人）の同意を得なければ，共有物に変更を加えることができません（251条1項）。

4 共有物の管理に関する事項は，各共有者（共同相続人）の持分の価格にしたがって（つまり，相続分の割合にしたがって），その過半数で決することができます（252条1項）。

5 各共有者（共同相続人）は，単独で保存行為をすることができます（252条5項）。

6 共同相続人の1人が，被相続人の生前から，被相続人の許しを得て，被相続人が所有する建物で同居していた場合，被相続人とその相続人の間で，被相続人の遺産分割が終わるまでその相続人がその建物を無償で使用することができることを内容とする使用貸借契約が成立していたと推定されます。ただし，それとは反対の事実の証明があれば，その推定は覆されます。

7 被相続人の配偶者が，被相続人の財産に属した建物に相続開始の時に無償で居住していた場合に，その配偶者は，原則として遺産分割が終わるまで，その居住建物を無償で使用する権利（配偶者短期居住権）が認められます（1037条1項1号）。被相続人が被相続人の財産に属した居住建物を第三者に遺贈した場合にも，配偶者がその居住建物に相続開始の時に無償で居住していれば，配偶者短期居住権が認められます（1037条1項2号）。

8 不可分債権を共同相続人が相続した場合，それぞれの共同相続人は，すべての共同相続人のために全部または一部の履行を請求することができます（428条が準用する432条）。

9 可分債権を共同相続人が相続した場合，原則として，相続が開始した時に当然に共同相続人の間で分割されます。この場合，分割の割合は，原則として法定相続分となります（遺言による相続分の指定がある場合にはその割合となります）。ただし，預貯金債権については，相続開始時に当然分割されず，遺産分割の対象になります。

10 不可分債務を共同相続人が相続した場合，債権者は，その共同相続人の1人に対し，または，同時もしくは順次にすべての共同相続人に対し，全部または一部の履行を請求することができます（430条が準用する436条）。

11 可分債務を共同相続人が相続した場合，相続開始時に当然に共同相続人の間で分割されます。この場合，分割の割合は，原則として法定相続分となります。

CHAPTER

第16章 遺産分割

INTRODUCTION

相続人が複数いる場合，被相続人の死亡から遺産分割が成立するまでの間，共同相続人は相続財産を共有します（898条）。⇒第15章1その共有関係を終了させて，個々の遺産につき誰のものにするのかを決める手続が遺産分割です。相続人が1人の場合には，遺産分割を行う必要はありません。

本章では，次の5つの点について説明します。

遺産分割の手続　906条～907条，家事244条，別表第2，12項

遺産分割を行うに際し，どのような手続があるのかについて説明します。

遺産分割の当事者

遺産分割を行う当事者が誰かについて説明します。

遺産分割の対象　906条の2

遺産分割の対象となるのはどのような財産なのかについて説明します。

遺産分割の実施　907条～908条，1028条以下

遺産分割をどのように実施するのかについて説明します。

遺産分割の効力 909条

遺産分割が成立するとどのような効力が生じるのかについて説明します。

1 遺産分割手続

遺産分割には，協議により行う場合（907条1項），調停により行う場合（家事244条，家事別表第2，12項），審判により行う場合（907条2項）の3種類の手続があります。

1 協議分割

意 義

協議分割とは，共同相続人の合意に基づく分割のことです。この合意を遺産分割協議といいます。当事者が合意をすれば，具体的相続分（第**14**章 INTRODUCTION を参照）と異なる割合で分割することができます。また，遺言によって遺産分割方法の指定⇒第**19**章5がされたとしても，それと異なる内容で分割をすることもできます。

時 期

共同相続人は，①被相続人が遺言によって期間を定めて遺産分割を禁止した場合（908条1項），②共同相続人間で期間を定めて遺産分割を禁止する契約をした場合（908条2項）を除いて，いつでも協議により遺産分割をすることができます（907条1項）。

ただし，相続開始から10年を経過した後は，遺産分割の際に特別受益や寄与分（第**14**章2・3を参照してください）が主張できないこととされています（904条の3）。このようにして，10年以内に遺産分割をすることが促されています。

遺産分割協議の無効・取消し

遺産分割協議も意思表示の合致により成立する契約です。したがって，意思表示に無効・取消事由があるときは，遺産分割協議の効力も否定されることになります。

2 調停分割

遺産分割協議をしても合意に至らない場合，共同相続人は，家庭裁判所に調停を申し立てることができます（家事244条，別表第2，12項）。

⇒第3章1 3

離婚の場合とは異なり，当事者は調停を経ることなく，ただちに審判を求めることもできます。ただし，審判が申し立てられても，家庭裁判所は，当事者の意見を聴いて調停をするのが望ましいと判断したときは，調停を行うよう命じることができます（家事274条）。

3 審判分割

遺産分割の当事者の間で意見の相違があり協議や調停がうまくいかない場合，各共同相続人は，家庭裁判所に遺産分割の審判を求めることができます（907条2項）。

具体的相続分にしたがう必要性

遺産分割審判が行われる場合，具体的相続分（第14章 INTRODUCTION を参照）にしたがわない遺産分割は認められません。1で見た904条の3が適用されて特別受益や寄与分が主張できない場合には，審判分割の際，家庭裁判所は，特別受益や寄与分を考慮する前の法定相続分（相続分の指定がある場合には指定相続分）にしたがって遺産分割を行います。

遺産分割の基準

遺産分割は，「遺産に属する物又は権利の種類及び性質，各相続人の年齢，職業，心身の状態及び生活の状況その他一切の事情を考慮して」（906条）行います。つまり，遺産分割は，それぞれの相続人の置かれた状況などの諸事情を考慮して，遺産に属する個々の財産を柔軟に分けることになります。

この規定は，審判分割の際には，家庭裁判所の裁判官は，906条に定められた基準にしたがうことが義務づけられます。

遺産に農地が含まれている場合に，遺産分割審判を求められた裁判所が，906条に示された諸事情を考慮して，農業に従事する相続人にこの農地を帰属させる形で審判を下すというのが1つの例です。

 遺産分割の当事者

1 共同相続人

遺産分割の当事者となるのは，共同相続人です。そのほか，包括受遺者（ほうかつじゅいしゃ）（→2）と相続分の譲受人（ゆずりうけにん）（→3）がいる場合は，これらの者も遺産分割の当事者となります。遺産分割の当事者を1人でも除外して行われた遺産分割は無効になります。

2 包括受遺者

包括受遺者とは，遺言により相続財産の全部または割合的部分を与えられた者のことをいいます（第19章6 3を参照）。包括受遺者は相続人と同一の権利義務を有することになるため（990条），遺産分割に参加できます。

3 相続分の譲受人

相続分の譲受人とは，相続人が自らの相続分を譲り渡した場合の譲受人のことをいいます[1]。相続人以外の者が相続分の譲受人となった場合，その者は遺産分割の当事者となります。これに対して，自らの相続分を譲り渡した相続人は，遺産に対する権利はもはやないので，遺産分割の当事者ではなくなります。

ただし，相続分の譲受人については，譲受人が譲り受けた相続分の価額とその譲受けのために支出した費用（例えば，相続分を譲渡する契約を結んだ際に支出した交通費）を他の共同相続人が支払うことにより，その者の相続分を取り戻すことが認められています（905条1項）。この権利（相続分の取戻権といいます）は，譲渡から1か月以内に行使しなければなりません（905条2項）。

note

[1] 説明　実際には，相続人間で相続分の譲渡をすることが多いです。そのような場合には，本文で説明する905条は適用されません。

3 遺産分割の対象

遺産分割の対象は，相続開始時に被相続人に属していた財産のうち，共同相続人が共有しているものです（どのような財産が共有されるかについては，第**15**章1を参照してください）。対象となる財産は，積極財産（被相続人の有していたプラスの財産）のみです（消極財産〔被相続人が負っていた債務〕が相続開始後どのように扱われるかは第**15**章3で説明した通りです）。

もっとも，被相続人が死亡してから遺産分割が終了するまでの間に一定の時間がかかりますので，被相続人の死亡後に積極財産の内容に変動が生じることがあります。以下では，被相続人の死亡後に内容に変動があった積極財産について，遺産分割の対象になるのかどうかについて説明します。

図 16-1

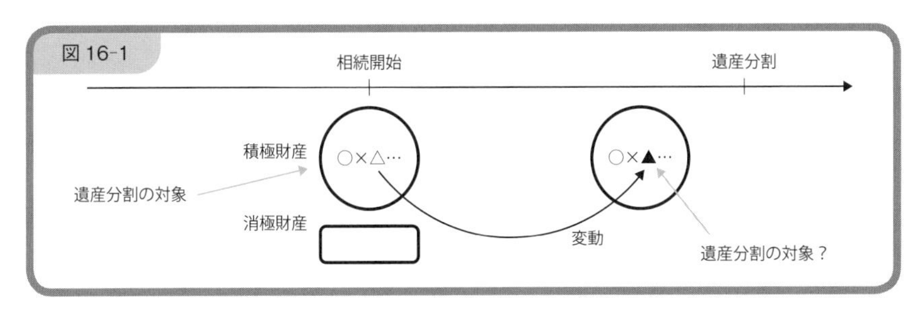

1 遺産分割前にされた積極財産の処分

CASE 16-1

被相続人Aは，時価2000万円の甲土地と1000万円分の銀行預金を残して死亡しました。相続人として，Aの子であるBとCがいました。遺産分割前に，Cは，甲土地の自己の持分2分の1をDに1000万円で譲渡し，Dへの移転登記も行いました。この場合に，Dに譲渡された甲土地の2分の1の持分は遺産分割の対象に含まれるでしょうか。なお，B・Cともに特別受益や寄与分はないものとします。

判例の立場

判例は，CがDに甲土地上に有している自己の持分権を譲渡し，移転登記を済ませた場合，その譲渡部分については，もはや遺産分割の対象ではなくなるとしています（最判昭和50年11月7日民集29巻10号1525頁）。そうすると，遺産分割の対象となる財産は，Bが甲土地に対して持っている2分の1の持分（時価1000万円であるとします）と，1000万円分の銀行預金のみ（合計2000万円分）ということになります。

遺産分割の審判では，遺産分割の対象となる財産を，具体的相続分にしたがって分けます。CASE 16-1 では，B・Cともに特別受益や寄与分はないので，BとCは，合計2000万円分の遺産分割の対象となる財産のうち，法定相続分通り2分の1ずつ取得することができ，1000万円ずつになるように分割されます。

しかし，それではB・C間の公平が害されてしまいます。なぜなら，Cは，遺産分割により1000万円取得するとともに，甲の持分を売却した代金である1000万円も取得できることになるのに対し，Bは，遺産分割により1000万円分しか取得できないからです。

906条の2第1項

もっとも，906条の2第1項は，「遺産の分割前に遺産に属する財産が処分された場合であっても，共同相続人は，その全員の同意により，当該処分された財産が遺産の分割時に遺産として存在するものとみなすことができる。」と規定しています。これにより，BとC双方が同意さえすれば，CがDに譲渡した甲土地上に有している持分も遺産分割の対象にすることができます。

しかし，通常Cは同意をしないでしょう。なぜなら，同意をすると，甲土地全体（時価2000万円）と銀行預金（1000万円）が遺産分割の対象となり，Cが遺産分割により取得する財産は，3000万円の2分の1である1500万円分となります（譲渡した1000万円分の甲土地の持分はCが取得したものとして扱われます。その結果，遺産分割時にCが受け取ることができる額は500万円になります）。これでは，同意をしない場合に取得できる額より少ない額になってしまいます。

906条の2第2項

そこで，Cが同意をしなくても公平な分配ができるように，906条の2第2項は，共同相続人が遺産に属する財産を処分したときには，同条第1項の同意がなくても，遺産の分割時に遺産として存在するものとみなすことができることとしています。結局，CASE 16-1 の場合，B・Cともに1500万円ずつ受け取ることができるように遺産分割の審判が下されます[2]。

2 遺産共有状態において相続財産から生じた果実

CASE 16-2

被相続人Aは，賃貸アパート甲を残して死亡しました。相続人として，Aの子であるBとCがいました。Aが死亡してから3年が経過した後に行った遺産分割により，甲はBに帰属することとなりました。賃貸アパート甲からはAの死亡後も賃料収入があり，遺産分割が終了した時点で，1500万円の利益が生じていました。この1500万円は誰のものになるでしょうか。

不動産から発生する賃料債権のように，物（果実との関係で元物（げんぶつ）といいます）から生じる経済的利益のことを果実（詳しくは1巻第**5**章3を参照）といいます。遺産共有の状態にあるときに果実が生じた場合，その果実は遺産分割の対象である遺産に含まれるでしょうか。

果実は遺産分割の対象になるか

判例は，遺産である賃貸不動産を「使用管理した結果生ずる金銭債権」である賃料債権は，遺産とは別個の財産であるとして，遺産分割の対象には含まれないとしています（最判平成17年9月8日民集59巻7号1931頁）。このように，判例は，相続開始時に被相続人に属していた財産のみが遺産分割の対象となるという立場をとっています（ただし，実務では，共同相続人全員が賃料債権を遺産分割の対象に含めることに同意をすれば，遺産分割の対象に含めています）。

賃料債権は誰のものになるか

それでは，賃料債権は誰のものになるのでしょうか。賃貸不動産そのものは共同相続人が相続開始から遺産分割までの間共有しています。判例は，賃貸不動産

note

[2] 発展 以上のような説明によれば，なぜ906条の2第1項があるのか，不思議に思うかもしれません。しかし，例えばCASE 16-1のBとCが合意をして，甲の持分すべてを第三者に譲渡した場合，原則として甲は遺産分割の対象から外れますが，BとCが合意をして甲を含めて遺産分割を行うことは考えられます。その場合には，合計して3000万円分の財産を遺産分割として分けることになります。

の果実として発生する賃料債権も共同相続人のものになるとしています。賃料債権は金銭債権ですので，分割することができます。判例は，そのような分割できる債権を共有する場合，相続分に応じて当然に分割されるとしています（判例が，可分債権は相続により当然に分割されるという立場をとっていることは第**15**章3で説明しました）。

これによると，B・Cはそれぞれ750万円ずつ甲を賃貸することにより発生した利益を取得します。

4 遺産分割の実施

次に，遺産をどのように分けるのかという，遺産分割を実施する場面に関係するルールについて説明します。具体的には，遺産分割の方法（**1**），遺言により，または共同相続人間の契約により遺産分割を禁止する場合（**2**），居住用不動産を遺産分割する際に認められている「配偶者居住権」という特別な権利の設定の仕方（**3**）という3つの点について説明します。

1 遺産分割の方法

遺産分割は，遺産分割の対象となるすべての財産を分割するのが原則となりますが，先に一部の財産のみ分割をすることも可能です（907条1項）。

分割の方法としては，主に次の3つの方法があります。これらの方法は，併用することもできます。

現物分割

第1が，実際に物を分けるという方法です。これを現物分割といいます。例えば，ある相続人が指輪を受け取り，別の相続人がネックレスを受け取るという方法が，これにあたります。

換価分割

第2が，物を競売してお金に換えた（これを換価（かんか）するといいます）上で，そのお金（これを換価金といいます）を分けるという方法です（家事194条）。これを換価分割といいます。例えば，遺産である土地の面積が狭い場合には，現物分割が難しい場合も少なくありません。そのような場合に，その土地を競売してお金に換え，そのお金を分けるという方法が，これにあたります。

代償分割

CASE 16-3
相続人A・Bは，遺産である甲土地を分けることにしました。甲土地の時価は2000万円であり，Bの手元には1000万円がありました。このような場合に，どのような分け方が考えられるでしょうか。

第3が，ある相続人が遺産を受け取る代わりに，他の相続人に金銭を支払うなどの債務を負担するという方法です（家事195条）。これを代償（だいしょう）分割といいます。CASE 16-3のような場合に，甲土地はBに帰属させて，その代わりBがAに1000万円支払うことにするという方法が，これにあたります。

2 遺産分割の禁止

遺言による遺産分割の禁止

CASE 16-4
被相続人Aが死亡しました。相続人として，妻BとA・Bの子であるCがいました。Aは，遺言でBではない女性との子Dを認知をして，Dにも遺産分割に参加してもらいたいと考えていました。そのような場合に，Aはどのような遺言を残せばよいでしょうか。

被相続人は，遺言で，相続開始の時から5年を超えない期間を定めて遺産分割を禁止することができます（908条1項。同項では，その他にも遺産の分割の方法を定めることなどもできると規定しています。遺産分割の禁止以外の点については第**19**章5で説明します）。

CASE 16-4では，AはDを遺言で認知していますが，Aの死後に認知の手続（例えば，Dが成人している場合にはDの承諾が必要です〔782条〕）を済ませるには一定の時間がかかります。その間に，BとCで遺産分割をしてしまうと，その後に認知の手続を済ませたDは，遺産分割に参加できず，自分の相続分に応じた価額の支払請求権を持つにすぎなくなります（910条）。これによると，Dは，Aの遺産に不動産などがあったとしても，それを遺産分割により取得することができなくなってしまいます。

そこで，AがDを遺産分割に参加させたいのであれば，Dの認知の手続が終わるまで，一定期間遺産分割を禁止する遺言を残せばよいことになります。

共同相続人間の契約による遺産分割の禁止

共同相続人は，遺産の全部または一部について分割しない旨の契約をすることができます（908条2項以下）。例えば，ある財産が遺産に属するか，相続人以外の第三者と争いがある場合に，共同相続人がその争いが解決するまで遺産分割をしない旨の契約をすることがあります。

期間は5年以内です（908条2項本文）が，5年以内の期間を定めての更新が可能です（908条3項）。ただし，相続開始の時から10年を超えることができません（908条2項ただし書）。この相続開始から10年の期間は，遺産分割の際に具体的相続分を主張できる期間（904条の3）と同じになるように定められています。

3 配偶者居住権

CASE 16-5

被相続人Aは，甲建物（時価2000万円）と2000万円の銀行預金を残して死亡しました。相続人として妻Bと子Cがいました。B・Cともに相続分に見合う財産を受け取ることを望んでいます。また，Bは高齢で，Aと生前甲建物で暮らしており，被相続人の死後も引き続き同じ場所で暮らすことを望んでいます。このような場合に，どのような分け方をすることが考えられるでしょうか。

B・Cの具体的相続分

被相続人Aの残した財産は，甲建物と銀行預金を合わせると4000万円です。妻Bと子Cの相続分は，それぞれ2分の1です。特別受益や寄与分がないとすれば，B・Cともに4000万円×1/2＝2000万円を受け取る権利があります（この額がB・Cそれぞれの具体的相続分になります）。

Bが甲建物の所有権を取得する場合

遺産分割の仕方として，Bが甲建物の所有権を取得した場合，甲建物の時価は2000万円ですので，Cが相続分に見合うだけの財産の取得を望んでいる以上，銀行預金2000万円はCが取得することになります。この場合，Bが銀行預金の一部を相続により取得することをあきらめなければ，B・C間で遺産分割の合意がまとまりません。

Bが甲建物の配偶者居住権を取得する場合

(1) 配偶者居住権の内容

もっとも，民法は，Bが甲建物の配偶者居住権を取得するという方法も認めています（1028条以下）。配偶者居住権とは，被相続人の配偶者が被相続人の所有する建物に相続開始時に居住していた場合に，その建物の全部について，配偶者が死亡するまでの間（これを終身といいます）または一定期間の間，無償で（家賃を支払わずに）使用および収益（建物を貸して家賃を得るなど）することができる権利です。

(2) 配偶者居住権の負担のついた所有権の内容

B・C間でBが甲建物に対する終身の配偶者居住権を取得するという合意をした場合，Cは，Bが死亡するまでの間，Bに無償で甲建物を使用・収益させるという負担を負いますが，Bの死亡後は，Cが甲建物に対する完全な所有者となり，自由に使用したり，収益を得たり，処分をしたりすることができます。Cの取得するこのような権利を，配偶者居住権の負担付き所有権といいます。

(3) 具体的相続分への反映

配偶者居住権は，無償で建物を使用・収益できる権利ではありますが，Bが甲建物の配偶者居住権を遺産分割により取得する場合，配偶者居住権の価額の分だけBの具体的相続分の額からから差し引かれることになります。

(4) 配偶者居住権の価額

それでは，配偶者居住権の価額がいくらになるかが問題になりますが，Bの取得する配偶者居住権とCの取得する配偶者居住権の負担付き所有権を足し合わせると，甲建物の完全な所有権になるといえます。そうであれば，次のような式が成り立ちます。

「甲建物の配偶者居住権」＋「甲建物の配偶者居住権の負担付き所有権」＝「甲建物の所有権」＝2000 万円

甲建物の配偶者居住権は 2000 万円よりも低い額になります。配偶者居住権の価額は，期間を終身とした場合，B の年齢により異なります。B の年齢が高いほど，C はそれほど長くない期間の後に完全な所有権を手に入れる可能性が高くなり，配偶者居住権の価額も安くなります。

(5) 配偶者居住権を設定するメリット

仮に，B が取得する甲建物の終身の配偶者居住権の価額が 700 万円だったとします。この場合，C が取得する配偶者居住権の負担付き所有権の価額は 1300 万円になります。B・C それぞれの具体的相続分は 2000 万円ですので，B は，遺産分割により配偶者居住権だけでなく 1300 万円の銀行預金も手に入れることができます。

B が甲建物の所有権を取得する場合とは異なり，甲建物の配偶者居住権を取得する場合には，甲建物に住み続けるとともに一定の生活費も手に入れることができます。これが，遺産分割により配偶者居住権を取得するメリットであるといえます。

5 遺産分割の効力

1 909 条本文の意義

被相続人の死亡時点から一定の時間が経過した後に遺産分割がされます。この場合に，いつから遺産分割の効力が生じるかが問題となります。次のような CASE をもとに考えてみましょう。

CASE 16-6

被相続人 A は，甲建物と銀行預金を残して死亡しました。相続人として，A の子である B と C がいました。A が死亡した後，B と C の間で遺産分割協議が成立し，甲建物は B が取得し，銀行預金は C が取得することになりました。

遡及効

遺産分割は，相続開始時にさかのぼってその効力を生じます（909条本文）。つまり，いったん分割がされると，相続開始時，すなわち被相続人の死亡時にさかのぼって遺産は各相続人に帰属していたとみなされます。このように効果をさかのぼらせることを遡及効（そきゅうこう）といいます。これによると，CASE 16-6では，相続開始の時から甲建物はBに帰属し，預金はCに帰属していたとみなされます。

宣言主義

このように遺産分割に遡及効を認める立場を宣言主義といいます。なぜ宣言主義という言葉が用いられるかというと，909条本文は，相続開始時にそれぞれの財産が被相続人から各相続人に直接移転するということを，相続人が遺産分割により「宣言[3]」していると考える立場をとっているからです。宣言主義には，2つの実際上の意味があります。第1は，遺産分割によりある財産を取得した相続人以外の共同相続人に，その財産に対する権利主張を認めないという意味です。第2は，遺産分割の際に共同相続人間で譲渡があることとすると譲渡に伴う税が課せられるので，それを回避するという意味です。

2 909条ただし書の意義

CASE 16-7

被相続人Aは，甲土地を残して死亡しました。相続人として，Aの子であるBとCがいました。遺産分割前に，Cは，Dから金銭を借り入れるため，その担保として，甲についてもっている持分権にDのために抵当権[4]を設定し，抵当権設定登記もしました。しかし，その後，甲をBの単独所有とする遺産分割が行われました。この場合に，909条本文により，Dがもっている抵当権は，相続開始時にさかのぼって消滅するのでしょうか。

note

[3] 説明 フランス語のdéclarer（宣言するという意味の動詞。英語のdeclareに対応）の訳語です。déclarerには，すでに存在する権利を確認するという意味もあり，ここではその意味の方がしっくりきます。

[4] 用語 抵当権とは，債務者または第三者が占有を移転しないで債務の担保に供した不動産について，他の債権者に先立って自己の債権の弁済を受ける権利（369条1項）のことです。CASE 16-7では，Cが金銭債務を弁済できない場合，Dは抵当権を実行して甲土地の持分を競売（けいばい）にかけ，それで売れたお金（換価金）から優先的にCに対する債権の弁済を受けることができます（→3巻第2章1）。

以上のように，909条本文では宣言主義の立場がとられていますが，同条ただし書では，「ただし，第三者の権利を害することはできない」と規定されています。これによると，CASE 16-7 のような場面で，Dのために設定された抵当権は害されない，つまり有効なものと認められることになります。この場合，Dが抵当権の設定を受けたことを主張するためには，Dはその旨の登記を備えていることが必要であると解されています。

POINT 

1 遺産分割は，相続人が複数いる場合に，遺産共有関係を終了させて，個々の遺産につき誰のものにするのかを決める手続です。
2 遺産分割の手続には，協議分割，調停分割，審判分割の3つがあります。
3 共同相続人は，遺産分割が禁止されている場合を除いて，いつでも協議により遺産分割をすることができます（907条1項）。ただし，相続開始から10年を経過した後は，遺産分割の際に特別受益や寄与分が主張できなくなります（904条の3）。
4 遺産分割審判をする際に，家庭裁判所は，具体的相続分にしたがって分割をしなければなりません。
5 遺産分割は，「遺産に属する物又は権利の種類及び性質，各相続人の年齢，職業，心身の状態及び生活の状況その他一切の事情を考慮して」（906条）行います。この基準は，遺産分割審判の際に用いられます。
6 遺産分割の当事者となるのは，共同相続人，包括受遺者，相続分の譲受人です。遺産分割の当事者を1人でも除外して行われた遺産分割は無効になります。
7 遺産分割の対象となる財産は，原則として，相続開始時に被相続人に属していた積極財産のうち，共同相続人が共有しているものです。
8 遺産分割前に，共同相続人の1人が遺産である不動産に対する持分を譲渡し，移転登記も済ませた場合，その持分は遺産分割の対象ではなくなります。ただし，906条の2に基づいて，譲渡された財産が遺産の分割時に遺産として存在するものとみなすことができます。
9 遺産から生じた果実は，遺産分割の対象には含まれません。遺産分割までに生じた果実は，法定相続分（相続分の指定がある場合には指定相続分）に応じて，各相続人に帰属します。
10 遺産分割の方法には，実際に物を分ける現物分割，物を競売して換価金を分ける換価分割，ある相続人が遺産を受け取る代わりに，他の相続人に金銭を支払うなどの債務を負担する代償分割があります。これらを併用することもできます。

11 被相続人は，遺言で，相続開始の時から5年を超えない期間を定めて，遺産の分割を禁ずることができます（908条1項）。共同相続人間の契約により，一定期間遺産分割を禁ずることもできます。

12 遺産分割協議により建物に配偶者居住権を設定することができます。配偶者居住権は，被相続人の配偶者が被相続人の所有する建物に相続開始時に居住していた場合に，その建物の全部について，配偶者が終身または一定期間の間，無償で使用および収益することができる権利です。ただし，配偶者居住権を取得する場合，その配偶者は，配偶者居住権の価額の分だけ具体的相続分の額からから差し引かれます。

13 遺産分割の効力は，相続開始時にさかのぼります（909条本文）。ただし，第三者の権利を害することはできません（909条ただし書）。

CHAPTER

第17章

相続回復請求権

INTRODUCTION

相続回復請求権に関する884条には,「相続回復の請求権は,相続人又はその法定代理人が相続権を侵害された事実を知った時から5年間行使しないときは,時効によって消滅する。相続開始の時から20年を経過したときも,同様とする。」と定められています。この規定は,相続回復請求権には一定の期間制限があることを示しています。ところが,相続回復請求権がどのような内容をもつ権利であり,どのような場合に884条が規定する期間制限のルールが適用されるかについて,条文には何も書かれていません。

本章では,この相続回復請求権について,次の2つの事柄を取り上げます。

相続回復請求権の趣旨 884条

第1に,884条について,どのような経緯で成立し,その趣旨について判例がどのように理解しているかについて説明します。

共同相続人間での相続回復請求 884条

第2に,相続人が複数いる場合に,その相互の間で884条は適用されるのか,適用されるとしてどのような場合かについて説明します。

1 相続回復請求権の趣旨

1 884条の趣旨をめぐる疑問

884条の期間制限の意味はどこにあるのか，具体例にしたがって考えてみましょう。

CASE 17-1

被相続人Aが死亡し，相続が開始しました。Aの妻BはAより先に死亡しており，戸籍上は，CがA・Bの子であるように示されていました。しかし，実際には，CはD・E夫婦の子でした。DとEに頼まれて，AとBは，Cを2人の子とする虚偽の出生届を出してCを養育しました。このため，Aの真の相続人は，Aの弟Fでした。

Aが死亡した後，Cは，戸籍に書かれている通り，自分がAの子であり相続人であると思って，Aの相続財産に含まれる甲不動産を占有し，管理していました。これを知ったAの弟Fは，自分こそがAの相続人であると主張して，甲不動産をCから取り戻そうとしました。

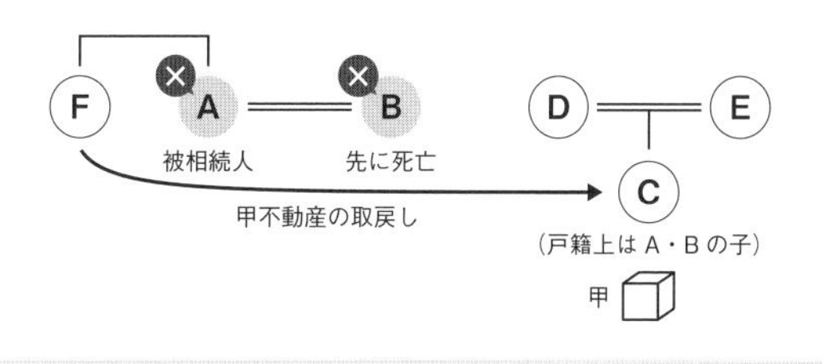

請求権の期間制限

(1) どのような権利が相続回復請求権にあたるか

CASE 17-1のように，Cについて虚偽の出生届が出されても，その出生届どおりの親子関係は認められません。Aに子や配偶者，直系尊属がいない状態で死亡した場合，Aの相続人は，Aの弟Fとなります（889条1項2号）。Fは，Aの唯一の相続人としてAの相続財産を取得します。

これによると，Fは，相続財産である甲不動産の所有権に基づいて，Cに対して甲不動産の返還を請求することができます。このFのCに対する請求権が，相続回復請求権であると考えられています。

Cのような状況にある，相続人ではないけれども戸籍の記載などを理由に相続人であると称している者を表見（ひょうけん）相続人といい，Fのような状況にある，真の相続人のことを真正（しんせい）相続人といいます。

(2) 相続回復請求権の期間制限

884条にいう「相続権を侵害された事実」とは，相続財産の全部または一部について，相続人ではない者が，相続人を排除して，相続財産の全部または一部を占有し，管理することをいいます。CASE 17-1 では，相続人ではないCが甲不動産を占有し，管理していますので，Fの「相続権を侵害された事実」があります。

そこで，Fが相続権を侵害された事実を知った時から5年の間は，Fに相続回復請求権が認められますが，5年を経過すると，Fの相続回復請求権は時効により消滅します。Fが相続権を侵害された事実を知らないまま相続開始の時から20年を経過したときも，相続回復請求権は消滅します。

期間制限を認めることへの疑問

もっとも，所有権は消滅時効にかからないとされています（166条2項は「所有権以外の財産権」を消滅時効の対象としていますが，所有権を消滅時効の対象としていません）。そうすると，真正相続人Fは，Aの相続財産について持つ所有権をいつまでも行使することができるはずです。それなのに，なぜ884条は，Fの請求権の期間制限を認めているのでしょうか。

2 明治民法時代の家督相続回復請求権

明治民法の家督相続

明治民法では，家督相続（かとくそうぞく）という仕組みが定められていました（第10章 Column 7 を参照）。これによると，家の長として戸主（こしゅ）がおり，その戸主の権利（戸主権）の総体を家督といいました。戸主権には，家の財産に対する権利だけでなく，家の構成員（例えば，戸主の子や孫）に対して住む場所を指定する権利や子や孫が望む婚姻に同意しない権利も含まれていました（第1章 ■1 を参照）。

家督相続回復請求権

明治民法には，現在の884条に対応する規定が966条に定められていました。そこでは，家督相続回復請求権と呼ばれる権利が規定されていました。これは，次のような場面で問題となっていました。

CASE 17-2

戸主Gが死亡しました。本当の家督相続人，つまり次の戸主はHでしたが，戸籍上はIが家督相続できるように記載されていました。そのため，Iは自分が家督相続人であるという内容の家督相続届を提出しました。これに対して，Hは自らが家督相続人であると主張して，Iに対して家督相続の回復を請求しました。

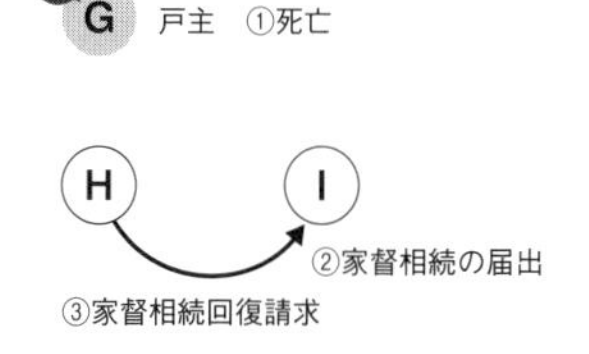

CASE 17-2のような場合に，真実の戸主Hは，戸籍上の戸主Iに対して，自分が真実の戸主であるとして，家督相続の回復を請求することができました。この家督相続回復請求権を行使することにより，Hは，家の財産だけでなく，戸主としての地位そのものを取り戻すことができました。

もっとも，家督相続をしてから長い年月が経った後でも家督相続人が変更できてしまうと，その家の財産をめぐって取引をした人に影響が及ぶだけではなく，その家の構成員に対しても影響が及ぶことになります。

そこで，法律関係を早く安定させるために，家督相続人またはその法定代理人が相続権侵害の事実を知ってから5年間家督相続回復請求権を行使しないと，この請求権は時効により消滅することとされました。相続開始から20年経過したときもこの請求権は消滅します。

3 判例の立場

明治民法の家督相続回復請求権と比べると，戦後の相続回復請求権には，戸主の地位を取り戻すという意味はなく，財産を取り戻すという意味しかありません。

判例（最大判昭和53年12月20日民集32巻9号1674頁）は，884条には，相続に基づく法律関係を早く安定させるという趣旨があるとしながら，次の２つの要件を付け加えています。

> ① 表見相続人が自分は相続人でないことを知らなかったこと。
> ② 表見相続人が自分に相続権があると信じたことについて合理的な理由があったこと。

このように，判例は，自分が相続人であると信じることに合理的な理由のあった表見相続人を保護する形で制限を加えています。

CASE 17-1 のＣは，時効期間の経過とともに，①ＣがＡの相続人ではないということを知らなかったこと，②Ｃに相続権があると信じたことに合理的な理由があることを証明すれば，相続回復請求権の消滅時効を主張することができます。

②については，例えば，戸籍という公的な書類に，自分がＡ・Ｂの子であることが記載されており，そのことに疑いを抱くような事実もなかったと証明することが考えられます。

 共同相続人間における相続回復請求権の行使

次に，相続人が複数いる場合に，相続人の１人が他の相続人に対して相続財産の回復を求めるケースについて考えてみます。これは，例えば次のような場合に問題となります。

CASE 17-3

被相続人Ａが死亡し，相続が開始しました。相続人として，いずれもＡの子であるＢとＣ・Ｄがいました。Ｃ・Ｄは，Ｂがいることを知りながら，Ｂを除外して遺産分割を行いました。その際，甲不動産については，ＣとＤで持分２分の１ずつ共有することにしました。そこで，甲不動産についてＣ・Ｄが２分の１ずつ持分を有するという内容の登記をし，２人で甲不動産を管理・占有しました。Ｂは，２人が自分を排除して甲不動産を管理・占有していることに気づいてから６年が経った後に，Ｃ・Ｄに対して，３人での遺産分割は終わっていないとして，甲不動産について自分には３分の１の共有持分があることの確認を求めました。これに対して，Ｃ・Ｄは，このＢの請求は相続回復請求であり，この請求は消滅時効にかかっていると主張しました。このＣ・Ｄの主張は認められるでしょうか。

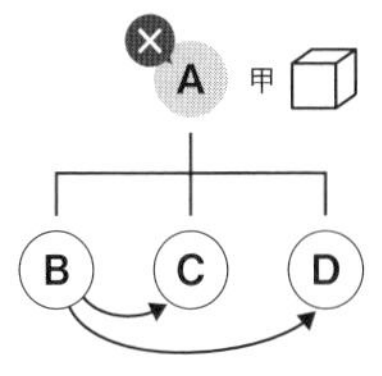

①C・Dが甲につき2分の1の持分があるという登記を具備，さらに甲を管理・占有
②Bが①の登記の存在を知ってから6年が経過した後に共有持分を主張

1 前提：相続人の一部を除外した遺産分割

相続人全員で遺産分割を行う必要性

遺産分割は，相続人が複数いる場合には，全員で行わなければなりません。したがって，相続人の一部を除外して行った遺産分割は，無効です（第**16**章 2 を参照）。これによると，CASE 17-3 のBを除外した遺産分割は無効です。

遺産分割が無効となる場合の効果

遺産分割が無効であると，Aの相続財産は，B・C・Dの間で遺産共有の状態にあるままになります（遺産共有については，第**15**章 1 を参照）。したがって，B・C・Dという3人の相続人が遺産について3分の1ずつの持分を持っていることになります。この場合は，改めて共同相続人全員で遺産分割を行わなければなりません。

2 共同相続人間での相続回復請求権を認めることの問題性

真の所有者が所有者ではない者に対して権利主張する場合との比較

もし，Bからの請求が相続回復請求であり，884条によってこの請求権が時効により消滅しているとすると，Bは，C・Dに対して，3分の1の持分を持っていると主張できないことになります。しかし，このような主張を認めることには問題があるといわれています。

問題点を理解するために，CASE 17-3 と CASE 17-1 との違いについて，確認しておきましょう。

(1) 真の所有者対所有者でない者

CASE 17-1 では，真正相続人が表見相続人に対して相続財産に対する権利を主張したケースです。この場合は，真の所有者が，所有者ではない者に対して権利主張をしています。

(2) 真の所有者対真の所有者

これに対して，CASE 17-3 では，相続財産に対する権利主張をするＢも，その相手方であるＣ・Ｄも，Ａの相続人です。この場合，ＢとＣ・Ｄのいずれも真の所有者です。Ａの死亡によりＢ・Ｃ・Ｄが遺産を共有しているというのが真の権利関係です。

物権法上の共有の場面との比較

では，真の所有者が真の所有者に対して権利主張をする場面で相続回復請求であることを認めることにどのような問題があるのでしょうか。問題点を理解するために，相続によりある不動産について遺産共有の状態になったのではなく，相続ではない原因によりある不動産を共有している場面と比較してみます。

CASE 17-4

Ｅ・Ｆ・Ｇは，３分の１ずつ資金を出し合って乙不動産を共同購入しました。それにもかかわらず，ＦとＧは，それぞれ２分の１ずつ共有しているという内容の所有権移転登記をしました。そこで，Ｅは，自分にも乙不動産の持分があると主張して，登記の修正を求めることができるでしょうか。

(1) 物権法上の共有と消滅時効

CASE 17-4 の場合には，遺産共有に関するルールは適用されません。物権法の民法第２編「物権」にある共有に関する一般的なルールが適用されます。それによると，この不動産は，特別な合意がされないかぎり，Ｅ・Ｆ・Ｇの共有となり，それぞれが３分の１ずつ持分を持つことになります（250条）。

そうすると，Ｆ・Ｇだけが乙不動産を共有しているという登記は，真実の権利関係を反映していません。このような場合，Ｅは，登記を真実の権利関係に合致させるよう請求することができます。この請求は，Ｅが持つ共有持分に基づく請求，つまりＥの所有権に基づく請求ですので，消滅時効にかかりません。

⑵ 遺産共有と消滅時効

物権法上の共有の場合と比較すると，遺産共有の場合に相続回復請求権であるとして消滅時効を認めるのであれば，①それはなぜなのか，②それはどのような場合かが問題となります。

3 判例の立場

本章 1 3 で紹介した判例（最大判昭和 53 年 12 月 20 日）は，相続回復請求権にあたる場合がありうるとしています。そして，①・②の問題について，次のような立場をとっています。

相続回復請求権にあたる場合があることの理由

判例は，①その理由として，相続に基づく法律関係を早く安定させるという 884 条の趣旨は，共同相続人間の場面でも当てはまる場面があるとしています。

相続回復請求にあたる場合の限定

⑴ 2 つの要件

②について，884 条の趣旨が当てはまり，相続回復請求権であると認められるには，次の 2 つの要件が必要であるとしています。

㈠ 共同相続人が，本来の持分を超える部分について，自分に持分がないことを知らなかったこと（C・D の「本来の持分」とは，CASE 17-3 の場合 3 分の 1 です。にもかかわらず，2 分の 1 の持分の登記をしているので，「本来の持分を超える持分」は 6 分の 1 です）

㈡ 本来の持分を超える部分について自分に持分があると信じる合理的な理由があること

⑵ 2 つの要件の意義

これによると，CASE 17-3 では，どうなるでしょうか。

このケースでは，C・D は，もう 1 人の相続人である B の存在を「知りながら」，B を除外して 2 分の 1 ずつの持分の登記をしています。したがって，㈠の要件をみたしていないので，B からの請求が相続回復請求であるという主張は認められません。

㈡の要件についても，C・D は，B も相続人であるということを知っていた以上，本来の持分を超える部分について自分に持分があると信じる合理的な理由がないといえます。合理的な理由がある場合としては，例えば，CASE 17-3とは異なり，虚偽の出生届が出されたなどしてBがAの子として戸籍上記載されていなかった場合などが考えられます。

POINT

1 判例は，884条には相続に基づく法律関係を早く安定させるという趣旨があるとしつつ，自分が相続人であると信じることに合理的な理由のあった表見相続人を保護する形で制限を加えています。
2 真正相続人が表見相続人に対して相続回復請求権を行使するには，①表見相続人は自分が相続人ではないことを知らなかったこと，②表見相続人が自分に相続権があると信じたことについて合理的な理由があったこと，という2つの要件がみたされる必要があります。
3 判例は，共同相続人間でも，相続に基づく法律関係を早く安定させるという884条の趣旨が当てはまる場合があるという立場をとっています。
4 共同相続人間で884条が適用されるには，①共同相続人が，本来の持分を超える部分について，自分に持分がないことを知らなかったこと，②本来の持分を超える部分について自分に持分があると信じる合理的な理由があること，という2つの要件がみたされる必要があります。

CHAPTER

第 18 章

相続財産の清算

INTRODUCTION

相続財産は常に積極財産のみで構成されているとは限りません。消極財産（相続債務や遺贈）の額が積極財産の額を上回る場合（これを債務超過といいます）もあります。相続財産が債務超過である場合には，相続債権者（相続人の債権者のことです）や受遺者（⇒第 19 章）に対して，相続財産からどのように弁済するかが問題となります。そのためには，弁済の対象となる財産の範囲を限定し，その中からどのように分配するかを調整しなければなりません。そのような調整をすることを清算といいます。

第 18 章では，相続財産の清算手続について説明します。

包括承継の原則　896 条

1 では相続人が相続を承認したとき，相続財産がどのように扱われるかについて確認します。

限定承認後の清算手続　922 条～936 条

2 では限定承認後の相続財産の清算手続について説明します。

財産分離　941条〜950条

限定承認に類似する相続財産の清算手続として財産分離があります。3では財産分離について説明します。

相続人の不存在　951条〜959条

4では，相続人が存在しない場合に開始される清算手続について説明します。

1 包括承継の原則

相続人は，相続について承認すると，被相続人の財産に属した一切の権利義務を承継します（896条本文。包括承継の原則。第**13**章参照）。相続人が被相続人から債務を承継することは，単純承認をしたときも限定承認をしたときも同じです。

単純承認をしたとき，相続財産は，相続人がもとから持っていた財産（これを相続人の固有財産といいます）と混合します。相続人は，無限に責任を負いますから（920条），その責任の範囲には，相続財産だけでなく相続人の固有財産も含まれます。そうしますと，相続財産が債務超過である場合には，相続人は，その固有財産からも相続債務や遺贈を弁済しなければなりません。

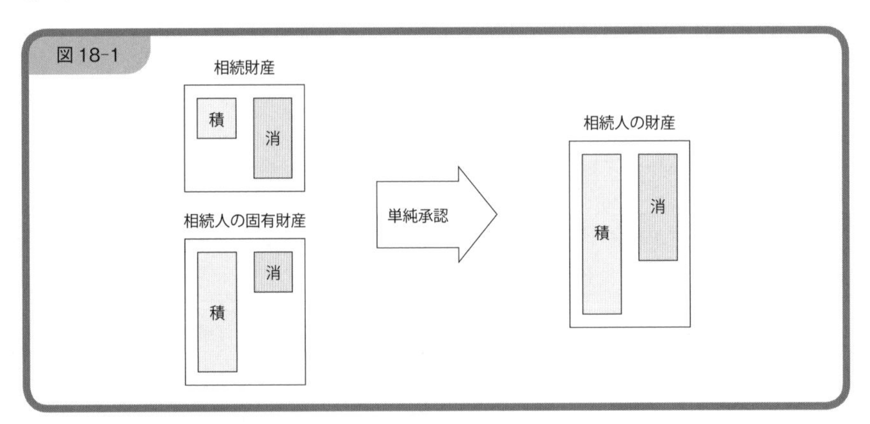

限定承認後の相続財産の清算手続

1 限定承認

CASE 18-1

Aが死亡しました。Aの相続人はBです。相続財産は，甲銀行の預金1200万円，およびAのCに対する債務1000万円です。また，AはDに対して500万円を遺贈していました。Bは，家庭裁判所に限定承認の申述をし，これが受理されました。

相続人が限定承認をすると，被相続人から承継した債務に対する相続人の責任は「相続によって得た財産」，つまり相続財産に限定されます（922条）。相続人の固有財産は責任の対象となることはありません。

CASE 18-1 では，Bが限定承認をしているので，Bは，相続財産（甲銀行の預金1200万円）の限度においてのみ，相続債務および遺贈を弁済すれば充分です。

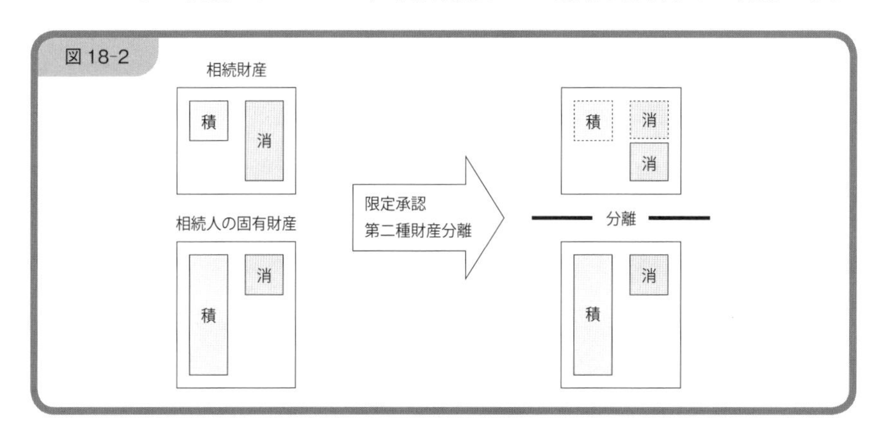

2 限定承認者による相続財産の清算

限定承認の申述が受理されたとき

限定承認の申述が受理された相続人のことを，限定承認者といいます（926条）。CASE 18-1 では，相続人が単独の場合ですから，Bが限定承認者となります。

相続人が複数の場合には，家庭裁判所は，相続人の中から相続財産の清算人を選任します（936条1項)。

限定承認者（あるいは，相続財産の清算人）は，相続財産の清算を行います。

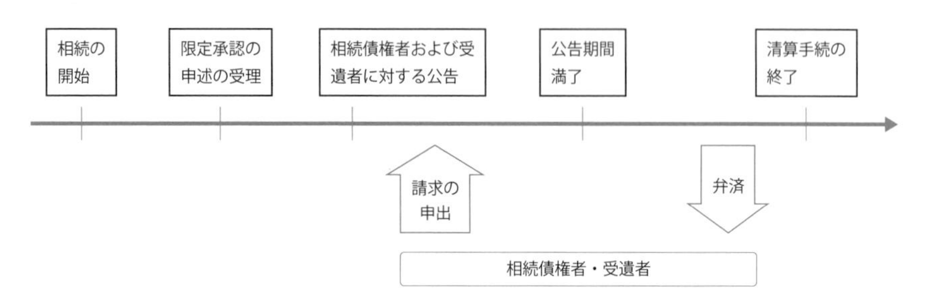

相続債権者および受遺者に対する公告

相続財産を清算するには，まず，清算の対象となる相続債権者および受遺者の氏名と相続債務の数額を確定しなければなりません。

そのために，限定承認者は，相続債権者および受遺者に対して，限定承認の申述が受理されたこと，および，一定の期間内に，請求の申出をすべき旨を公告（こうこく）します（927条1項)。このように，ある事柄を広く一般的に知らせることを公告といい，公告は官報に掲載する方法で行います（同条4項)。

弁　済

限定承認者は，相続債権者および受遺者に弁済をします。しかし，限定承認がされる場合の多くは，相続財産が債務超過の状態にあります。この債務超過に陥っている相続財産から相続債務および遺贈を弁済するには，弁済の方法や優先順位が問題となります。

CASE 18-1 のように，相続によって得た財産（1200万円）の限度では，C および D に対して全部の弁済をすることができない場合，B はどのように弁済をすればよいでしょうか。

(1) **弁済の優先順位**

弁済を受ける優先順位について，限定承認者は，相続債権者への弁済をし，残った財産（これを残余財産といいます）があれば，受遺者への弁済をします（931条)。

CASE 18-1 では，Bは，Cに1000万円を弁済し，Dに残余財産200万円（＝1200万円－1000万円）を弁済すれば充分です。

相続によって得た財産の額	相続債権者および受遺者	弁済額
1200万円	C	1000万円
	D	200万円

(2) 弁済の方法――相続債権者への弁済

CASE 18-2

CASE 18-1 で，相続債権者として，C（債権額1000万円）のほかに，E（債権額1500万円）がいた場合，Bはどのように弁済すればよいでしょうか。

相続債権者が複数いる場合は，弁済を受ける優先順位について，①相続財産に抵当権などの優先権（他の債権者に先立って弁済を受けられる権利を意味します）をもっている相続債権者，②優先権のない相続債権者の順に弁済をします（929条ただし書）。

優先権のない相続債権者が複数いる場合は，誰が先に被相続人に対する債権を取得したかとは無関係に，すべての相続債権者がその債権額の割合に応じて平等に弁済をすることとされています（929条本文）。つまり，債権者平等の原則がここでも妥当します（4巻第**7**章参照）。

CASE 18-2 では，優先権をもつ相続債権者はいませんので，Bが相続によって得た財産（1200万円）について，Cの債権額1000万円とEの債権額1500万円の割合に応じて，Cに480万円，Dに720万円を弁済することになります。

相続によって得た財産の額	相続債権者	債権額	総債権額に対する割合	弁済額
1200万円	C	1000万円	40%	480万円
	E	1500万円	60%	720万円

これによると，相続債権者に対する清算後の残余財産はゼロですから，受遺者Dへの弁済はされないことになります。

(3) 弁済の方法──受遺者への弁済

CASE 18-3

CASE 18-1 で，相続債権者 C はいないものとした上で，受遺者として D（遺贈額 500 万円）のほかに，F（遺贈額 2000 万円）がいた場合，B はどのように弁済すればよいでしょうか。

受遺者が複数いる場合の弁済方法について，民法は特にルールを定めていません。この場合には，相続債権者への弁済方法と同様に，すべての受遺者を平等に扱うために，遺贈の対象財産を価額に転換した上で，すべての受遺者の遺贈額の割合に応じて遺贈を弁済すべきだと考えられています（929 条類推適用）。これによると，CASE 18-3 では，D に 240 万円，F に 960 万円が弁済されることになります。

相続によって得た財産の額	受遺者	遺贈額	総遺贈額に対する割合	弁済額
1200 万円	D	500 万円	20%	240 万円
	F	2000 万円	80%	960 万円

清算手続の終了

相続財産の清算の結果，残余財産があれば，相続人に承継されます。

3 財産分離

1 相続財産と相続人の固有財産の分離

ここまでみてきた限定承認は，相続財産が債務超過である場合に，相続財産について清算を行うことで，相続人の保護を図ることを目的とする制度でした。これに対して，財産分離は，相続財産が債務超過である場合だけでなく，相続人の固有財産が債務超過である場合にも，相続財産について清算を行うことで，相続債権者や受遺者，相続人の債権者の保護を図ることを目的とする制度です。

2 第1種財産分離

相続人の固有財産が債務超過であるときに，相続人が単純承認をすると，相続財産と相続人固有の財産が混合し，その結果，相続債権者および受遺者は満足に弁済を受けられなくなってしまう可能性があります。この場合に，相続債権者および受遺者が不利益を回避するための手段として，相続財産と相続人の固有財産を切り離して，相続財産の清算を行うのが第1種財産分離です。相続債権者または受遺者の請求に基づいて，家庭裁判所が審判で財産分離を命じると（941条），相続財産と相続人の固有財産は分離され，相続債権者および受遺者は，相続人の債権者に優先して，相続財産から弁済を受けることができます（942条）。

3 第2種財産分離

相続財産が債務超過であるときに，相続人が限定承認や相続放棄をしないと，単純承認により，相続財産と相続人の固有財産が混合し，その結果，相続人の債権者は満足に弁済を受けられなくなってしまう可能性があります。この場合に，相続人の債権者が不利益を回避するための手段として，相続財産と相続人の固有財産を切り離して，相続財産の清算を行うのが第2種財産分離です。相続人の債権者の請求に基づいて，家庭裁判所が審判で財産分離を命じると，相続財産と相続人の固有財産は分離され相続財産について清算が行われます（950条）。

4 相続人の不存在

1 「相続人のあることが明らかでないとき」の意味

第**11**章で学んだとおり，誰が相続人となるかは法律で定められています。しかし，相続人となる人（子，配偶者など）が全くいない場合や，あるいは，相続人となる人全員が相続の放棄をしたため相続人がいなくなってしまう場合もあります。このような場合に，相続財産をそのまま放置しておくといずれは消滅してしまうでしょう。これでは相続債権者や受遺者の権利を守ることができませんから，相続財産をどのように取り扱うかが問題となります。民法は，このような場合を「相続人のあることが明らかでないとき」（951条）として，相続財産の清算手続を開始させ，あわせて，実際に相続人がいるかもしれないので，念のため相続人の捜索を行うことにしています[1]。

2 「相続人のあることが明らかでないとき」の清算手続

では，「相続人のあることが明らかでないとき」の清算手続の流れをみていきましょう。

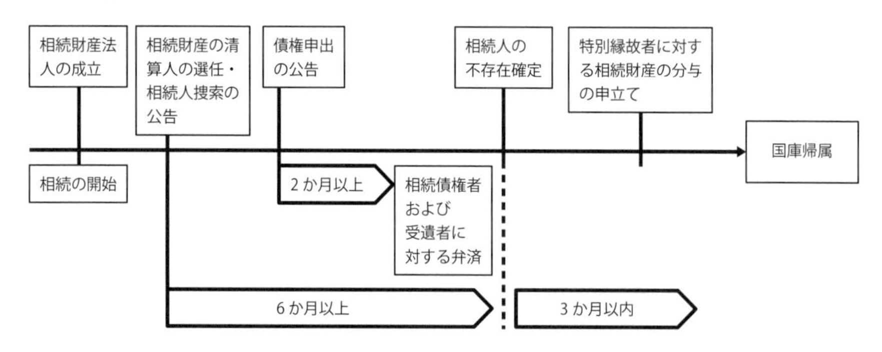

(1) 相続財産法人の成立

「相続人のあることが明らかでないとき」，被相続人の死亡時に，相続財産は法人（法律上，人として扱うこと。1巻第**2**章参照）となります（951条）。これを相続財産法人といいます。

(2) 相続財産の清算人の選任・相続人捜索の公告

相続財産法人は，法律上，人として扱われますが，自分で相続財産を管理することも，清算を行うこともできません。そのため，家庭裁判所は，利害関係人または検察官の請求により，相続財産の管理や清算をする人として，相続財産の清算人を選任し（952条1項），これを公告します（同条2項）。その際に，相続人があるならば一定の期間内に権利を主張すべき旨の公告をします（同項）。これを相続人の捜索の公告といます。

一定期間内に相続人が現れ，相続を承認した場合（民法は「相続人のあることが明らかになったとき」としています）には，相続財産法人は最初から成立（存在）し

note

[1] 発展 なお，相続人となる人が行方不明または生死不明の場合は，「相続人のあることが明らかでないとき」にはあたりません。この場合は，不在者の財産管理のルール（25条以下）により不在者の財産を管理するか，あるいは，失踪宣告のルール（30条以下）により，不在者が死亡したとみなして，相続により，不在者の財産をその相続人に承継します（1巻第**2**章）。

なかったものとみなされます（955条）。相続財産は，被相続人の死亡時から相続人に承継されたことになります。

(3) 請求申出の公告

相続財産の清算人は，すべての相続債権者および受遺者に対して，一定期間内に債権の請求の申出をすべき旨を公告します（957条1項）。

相続財産の清算人の公告の期間内に相続人が現れなかった場合または現れても相続を放棄した場合には，相続人の不存在が確定します。そして，公告期間内に，相続債権者・受遺者・相続人としての権利を主張しなかった者は失権します（958条）。

(4) 相続財産の清算

相続財産の清算人は，請求の申出の公告期間が満了すると，相続債権者や受遺者に弁済をします。この相続財産の清算については，限定承認後の相続財産の清算のルールが準用されています（957条2項）。

3 特別縁故者への相続財産の分与

相続財産の清算後に残った財産がある場合，「被相続人と特別の縁故があった者」（これを特別縁故者（とくべつえんこしゃ）といいます。縁故とはつながり，関わりという意味です）は，相続財産の清算人の選任の公告の期間（952条2項）の満了後3か月以内に，清算後に残った財産の全部または一部を自分に分与するよう，家庭裁判所に申し立てることができます。家庭裁判所は，これらの人に相続財産を分与することが相当であるかどうかを判断した上で，分与を相当と認めるとき，分与する財産（不動産や現金など）や分与の額を決定します（958条の2）。

このような特別縁故者として認められるのは，958条の2第1項によると，次の3つの場合です。

「被相続人と生計を同じくしていた者」

内縁の配偶者（第**4**章参照）や事実上の養子など，被相続人と生活を共にし，同じ財布から生活費を共有していた（これを「生計を同じくしていた」といいます）人は特別縁故者にあたります。

「被相続人の療養看護に努めた者」

被相続人の身の回りの世話をしていた人，被相続人の通院の付き添いをしていた人，被相続人の家事を手伝っていた人など，被相続人と生活を共にしていなくても，被相続人の看護や介護に無報酬で献身的に尽くしていた人は特別縁故者にあたります。家政婦や介護士のように，看護や介護を仕事として報酬を得ていた人は，特別縁故者にはあたりません。

「その他被相続人と特別の縁故があった者」

上記の場合と同等程度に被相続人と親密な関係があった人は特別縁故者にあたります。例えば，入居していた老人ホーム，入信していた宗教法人，経営していた学校法人などは，被相続人と親密な関係があり，相続財産を分け与えることが被相続人の意思に沿うとして，特別縁故者にあたると認めた裁判例があります。

4 国庫への帰属

以上によってもなお残った相続財産は，国庫に帰属[2]します（959条）。相続財産の清算人は，残った財産を国に引き継ぐ手続を行い，引継ぎが完了した時点で，相続財産法人は消滅します。

note

[2] 用語 国庫に帰属するとは，対象となる財産を国の財産として，国が引き取ることを意味します。特別縁故者への相続財産の分与後に残った相続財産の所有権等の権利が国に移転し，国庫に帰属した後は，国が国有財産として管理します。

POINT

1 限定承認は，相続財産が債務超過である場合に，相続人の利益を保護するために，清算の対象を相続財産に限定して，相続財産の清算を行う仕組みです。

2 財産分離は，①相続人の固有財産が債務超過である場合に，相続債権者および受遺者の利益を保護するために，また，②相続財産が債務超過である場合に，相続人の債権者の利益を保護するために，相続財産と相続人の固有財産を切り離し，相続財産の清算を行う仕組みです。

3 相続人となる者がまったくいない場合，あるいは相続人となる者がすべて相続の放棄をしたために相続人がいなくなってしまう場合は，「相続人のあることが明らかでないとき」として，相続人の不存在に関する制度が用意されています。

4 この場合は，被相続人の死亡時に相続財産法人が成立し，相続財産の清算人が選任され，相続財産の清算手続と相続人の捜索手続が行われます。

5 この場合に，家庭裁判所は，特別縁故者に，相続財産を清算した後に残った財産の全部または一部を分与することができます。

6 以上によってもなお残った相続財産は，国庫に帰属します。

CHAPTER

第19章

遺　言

INTRODUCTION

被相続人は，様々な事柄について，自分の死後にこうなってほしいという希望を持っています。このような希望を生前に相続人に伝えていたとしても，その死後に実現してもらえるかどうかはわかりません。被相続人が生前に表明した希望（意思）を，その死後に，その意思のとおりに法的に実現させるための制度として，遺言があります。遺言をした被相続人を遺言者といいます。

「遺言」は，一般的に「ゆいごん」と読みますが，法律上は「いごん」と読みます。

第19章では，以下の内容について説明します。

遺言とは　960条～966条

遺言とは，遺言者が，民法に定める方式（作成方法の意味です）に従ってした，自分の財産に関する事柄や身分に関する事柄などについての意思表示のことをいいます。1では，遺言に共通するルールについて説明します。

遺言の方式　967条～984条

遺言者が民法が定める方式に従って意思を表示すると，遺言が成立します。遺言をするには，どのような方式が必要なのでしょうか。2で説明します。

遺言の効力　985条，1022条〜1027条

遺言の効力は，遺言者の生前に生じることはなく，遺言者の死亡の時に生じます。⇒3したがって，遺言者は，死亡するまでの間，いったんした遺言をなかったことにすることができます。3では，遺言の撤回について説明します。

遺言による財産処分　902条

遺言者が，死後に自分の財産を他人に譲りたいと希望している場合に，その希望を実現する方法として，①相続分の指定とその委託，②遺産分割方法の指定，③遺贈が挙げられます。4では，①相続分の指定とその委託について説明します。

遺産分割方法の指定　908条

5では，②遺産分割方法の指定について説明します。現実には，特定の財産を特定の相続人に取得させるもの（これを特定財産承継遺言といいます）が多く利用されています。

遺贈　964条，985条〜1003条

遺贈とは，「私の財産を誰々に譲る」のように，遺言者が，遺言で，財産を無償で他人に与えるものです。6では③遺贈について説明します。

遺言の執行　1004条〜1021条

遺言の執行とは，遺言が効力を生じた後に，遺言の内容を実現するために必要な行為をすることをいいます。7では遺言の執行について説明します。

1　遺言とは

1　遺言の特色

遺言は，遺言者の最終の意思表示に基づいてその死後に法的な効果が発生することを目的とする法律行為（1巻第**6**章参照。死後行為）です。そして，相手方の

意思表示なしに法的な効果が発生することから，相手方のない単独行為（1巻第**6**章参照）です。

遺言は，遺言者の最終意思を尊重しようとするものですから，必ず，遺言者本人の独立した意思に基づいて行われなければなりません。このことから，他人が代理して遺言することは許されません。

遺言は遺言者が死亡してはじめて効力を生ずるもの（985条1項）ですから，効力発生時点で遺言者は存在しません。遺言者の死亡後にその意思表示が真意（本当の意思を意味します）に出たものであることを確証できるようにして，遺言の偽造（他人が偽物をつくること）や変造（他人が内容を変更すること）から保護するため，遺言による意思表示には一定の方式が要求されます（960条）。これを要式行為といいます。

2 遺言事項

遺言者がした意思表示のうち，法的な効力が認められるもの（最終的には裁判を通じて実現を図ることができるもの）と，そうでないものとがあります。前者を遺言事項といいます。遺言事項は民法その他の法律で定められています。主なものとしては，以下のものがあります。

親族法上の遺言事項	認知（781条2項）
	未成年後見人の指定（839条1項），未成年後見監督人の指定（848条）
相続法上の遺言事項	推定相続人の廃除（893条），廃除の取消し（894条2項）
	祭祀主宰者の指定（897条1項）
	相続分の指定と指定委託（902条）
	特別受益の持戻しの免除（903条3項）
	遺産分割方法の指定と指定委託および遺産分割の禁止（908条1項）
	遺贈（964条）
	遺言執行者の指定と指定委託（1006条1項）および遺言執行に関する意思表示（1014条4項，1016条1項など）
	遺言の撤回（1022条）
	配偶者居住権の存続期間に関する意思表示（1030条）
特別法上の遺言事項	一般財団法人の設立（一般社団法人及び一般財団法人に関する法律152条2項）
	信託の設定[1]（信託法3条2号）
	保険金受取人の変更（保険法44条，73条）

3 遺言能力

遺言能力

(1) 遺言は何歳からすることができるか

遺言能力とは，単独で有効な遺言をすることができる能力をいいます。民法は，15歳に達した人は，遺言をすることができるとして，遺言能力を認めています（961条）。これは，15歳になれば未成年者であっても法定代理人の同意なしに遺言をすることができることを意味しています。

(2) 制限行為能力者であっても遺言をすることができるか

民法上，18歳をもって一律に行為能力者として扱う（4条）とするのが原則です。しかし，遺言能力を15歳と定めたことから，例外として，遺言については，未成年者に関する5条，成年被後見人に関する9条，被保佐人に関する13条，被補助人に関する17条を適用しないとしています（962条）。その結果，15歳以上の人であれば，成年被後見人であっても遺言をすることができます（973条）。未成年者および被保佐人，被補助人は，法定代理人および保佐人，補助人の同意がなくても，遺言をすることができます。

(3) 遺言能力が存在すべき時はいつか

遺言者は，遺言をする時に，遺言能力がなければなりません（963条）。遺言をする時に遺言能力があれば，遺言の成立から効力の発生までの間に遺言能力を失ったとしても，遺言は有効です。

意思能力

CASE 19-1

80歳のAは，数年前から認知症が進行し，現在では医師から「判断能力がほとんどない状態である」との診断がされています。Aは，「すべての財産をBに譲る」との

note

1 発展 自分の財産を，信頼できる人（これを受託者といいます）に託し，管理・運用してもらうことを信託といいます。被相続人（これを委託者といいます）は，遺言で，①受託者を誰にするか，②信託する財産（これを信託財産といいます）を何にするか，③委託者が，信託財産をどのように使うか，または，信託財産から生じた利益を誰に渡すかといった信託の目的や受益者（信託財産から生じた利益を受け取る人）を決めることができます。これを遺言による信託の設定といいます。

遺言をしました。

ただし，遺言は法律行為であることから，遺言者は，遺言をする時に，意思能力（遺言の意味を理解することができる能力。1巻第**3**章参照）があるのでなければなりません。CASE 19-1 では，A は認知症が進行しており，意思能力がありません。そのため，A がした遺言は無効です（3条の2）。

遺言の方式

1 遺言の種類

遺言は，民法が定める方式に従わなければ，することができません（960条）。遺言の方式には，普通の方式と特別の方式とがあります。

遺言は普通の方式によるのが原則ですが，普通方式によって遺言ができない特別な事情がある場合には，特別の方式によることが許されます（967条ただし書）。

普通の方式

普通方式による遺言は，証書（書面のことです）[2]——自筆証書（遺言者が自ら書いて作成した書面をいいます），公正証書（公証人が作成した書面をいいます），秘密証書[3]——によってしなければなりません（967条本文）。

遺言者の意思が表示されている書面を遺言書といいます。

特別の方式

特別の方式による遺言は，死亡の危急に迫った者が遺言をしようとするとき（976条以下）など，特別な事情があるとき，普通方式による遺言よりも緩和された方式で遺言をすることができます。

note

[2] 用語 証書とは，卒業証書や借用証書など，ある事実や権利・義務を証明する書面のことをいいます（卒業証書，借用証書など）。

[3] 用語 秘密証書遺言とは，遺言証書の内容を他人に知られないように（秘密に）したまま，遺言者の意思で証書が作成されたことを公証人1人および証人2人に証明してもらう方式で作成された遺言をいいます（970条）。

ただし，特別方式による遺言は，遺言者が普通方式によって遺言をすることができるようになった時から6か月生存するときは，その効力を生じません（983条）。その後も同じ内容の遺言を維持したいと考えるときには，改めて普通方式の遺言をする必要があります。

遺言の種類

遺言には7種類の方式がありますが，実際に多く利用されているのは自筆証書遺言および公正証書遺言です。本書では，自筆証書遺言と公正証書遺言について取り上げます。その他の方式については，勉強が進んでからより詳しい教科書で学習してください。

普通の方式	自筆証書遺言（968条）
	公正証書遺言（969条）
	秘密証書遺言（970条）
特別の方式	死亡の危急に迫った者の遺言（976条）
	伝染病隔離者の遺言（977条）
	在船者の遺言（978条）
	船舶遭難者の遺言（979条）

2 すべての方式に共通するルール

共同遺言の禁止

CASE 19-2

夫Aと妻Bは，1枚の紙に，「どちらか一方が先に死亡した場合には，その財産すべてを他方に譲る」と記し，A・Bそれぞれが署名し，押印しました。

2人以上の者が同一の証書によって遺言をすることを共同遺言といいます。遺言者の単独での意思表示の自由や遺言を撤回する自由を確保するため，共同遺言は禁止されています（975条。特別の方式に関する982条は975条を準用しています）。CASE 19-2のように，A・B夫婦が連名でした遺言は共同遺言にあたり，無効です。

証人・立会人

遺言の方式として，証人または立会人が必要な場合があります。証人とは，遺言者からの要請により立ち会う人をいいます。立会人とは，警察官や医師など，自らの職務により立ち会う人をいいます。

証人も立会人もともに，遺言者が他人の不当な干渉・介入を受けることなく遺言をする状況を確保する任務を負っています。そのため，証人または立会人となることができない人として，①未成年者，②遺言の内容に利害関係がある推定相続人や受遺者，③これらの配偶者と直系血族，遺言作成に関与する公証人の配偶者，4親等内の親族，書記および使用人が定められています（974条）。

加除（かじょ）その他の変更

いったん有効に成立した遺言の記載内容を変更する場合には，遺言の改ざん（他人が無断で変更を加えること）を防ぐため，一定の方式に従わなければなりません。遺言文中に，字句（じく）（文字や語句）を加えたとき（「千万円」→「弐千万円」），除いたとき（「長男太郎に甲銀行の普通預金全額を相続させる。」→「（全文削除）」），その他の変更をしたとき（「普通預金」→「定期預金」）には，遺言者がその場所を指示し，変更した旨を付記してこれに署名し，さらにその変更の場所に印を押します（968条3項）。このような加除その他の変更の方式は，公正証書遺言を除くすべての方式の遺言に適用されます（秘密証書遺言に関する970条2項および特別の方式に関する982条は，968条3項を準用しています）。

3 自筆証書遺言

自筆証書遺言の方式

自筆証書遺言は，遺言者が，①遺言の全文，②日付，③氏名を自書し，④印を押すという方式で作成することが定められています（968条1項）。

自 書

自書とは，遺言者が手書きをすることを意味します。

自筆証書遺言は，容易に作成できる遺言であるだけに，他者による偽造，変造の危険があります。そのため，筆跡によって本人が書いたものであることを判定し，それ自体で遺言が遺言者の真意に出たものであることを確証するために，自書することが必要とされています。

全　文

CASE 19-3
Aは，パソコンを利用して遺言書の全文を作成し，プリントアウトした書面に，日付と氏名を自書し，印を押しました。

全文とは，遺言事項を書き表した部分のことで，言い換えれば本文です。遺言者は，遺言の全文を自書しなければなりません。

したがって，遺言者が自書によらない方法で作成した遺言は無効です。パソコン（CASE 19-3）や，スマートフォン，IC レコーダーなどの電子機器を用いて作成した遺言や，他人の代筆により作成した遺言は無効です。

使用する言語について制限はなく，外国語も認められます。使用する筆記具（ボールペン，鉛筆など）や用紙（白紙，便せん，メモ用紙など）についても制限はありません。

自書によらない財産目録の添付

全文を自書することは，遺言者にとって大きな負担となります。そこで，自筆証書に，遺産や遺贈の対象となる財産の目録（これを財産目録（ざいさんもくろく）[4]といいます）を添付（てんぷ）する場合には，その財産目録については自書する必要はないとされています（968条2項前段）。

例えば，パソコンを用いて作成した財産目録や第三者が作成した財産目録，あるいは，財産目録として不動産の登記事項証明書（とうきじこうしょうめいしょ）[5]や銀行の預金通帳の写しを添付したものを使用することができます。

note

[4] 用語　財産目録とは，相続財産を特定するために作成される一覧表のことです。財産目録には，財産の種類（不動産，預貯金，株式，借金など），単価，数量，価格，所在地，所有権の割合などが記載されます。

[5] 用語　不動産登記とは，土地や建物の現状や権利関係を公示するために登記簿に記録することです。登記簿を管理する法務局（登記所）が，不動産に関する登記事項（土地や建物の所在，土地や建物について誰に所有権があるかなどの登記簿に記録されている情報）を用紙に印刷し，証明したものが不動産の登記事項証明書です。

日　付

> CASE 19-4
> Aは，遺言書に「私の70歳の誕生日」との日付を記しました。

日付は，遺言をする時に，遺言者に意思能力や遺言能力があったかどうかを判断したり，遺言者がどのような状況におかれていたかを明らかにしたりする基準となります。また，複数の遺言書が存在する場合に，遺言の先後関係を決定する基準ともなります。このことから，遺言には日付の記載が必要とされています。

このように，遺言がいつ作成されたかということは重要な意味をもちます。このため，日付は，原則として，「○年○月○日」と記す必要があります。日付の記載が全くない場合や単に年月または年しか記載されていない場合は，日付の記載を欠くので，遺言は無効です。ただし，CASE 19-4のように，年月日が記されていなくても，具体的な年月日を客観的に特定することが可能であれば，日付の記載にあたるため遺言は有効となります。

氏　名

氏名を自書することを署名といいます。

氏名を自書することで，遺言者本人を明らかにし，筆跡の特徴は他人が容易にまねることができないことから，遺言の内容が本人の真意であることを明確にすることができます。このことから，遺言には氏名の記載が必要とされています。

氏名は，原則として，氏と名を記載する必要があります。ただし，氏のみ，名のみでも遺言者本人が明確に示されるならば，氏名の記載にあたります。あるいは，遺言者が日常使用している通称（つうしょう），ペンネーム，芸名など，戸籍の氏名と同一でなくても，遺言者との同一性が示されるならば，氏名の記載にあたります。

押　印

印（いん）（条文では，印章・はんこではなく，印という語が使用されています）を押すことを押印（おういん）といいます。

印を押すことで，遺言の全文等の自書の要件と重なって遺言者の同一性および遺言者の真意を確保することができます。また，日本では，重要な書面については作成者が署名した上で，その名下に押印することによって書面の作成を完結させるという慣行または法意識があります。このことから，印を押すことが必要とされています。

法務局における遺言書の保管制度

(1) 制度の趣旨

自筆証書遺言は，第三者が関与することなく作成または保管されるため，遺言者の死後に，遺言書の真正（しんせい）（本物であることの意味です）をめぐって紛争が生じるおそれや，相続人が遺言書の存在に気づかないまま遺産分割をするおそれなどがあります。遺言者は，法務局における遺言書の保管制度を利用することで，これらのリスクを軽減することができます。

(2) 制度を利用するには

遺言者は，自ら法務局（遺言書保管所）で遺言書の保管を申請しなければなりません（法務局における遺言書の保管等に関する法律2条1項，4条1項・6項）。保管の申請をすることができる遺言書は，自筆証書遺言であり，かつ，法務省令で定められた様式に従って作成された無封のもののみです（同法4条1項・2項）。

(3) 制度を利用すると

遺言書保管官は，遺言書の保管を開始すると，遺言書の原本を遺言保管所の施設内に保管するとともに，遺言書の内容を画像データにしたものを管理します（同法6条1項，7条2項）。保管開始以降，偽造，変造のおそれがなく，保存が確実であるため，検認（1004条1項）を不要としています（同法11条→7参照）。

4 公正証書遺言

公証人・公正証書・公証役場

公証人は，その多くが元裁判官や元検察官で，法務大臣から任命された法律の専門家です。国民の権利義務関係を明確化し，争いを未然に防ぐことを任務としています。公証人が作成する証書を公正証書といいます。

遺言者は，公証役場で，公証人の関与の下に公正証書遺言を作成します。遺言者が高齢であったり入院している場合には，公証人が自宅や病院に出張して，公証役場以外で公正証書遺言を作成することもできます（公証18条2項)。

公正証書遺言の方式

公正証書遺言は，①証人２人以上の立会いのもとで（969条1号)，②遺言者が遺言の趣旨（遺言の内容を意味します）を公証人に口授（くじゅ）し（同条2号)，③公証人が，遺言者の口述を筆記し，これを遺言者および証人に読み聞かせ，または閲覧（えつらん）させ（確認しながら見ること）（同条3号)，④遺言者および証人が，筆記が正確であることを承認した後，各自これに署名し印を押し（同条4号)，⑤公証人が，方式に従って作成したものであることを付記して，これに署名し，印を押す（同条5号）という方式で作成することが定められています[6]。

遺言者の口授

口授とは，口頭で伝えることを意味します。公正認書遺言の場合，遺言者は公証人に対して遺言の内容を口頭で述べなければなりません。ですから，遺言者が，公証人の質問に対し，言語を使用して口頭で述べることなく，単に肯定または否定の挙動（きょどう）（うなずいたり，首を縦に振ったり，公証人の手を握ったりする動作のことです）を示したにすぎないときは，口授があったものとはいえないため，遺言は無効です。

Column 10　公正証書遺言の方式の特則

公正証書遺言は，遺言者が公証人に対して口授することや，公証人が筆記した内容を遺言者に読み聞かせることを必要としていることから，従前は，口がきけない者や耳が聞こえない者は，公正証書遺言をすることができないと考えられてきました。しかし，現在ではこれらの人々も公正証書遺言を利用することができるようにするために，特則が設けられています。

遺言者が口のきけない者である場合，公証人および証人の前で，遺言の内容を通訳人の通訳により申述し，または自書することで，口授に代えることができます（969条の2第1項)。

note

[6] 説明　公正証書を作成する際の手続をオンラインで行えるようにするため，公証人法および民法の一部が改正されました（令和５年法律第53号。施行日未定)。公正証書遺言の作成は，公証役場に出向いて対面で行われますが，法改正により，オンラインで行えるようになります。

遺言者または証人が耳の聞こえない者である場合，公証人が筆記した内容を通訳人の通訳により遺言者または証人に伝えることで，読み聞かせに代えることができます（同条2項）。

公正証書遺言の保管

遺言に関する公正証書が作成されると，その原本(げんぽん)[7]は公証役場に保管されます（公証25条）。公証役場は遺言者に対して公正証書の正本(せいほん)や謄本(とうほん)を交付します（同法47条，51条）。

遺言書は公証役場で保管されるので，偽造，変造のおそれがなく，保存が確実であるため，検認を不要としています（1004条2項）。

3 遺言の効力

1 遺言の効力発生時期

遺言は，遺言者が生前に遺言の方式に従って作成した時に成立しますが，その効力は，遺言者の死亡の時に生じます（985条1項）。

2 遺言の無効と取消し

民法総則の規定の適用

意思能力がない人がした遺言（3条の2）や，公序良俗に反する遺言（90条）は無効です。

また，遺言が財産に関するものであるときは，錯誤（95条）や詐欺，強迫（96条）によってした遺言を取り消すことができます。遺言が身分に関するものであるときは，それぞれの特則によります（例えば，遺言認知に関して，詐欺，強迫〔785条〕，認知無効〔786条〕があった場合など）。

note

[7] 用語 原本とは，最初に作成した文書のことです。謄本とは，原本の内容を全部写した文書のことです。正本とは，謄本の一形式で，原本と同一の効力があります。

遺言に特有の無効原因

遺言に特有の無効として，遺言能力のない人がした遺言（961条，963条）と方式違反の遺言（960条），共同遺言（975条）などは無効です。遺贈に関する無効（965条，994条，996条）については，遺贈の項目（6参照）で説明します。

3 遺言の撤回

遺言の撤回とは

(1) 撤回自由の原則

CASE 19-5

Aは，「甲土地をBに譲る」という遺言をしました。その後，Aは，甲土地をBに譲りたくないと考えるようになりました。

遺言の成立から効力の発生までの間には時間の経過があり，この間に事情の変更が生じることもありえます。そうしますと，遺言者がかつてした遺言に拘束されることは，遺言者にとって酷（こく）ですし，遺言者の最終意思の尊重という遺言制度の目的とも反します。このことから，遺言者は，いつでもその意思を変更して，かつてした遺言の全部または一部をなかったことにすること（これを遺言の撤回（てっかい）といいます）ができます（1022条）。この権利を放棄することはできません（1026条）。

(2) 撤回の時期と原因

遺言者はいつでも遺言を撤回することができます。この「いつでも」には，遺言をする時から遺言の効力が生じる時までの間に，いつでも撤回することができるという意味だけでなく，特別な理由がなくても撤回することができるという意味も含まれています。

(3) 撤回をすることができる人

遺言の撤回をすることができる人は，遺言者本人に限られます。代理人や相続人が撤回することはできません。

(4) 撤回の効力

遺言が撤回されると，その時点から，遺言の効力は消滅します[8]。したがって，遺言を撤回する行為（1022条～1024条。「撤回の方法」参照）が撤回されたり，取り消されたり，効力を失ったりしても，先に撤回された遺言は，消滅したままであり，原則としてその効力を回復しません（1025条本文）。他方，撤回行為が詐欺・強迫を理由に取り消された場合には，例外としています（同条ただし書）。

撤回の方法

遺言者の最終意思の尊重という遺言制度の目的から，遺言の撤回においても，その意思を明らかにするために，原則として，遺言の方式に従って行わなければなりません（1022条）。

しかし，遺言により撤回する意思が表示されていない場合でも，民法が定める一定の事実が存在する場合には，遺言を撤回する意思があると推測することができますから，遺言は撤回されたとみなされます（これを法定撤回といいます）。

(1) 抵触遺言による撤回

CASE 19-6

Aは，「甲土地と乙土地をBに譲る」と遺言しました。

❶その後，Aが，「甲土地と乙土地をCに譲る」と遺言した場合

❷その後，Aが，「甲土地をCに譲る」と遺言した場合

CASE 19-6❶では，新たに作成した遺言の内容（「甲土地と乙土地をCに譲る」）が前の遺言の内容（「甲土地と乙土地をBに譲る」）と両立していません（これを抵触（ていしょく）といいます）。Aが前の遺言の内容と抵触する遺言をした場合には，新たな遺言で前の遺言を全部撤回したものとみなされます（1023条1項）。

なお，撤回したものとして扱われるのは，抵触する部分だけです。CASE 19-6❷では，前の遺言について，新たな遺言と抵触する部分（「甲土地をBに譲る」）のみを一部撤回したものとみなされます。抵触していない部分（「乙土地をBに譲る」）については有効です。

note

[8] **説明** 民法第5編第7章第5節のタイトルは「遺言の撤回及び取消し」です。ここでの「撤回」とは，未だ効力の発生していない意思表示について，その効力を将来に向かって失わせることをいいます。「取消し」とは，すでに効力の発生している意思表示について，その効力を遡及（そきゅう）的に失わせることをいいます（1巻第11章参照）。

(2) 抵触行為による撤回

> **CASE 19-7**
> Aは，「甲土地をBに譲る」と遺言しました。その後，Aは，甲土地をCに譲渡し，Cへの移転登記も行いました。

CASE 19-7では，Aが甲土地をCに譲渡してしまい（これが生前処分にあたります），遺言の内容を実現することができなくなってしまいました。このように，前の遺言の内容と抵触する法律行為をした場合には，遺言を撤回したものとみなされます（1023条2項）。

(3) 破棄（はき）による撤回

> **CASE 19-8**
> Aは，「壺をBに譲る」と遺言しました。
> ❶その後，Aが，遺言書を破（やぶ）り捨てた場合
> ❷その後，Aがわざと壺を床に落として割ってしまった場合

遺言書は，遺言の存在を証明する唯一の証拠です。CASE 19-8❶のように，遺言者が遺言書を故意に破棄した（遺言書であることを認識しながら，これを破棄する意思をもっていることを意味します）場合には，遺言を撤回したものとみなされます（1024条前段）。遺言書の破り捨て（CASE 19-8❶）のほかに，遺言書の焼き捨て，切断，一部の切り捨て，遺言書の文字を抹消（まっしょう）（塗りつぶして消すことを意味します）して，内容を判読できない状態にすることも遺言書の破棄にあたります。

また，CASE 19-8❷も同様に，遺言者が遺贈の目的物であることを認識しながら，これを破棄した場合には，その遺贈の部分について，遺言を撤回したものとみなされます（1024条後段）。遺贈の目的物の破壊（CASE 19-8❷）のほかに，目的物の焼却も遺贈の目的物の破棄にあたります。

4 遺言による財産処分

1 遺言による財産処分の方法

遺言者が，その死後に，自分の財産をこのように扱ってほしいという希望があ

る場合，遺言で，①相続分の指定とその委託（902条1項），②遺産分割方法の指定（908条1項），③遺贈（964条）をすれば，遺言の内容通りの財産処分が実現します。

2 相続分の指定とその委託

CASE 19-9

Aには，子B・C・Dがいます。Aは，「B・C・Dの相続分をそれぞれ5分の1，5分の1，5分の3と定める」との遺言をした後，死亡しました。

遺言者の意思

Aの遺言がなければ，B・C・Dの相続分は，法定相続分にしたがって3分の1ずつとなります。

被相続人が，遺言で，共同相続人の全部または一部について，法定相続分とは異なる割合での相続分を定めることが認められています。これを相続分の指定といい，指定された相続分を指定相続分といいます。

相続分の指定の方法

相続分を指定する方法としては，被相続人が自ら定める方法と，第三者に定めることを委託する方法があります（902条1項）。いずれの場合であっても，必ず遺言によらなければなりません。

相続分の指定の効果

相続分の指定の効果は，被相続人が自ら定めたときは，遺言の効力の発生の時（985条1項）から生じます。第三者に委託したときは，遺言の効力が生じた後，第三者が指定することにより，相続開始の時にさかのぼって効果が生じます。

CASE 19-9では，Aの死亡により，相続分指定の効果が生じ，B・C・Dの相続分がそれぞれ5分の1，5分の1，5分の3と定まります。ただし，遺産分割協議では，相続分の指定があっても共同相続人の合意によって指定と異なる相続分を定めることができます。

5 遺産分割方法の指定

1 遺産分割方法の指定とは

遺言分割方法の指定の方法

相続分の指定と同様に，被相続人は，遺言で，遺産の分割の方法を定めることができます。これを遺産分割方法の指定といいます。

遺産分割方法を指定する方法としては，被相続人が自ら定める方法と，第三者に定めることを委託する方法があります（908条1項）。いずれの場合であっても，必ず遺言によらなければなりません。

本来の遺産分割方法の指定

CASE 19-10

Aは，「甲土地を売却し，売却代金を各自が相続分に応じて取得せよ」との遺言をした後，死亡しました。Aの相続人は，子B・Cです。Aの財産は甲土地のみです。

遺産分割方法の指定とは，本来的には，法定相続分をそのままにしておいて，その法定相続分の範囲内で，相続財産を，現物分割・換価（かんか）分割（ぶんかつ）・代償分割（だいしょうぶんかつ）（第16章参照）のうちいずれかの分割の方法で配分するかを指定することを意味します。CASE 19-10では，Aは，遺言で，換価分割の方法で遺産を配分することを定めています。

遺産分割方法の指定の効果

被相続人または委託された第三者が，CASE 19-9やCASE 19-10の遺産分割方法を定めたとしても，その効果は遺言の効力の発生の時（985条1項）から生じるのではありません。分割方法の指定の効果が生じるためには，遺産分割が必要です。

相続人は，法定相続分を前提に，指定された遺産分割方法に従って分割し，最終的に個々の財産を取得します。ただし，遺産分割協議では遺産分割方法の指定があっても，共同相続人の合意によって指定と異なる方法で分割をすることができます。

本来の意味とは異なる遺産分割方法の指定

CASE 19-11

Aは，「甲土地をBに取得させ，乙土地をCに取得させる」との遺言をした後，死亡しました。Aの相続人は，子B・Cです。

CASE 19-11のように，個々の財産について誰のものになるかを指定するという，本来の意味での分割の方法には含まれないものも遺産分割方法の指定に含まれると理解されています。

2 特定財産承継遺言

CASE 19-12

Aは，「甲土地をBに相続させる」との遺言をした後，死亡しました。Aの相続人は，子B・C・Dです。

CASE 19-12のように，遺産分割方法の一種でありながら，特定の財産を特定の相続人に遺産分割をすることなく帰属させること（これを特定財産承継遺言（とくていざいさんしょうけいいごん）といいます）が認められています。

「相続させる」旨の遺言

以前には，被相続人Aが，相続人の1人であるBに特定の財産（甲土地）を与えたい，そして，甲土地の承継については，特定遺贈⇒6のように遺産分割を経ずに相続開始と同時にBに帰属させたい，しかし，あくまでも相続による所有権移転として扱い，Bが単独で登記申請ができるようにし（不登62条），登録免許税[9]を節税したいと希望するとき，ほとんどの場合に，CASE 19-12のように，

note

[9] 説明 不動産の所有権の移転登記の申請をする場合には登録免許税を納付する必要があります。相続の場合と相続人に対する遺贈の場合とでは，かつては税率が異なっていたので節税のメリットがありましたが，現在では同じです。

「相続させる」との文言が使用されてきました。これを「相続させる」旨の遺言といいます。この「相続させる」旨の遺言について，遺産分割方法の指定であると理解するか，特定遺贈であると理解するかをめぐって議論がありました。

最高裁判所は，「相続させる」旨の遺言は，遺贈と理解すべき特段の事情のない限り，遺産分割方法の指定を定めた遺言であるとしました。そして，このような遺言がされた場合，特段の事情のない限り，「何らの行為を要せずして，被相続人の死亡の時（遺言の効力の生じた時）に直ちに当該遺産が当該相続人に相続により承継される」とした上で，これと異なる遺産分割の協議や審判をすることができないとしました（最判平成3年4月19日民集45巻4号477頁）。

特定財産承継遺言

上記の判例に基づいて，1014条2項は，「遺産の分割の方法の指定として遺産に属する特定の財産を共同相続人の1人又は数人に承継させる旨の遺言」を「特定財産承継遺言」として定めています。この遺言の対象となる特定の財産を特定承継財産といい，この遺言によって財産を承継する人を受益相続人といいます。

したがって，CASE 19-12の遺言は，遺贈と理解すべき特段の事情のない限り，特定財産承継遺言であり，Bは，遺産分割をすることなく，Aの死亡の時に直ちに甲土地の所有権を取得します[10]。

6 遺贈（いぞう）

1 遺贈とは

> **CASE 19-13**
>
> ❶Aが，「Aの自動車をBに譲る」との遺言をした場合
>
> ❷Aが，Bとの間で，「Aが大学を卒業する際に，Aの自動車をBにただであげる」という内容の合意をした場合

note

[10] 説明 「相続させる」旨の遺言については，厳密にいうと，特定財産承継遺言（遺産分割方法の指定がされたと理解すべきもの）と遺贈（遺贈と理解すべき特段の事情があるもの）に分かれます。したがって，「相続させる」旨の遺言と特定財産承継遺言とはイコールではありません。しかし，基本的には，「相続させる」旨の遺言は特定財産承継遺言にあたると考えてよいでしょう。

CASE 19-13 ❶では，Aが，Bに対して無償で財産を移転することを内容とする遺言をしています。このような遺言による無償の財産処分を遺贈といいます。

CASE 19-13 ❷では，AとBは，AがBに対して無償で財産を移転することを内容とする合意（契約）をしています。このような無償の財産処分を内容とする契約を贈与契約（549条。→5巻第8章参照）といいます。

2 遺贈の当事者

CASE 19-14

Aは，「1000万円をBに譲る」との遺言をした後，死亡しました。Aの相続人は子Cです。

遺贈者

遺贈者とは，遺贈をした被相続人のことです。CASE 19-14 では，Aがこれにあたります。

受遺者（じゅいしゃ）

(1) 受遺者とは

受遺者とは，被相続人が遺言により財産を承継させると決めた人のことです。CASE 19-14 では，Bがこれにあたります。受遺者は，相続人であることもあれば，第三者であることもあります。

(2) 受遺者の死亡

受遺者は，遺言が効力を生じた時（985条1項）に存在していなければなりません。したがって，遺言者の死亡以前に受遺者が死亡したときは，遺贈は効力を生じません（994条1項）。

(3) 受遺者となることができる人

自然人だけでなく，法人も受遺者となることができます。また，胎児も受遺者となることができます（965条，886条）。

遺贈義務者

遺贈を実行すべき義務を負う人のことを遺贈義務者といいます。CASE 19-

14 では，C がこれにあたります。遺贈義務者は，原則として相続人です。遺言執行者がいる場合には，遺言執行者が遺贈義務者となります（1012 条 2 項）。

3　遺贈の種類

遺贈の種類

遺贈には，包括遺贈（ほうかついぞう）と特定遺贈があります（964 条）[11]。

包括遺贈

(1)　包括遺贈とは

CASE 19-15
A は「私の財産のうち 3 分の 1 を B に譲る」との遺言をした後，死亡しました。A の相続人は子 C です。

民法では，「包括……の名義で」財産を処分することができると定めています（964 条）。包括の名義の処分とは，被相続人（遺言者）の財産に属した権利と同時に義務も移転することを意味します。

包括名義の遺贈を包括遺贈といいます。包括遺贈とは，遺贈の目的物を特定せずに，財産の全部または財産の一部をその一定の割合（2 分の 1，3 分の 1，3 分の 2 など）で示してする遺贈をいいます。さらに，包括遺贈には 2 種類あり，遺言者が財産の全部を遺贈するときは全部包括遺贈といい，CASE 19-15 のように，財産の一部を遺贈するときは割合的包括遺贈といいます。

(2)　包括受遺者

(a)　包括受遺者とは　　包括遺贈の受遺者を包括受遺者といいます。CASE 19-15 では，B がこれにあたります。

(b)　相続人と同一の権利義務　　包括受遺者は，相続人と同一の権利を持ち，義務を負います（990 条）。CASE 19-15 では，B は，相続開始の時から，A の

note

[11] 発展　遺贈には，停止条件を付ける（「婚姻したら，甲土地をあげる」などの遺言を，停止条件付遺言といいます。985 条 2 項）ことができるだけでなく，負担を付ける（「1000 万円をあげる代わりに，遺された妻に月 3 万円の生活費を送金せよ」との遺贈を，負担付遺贈といいます。1002 条）ことができます。停止条件付遺言や負担付遺贈については，勉強が進んでからより詳しい教科書で学習してください。

財産上の権利義務を包括的かつ当然に，3分の1の割合で承継します。

また，包括受遺者は，相続人と同様に，遺贈を放棄したり，単純承認したり，限定承認したりすることができます（包括遺贈の承認・放棄については，遺贈の放棄・承認を定めた規定〔986条～989条〕は適用されず，相続の放棄・承認の規定〔915条～919条〕が適用されます。→第**12**章）。

相続人がいる場合には，包括受遺者は相続人と共同相続したのと同一の法律状態が生ずることになります（遺産共有〔898条〕。→第**16**章参照）。この状態は遺産分割手続（906条以下。→第**16**章）によって解消しますから，CASE 19-15では，Bは，遺産分割にCとともに参加します。

ただし，包括受遺者には，相続人と異なり，遺留分（1042条以下。→第**20**章参照）はありません。

特定遺贈

(1) 特定遺贈とは

> **CASE 19-16**
> Aは「甲土地をBに譲る」との遺言をした後，死亡しました。Aの相続人は子Cです。

民法では，「特定の名義で」財産を処分することができると定めています（964条）。特定の名義の処分とは，被相続人（遺言者）の財産に属した権利のうち一定の権利に限って処分することを意味します。

特定名義の遺贈を特定遺贈といいます。特定遺贈とは，遺贈の目的物を特定してする遺贈をいいます。

したがって，包括遺贈と特定遺贈の違いは，権利だけでなく義務も承継するか否かにあります。特定遺贈がなされたCASE 19-16では，Bは権利のみを承継します。仮にAに債務があったとしても，Bは債務を承継しません。

(2) 目的物の特定

特定遺贈の対象となる目的物は，CASE 19-16での甲土地（××県○○市△△1丁目2-3の土地）のように，特定物（当事者が物の個性に着目して指定した目的物のことです〔4巻第**2**章参照〕）に限定されません。不特定物（当事者が種類と数量のみによって指定した目的物のことです。種類物ともいいます〔4巻第**2**章参照〕）であっても，目的物の種類や数量でどの財産を遺贈するかが特定できればよいとされています。また，CASE 19-19 のような一定金額を遺贈する場合や，配偶者居住権を設定する遺言（1028条1項2号。→第16章）も特定遺贈です。

(3) 遺贈の放棄

特定遺贈の受遺者は，遺言者の死亡後，いつでも，遺贈の放棄をすることができます（986条1項）。特定遺贈の放棄は，遺贈義務者に対する意思表示により行います。特定遺贈を放棄すると，遺言者の死亡の時にさかのぼってその効力を生じます（986条2項）。

4 目的物の権利の移転時期

遺贈の効力の発生時期

遺贈は，遺言者の死亡の時からその効力を生じます（985条1項）。

(1) 包括遺贈

遺贈の効力が発生すると同時に，包括受遺者は，被相続人の財産上の権利義務を包括的かつ当然に，遺言で示された割合で承継します（CASE 19-15）。

(2) 特定遺贈

遺贈の目的物が特定物である場合には，遺贈の効力が発生すると同時に，遺贈の目的物の権利は受遺者に移転します。CASE 19-16 では，A の死亡とともに，B は甲土地の所有権を取得します。

遺贈の目的物が不特定物である場合には，遺贈の効力が発生した時点では，遺贈の目的物に対する権利はいまだ受遺者には移転していません。遺贈義務者が，遺贈義務の履行として目的物を特定したときに，目的物の権利は受遺者に移転します。

 遺言の執行

1 遺言の執行とは

遺言の執行とは，遺言の内容を実現するために必要な行為（これを執行行為といいます）を行うことをいいます。

遺言の内容には，遺言の効力発生とともに当然に遺言の内容が実現され，執行行為を必要としないものと，遺言が効力を生じてもその内容は当然に実現されず，これを実現するために執行行為を必要とするものがあります。

相続人は，被相続人（遺言者）から一切の権利義務を承継しているので（896条），原則として，遺言の内容を履行する義務を負います。しかし，遺言の内容が相続人の利益と反する場合や相続人が協力的でない場合には，遺言執行者を別に定める必要があります。

<table>
<tr><td colspan="2">執行行為不要</td><td>未成年後見人の指定
相続分の指定
遺産分割方法の指定
遺言執行者の指定　　　　　　　　など</td></tr>
<tr><td rowspan="2">執行行為必要</td><td>相続人または遺言執行者による執行</td><td>特定遺贈　　　　　　　　　　　　など</td></tr>
<tr><td>遺言執行者による執行</td><td>認知（781条2項）
推定相続人の廃除（893条）または取消し（894条）</td></tr>
</table>

2 遺言の執行の準備手続

検認

遺言書の保管者（遺言書の保管者がいない場合には，遺言書を発見した相続人）は，相続の開始を知った後，速やかに遺言書を家庭裁判所に提出して，その検認を請求しなければなりません（1004条1項）。ただし，公正証書遺言（同条2項）および法務局における遺言書の保管制度により保管されている自筆証書遺言については，検認手続は不要です。

遺言書の検認とは，相続人に対し遺言の存在およびその内容を知らせるとともに，遺言書の方式や状態（封筒の開封の有無，遺言書の枚数，紙質，形状，文言，字体など）を調査し，検認の日現在における遺言書の内容を明確にして，遺言書の偽造・変造を防止するための手続です。

開封

封印のある遺言書（遺言書を入れた封筒などの封じ目に印が押されているとき）は，家庭裁判所において相続人またはその代理人の立会いがなければ開封することができません（1004条3項）。

3 遺言執行者

遺言執行者の選任

(1) 遺言執行者とは

遺言の内容を実現する人を遺言執行者といいます。

(2) 遺言執行者の選任

遺言者は，遺言で，1人または数人の遺言執行者を指定し，またはその指定を第三者に委託することができます（1006条1項）。遺言執行者が指定されなかったとき等には，家庭裁判所は，遺言執行者を選任することができます（1010条）。

未成年者および破産者は，遺言執行者となることができません（1009条）。それ以外の人（相続人，法人など）は遺言執行者となることができます。

遺言執行者の職務

(1) 任務の開始

遺言執行者として指定または選任された人が遺言執行者への就職を承諾したときは，直ちにその任務を開始しなければなりません（1007条1項）。そして，速やかに，自らが遺言執行者に就職した事実や遺言の内容を相続人に通知し（同条2項），相続財産を調査し，財産目録を作成して相続人に交付しなければなりません（1011条1項）。

(2) 遺言執行者の権限

(a) 遺言執行者の職務　遺言執行者の職務（行為の目的）は，遺言の内容を実現することにあります（1012条1項）。

(b) 遺言執行者の権利義務　遺言執行者は，遺言の内容を実現するため，①相続財産の管理，②その他遺言の執行に必要な一切の行為をする権利を持ち，義務を負います（1012条1項）。遺言執行者に与えられている権利義務の内容と範囲は，遺言の内容（遺言書に表示された遺言者の意思）によって定まります。

(c) 遺贈の場合

CASE 19-17

Aは「私の財産のうち甲土地をBに譲る。この遺言の執行者としてCを指定する」

との遺言をした後，死亡しました。Aの相続人は子Dです。Cが遺言執行者への就職を承諾しました。

遺贈がされたとき，遺贈義務者は原則として相続人ですが，遺言執行者がいる場合には遺言執行者のみが遺贈義務者となります（1012条2項）。CASE 19-17では，遺言執行者であるCのみが遺贈の履行を行うことができます。Cは，Bに対して，遺贈の履行として，甲土地の所有権移転登記義務を負います。また，遺贈が履行されないとき，BはCに対して遺贈の履行を請求します。

(d) 特定財産承継遺言の場合

CASE 19-18

Aは「甲土地を長男Bに相続させる。この遺言の執行者としてCを指定する」との遺言をした後，死亡しました。Cが遺言執行者への就職を承諾しました。

特定財産承継遺言がされた場合，遺言執行者は，受益相続人のために，目的物の対抗要件を備えるために必要な行為をすることができます（1014条2項）。CASE 19-18では，受益相続人B（不登63条2項）だけでなく，遺言執行者Cも，甲土地の所有権移転登記を単独で申請することができます。

CASE 19-19

Aは「甲銀行の普通預金2000万円のうち1000万円を長男Bに相続させる。この遺言の執行者としてCを指定する」との遺言をした後，死亡しました。Cが遺言執行者への就職を承諾しました。

特定財産承継遺言の目的物が預貯金債権である場合には，遺言執行者は，預貯金の払戻しや預貯金契約の解約[12]の申入れ[13]をすることができます（1014条3項本文・4項）。CASE 19-19では，遺言執行者Cが，甲銀行に1000万円の払戻し

note

[12] 用語 契約の「解除」と「解約」はいずれも当事者の一方の意思表示によって契約を解消することをいいます。契約の解除は，契約がはじめから締結されなかったのと同様の状態に戻ります（原状回復義務。545条1項。4巻第**5**章参照）。他方，解約は，賃貸借や雇用などの継続的契約において，契約を将来に向かって消滅させます。民法は，このようなものも解除（607条，628条）または解約（618条），解約の申入れ（617条，627条，631条）としています。

[13] 説明 解約の申入れは，その預貯金債権の全部が特定財産承継遺言の目的である場合に限られます（1014条3項ただし書）。

の請求をした上で，この払戻しによって得た金銭をBに取得させることになります。

⑶　遺言執行者がした行為の効果

⒜　相続人への効果帰属　　遺言執行者がその権限内において遺言執行者であることを示して（CASE 19-17～19 では，「遺言執行者C」と，遺言執行者である自己の名において）した行為は，相続人に対して直接にその効力を生じます（1015条1項）。

⒝　相続人の処分制限

遺言執行者がいる場合には，相続人は相続財産の処分その他遺言の執行を妨げるべき行為（これを妨害行為といいます）をすることができません（1013条1項）。それにもかかわらず，相続人が遺言の執行を妨害した場合については，第**21**章を参照してください。

POINT

1. 遺言は，遺言者の最終の意思表示です。
2. 遺言で定めることができる事項を遺言事項といい，民法やその他の法律で定められています。
3. 15歳に達した者は，遺言をすることができます。
4. 遺言者は，遺言をする時に，遺言能力がなければなりません。
5. 遺言をするには，法律で定められた遺言の方式に従わなければなりません。
6. 遺言の方式には，普通方式と特別方式があります。
7. 普通方式の遺言には，自筆証書遺言，公正証書遺言，秘密証書遺言があります。
8. 自筆証書遺言は，遺言者が遺言の全文，日付および氏名を自書し，押印するという方式で作成しなければなりません。
9. 公正証書遺言は，証人2人以上の立会いのもとで，遺言者が遺言の内容を公証人に口授し，公証人が遺言者の口述を筆記し，これを遺言者および証人に読み聞かせ，または閲覧させ，遺言者および証人が，筆記が正確であることを承認した後，各自これに署名し印を押し，公証人が方式に従って作成したものであることを付記して，これに署名し，印を押すという方式で作成しなければなりません。
10. 遺言の効力は，遺言者の死亡の時に生じます。
11. 遺言者は，いつでも，遺言を撤回することができます。

12 遺言の撤回は，遺言の方式に従って行わなければなりません。ただし，遺言の方式に従わない撤回（法定撤回）が認められています。

13 被相続人は，遺言で，法定相続分とは異なる相続分を定めることができます。

14 被相続人は，遺言で，遺産分割方法を指定することができます。

15 遺産分割方法の指定として遺産に属する特定の財産を共同相続人の一人または数人に承継させる旨の遺言を，特定財産承継遺言といいます。

16 遺言による無償の財産処分を，遺贈といいます。

17 遺贈には，包括遺贈と特定遺贈があります。

18 遺言の執行とは，遺言の内容を法的に実現するために必要な行為を実際に行うことをいいます。

19 遺言の内容を法的に実現するために必要な行為（執行行為）を実際に行う人を遺言執行者といいます。

20 遺言執行者は，遺言の内容を実現するため，相続財産の管理その他遺言の執行に必要な一切の行為をする権利があり，義務を負います。

21 遺贈がされたとき，遺言執行者がいる場合には，遺言執行者のみが遺贈の履行を行うことができます。

22 特定財産承継遺言がされた場合，遺言執行者は，その遺言によって財産を承継する相続人が目的物の対抗要件を備えるために必要な行為をすることができます。

23 遺言執行者がその権限内において遺言執行者であることを示してした行為は，相続人に対して直接にその効力を生じます。

24 遺言執行者がいる場合には，相続人は相続財産の処分その他遺言の執行を妨げるべき行為をすることができません。

CHAPTER

第20章

遺留分

INTRODUCTION

本章では，遺留分（いりゅうぶん）制度をとりあげます。遺留分（1042条）は，○○権という名前はついていませんが，権利の一種です。遺留分という権利をもつと法律で定められている人のことを，遺留分権利者といいます。

本章では次のことがらを扱います。

遺留分制度とは 1042条，1048条，1049条

遺留分制度では，耳慣れない用語がたくさん出てきます。1では，これらの用語を説明しながら，遺留分制度のイメージをつかんでもらえるようにします。

遺留分侵害額の計算方法 1042条〜1046条

遺留分権利者が，具体的に何かを請求することができるのは，その者の遺留分が侵害された場合に限られます。遺留分が侵害されたかどうかを判定するための計算方法を，2で扱います。

侵害額債権の実現 1047条

3では，遺留分の侵害を受けた遺留分権利者が，誰に対してどのような請求をすることができるのかを，具体的なケースをもとにして説明します。

1 遺留分制度とは

1 制度の趣旨

遺留分制度は，遺留分権利者が，被相続人から財産を無償で得る（もらう）ことができるという期待を保護するための制度です。どういうことか，具体例で見てみましょう。

生前贈与のない事例

CASE 20-1

被相続人Ａが死亡して相続が開始しました。Ａの相続人は，子Ｂ・Ｃの２人です。Ａが残した積極財産は，甲土地（価額 6500 万円）と，乙土地（価額 1500 万円）だけであり，債務はありませんでした。Ａは，甲土地をＢに，乙土地をＣに，それぞれ遺贈[1]していました。

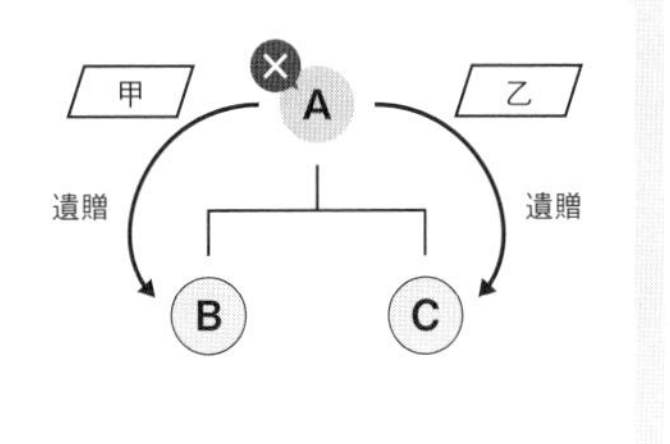

(1) 遺留分権利者

遺留分権利者となるのは，相続人に限られます（1042 条 1 項柱書）。たとえ被相続人の子であったとしても，相続欠格者（891 条）であったり被相続人から廃除（892 条）⇒第 11 章 3されたりしたために，あるいは相続の放棄（939 条）⇒第 12 章 1 2をしたために，相続人にならなかった場合には，遺留分権利者にもなりません。

ただし，被相続人の兄弟姉妹には，相続人となる場合でも，遺留分はありません（1042 条 1 項柱書）。

CASE 20-1 では，Ｂも C も，子としての資格でＡの相続人となっているので，どちらも遺留分権利者です。

note

[1] 発展 被相続人が，遺言によって，相続人に対して特定の財産を処分する（あげる）ときには，遺贈よりも，特定財産承継遺言（→第 19 章 5 2）が多く用いられますが，遺留分制度に関する限り，特定財産承継遺言による財産処分は，遺贈と全く同じように扱われます（1046 条 1 項かっこ書，1047 条 1 項柱書の最初のかっこ書。なお，これらの規定を見ればわかるように，相続分の指定〔→第 19 章 4 2〕も，やはり遺贈と全く同じように扱われます）。

(2) 遺留分額

計算の仕方は 2 で詳しく説明することにして，ここでは結論だけ述べると，CASE 20-1 の場合，BとCはそれぞれ，最低限でも，遺産の総額8000万円の4分の1にあたる2000万円分の財産を，Aからもらえるという期待をもってかまわない，つまり，その期待は遺留分制度を通じて法的に保護されることになっています。「兄弟姉妹以外の相続人は，遺留分として，……額を受ける」（1042条1項）という表現はややわかりづらいですが，そのような意味です。

このように，遺留分権利者には，被相続人からもらうことのできる最低保障額が定められています。この額のことも民法では遺留分と呼ばれていますが（例えば1046条2項），権利としての遺留分と区別するために，本章ではこれを遺留分額と呼ぶことにします。

(3) 遺留分の侵害

CASE 20-1 において，BはAから，2000万円を大幅に上回る価値のある甲土地の遺贈を受けています。つまり，最低保障額以上の価額の財産をAからもらっています。しかし，Cは，1500万円の価値しかない乙土地をAからもらっただけです。このとき，Cは，最低限でも2000万円分の財産をAからもらえるはずだという期待を，500万円（＝2000万円－1500万円。これを遺留分侵害額といいます）だけ侵害された状態にあると考えることができます。この状態を，「Cの遺留分が侵害されている」といいます。

計算の仕方は 3 で詳しく説明しますが，結論だけ述べると，CASE 20-1 において，Cは，遺留分に基づいて，不足分の500万円を，お金によって埋め合わせる（支払う）よう，Bに請求することができます。

生前贈与のある事例

CASE 20-2

被相続人Aが死亡して相続が開始しました。Aの相続人は，子B・Cの2人です。Aは死亡の1か月前に，甲土地（価額6500万円）をBに贈与しました。Aが残した積極財産は乙土地（価額1500万円）だけであり，債務はありませんでした。Aは乙土地をCに遺贈していました。

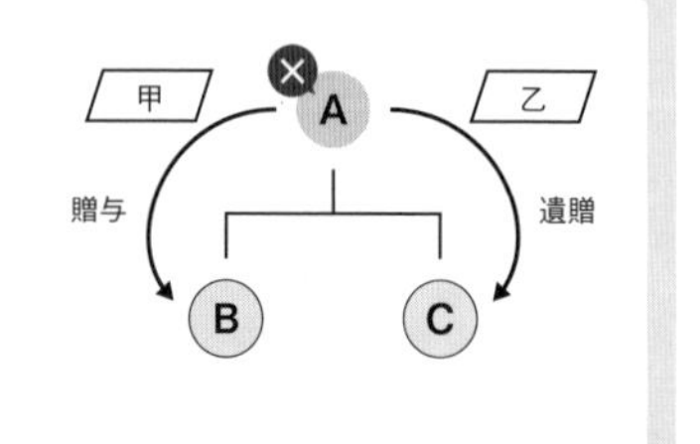

CASE 20-2 は，CASE 20-1 とあまり変わりませんが，AがBに甲土地を遺贈したのではなく，生前に贈与していた点が異なります。

しかし，どちらのケースでも，Bは甲土地を，Cは乙土地を，それぞれAからもらっていることは変わりません。そこで，CASE 20-1 で，遺留分を侵害されたCが，埋め合わせとして500万円を支払うようBに請求することができるのと同じようにして，CASE 20-2 でも，Cは500万円を支払うようBに請求することができます。

遺留分制度の趣旨

以上から，遺留分制度とは次のような制度であることがわかります。

つまり，被相続人が無償での財産処分（遺贈や生前贈与）を過度に行ったために，遺留分権利者が，被相続人から，最低保障額（＝遺留分額）を下回る価額の財産しかもらえていない場合において，その不足分（＝遺留分侵害額）の埋め合わせをお金で受けられるようにするというのが，遺留分制度の趣旨です。

逆に言うと，遺留分権利者は，Aから遺留分額以上の価額の財産をもらえていた場合には，遺留分を根拠として埋め合わせを誰かに請求することはできません。

2 遺留分侵害額の請求権の行使

遺留分を侵害された遺留分権利者が，埋め合わせをしてほしいという請求をするかどうかは，その遺留分権利者の判断に任されます。埋め合わせを求めたい場合には，そうしたいという意思を表示する必要があります。1048条は，この意思表示をすることを，「遺留分侵害額の請求権」の「行使」と呼んでいます。

期間制限

遺留分権利者が，①被相続人が死亡して相続が開始したことと，②被相続人による遺贈や贈与のせいで遺留分の侵害という結果が引き起こされたことの両方を知ってから1年以内に，遺留分侵害額の請求権の行使の意思を，②の遺贈や贈与を受けた者に対して表示しなかった場合には，消滅時効によって，遺留分を根拠とする請求はもはやできなくなります（1048条前段）。

また，1年間の消滅時効がまだ完成していなくても，相続開始の時から10年が経過してしまうと，同様に，遺留分を根拠とする請求はもはやできなくなります（1048条後段）。

遺留分侵害額の請求権の行使の効果

遺留分侵害額の請求権を行使すると，遺留分権利者には，遺留分侵害額に相当する金銭の支払を請求することができるという具体的な権利が発生します（1046条1項）。発生した具体的な権利は，要するに，遺留分権利者を債権者とする金銭債権です。以下では，この債権のことを侵害額債権と呼ぶことにします。

⇒4巻第2章

誰が侵害額債権の債務者になるのかについては，3で詳しく述べます。

3 遺留分の放棄

遺留分権利者は，遺留分を放棄することができます（1049条）。

相続開始後の遺留分の放棄

Aの相続が開始した後に，遺留分権利者が遺留分を放棄するためには，単にその旨の意思表示をすれば十分です（1049条1項の反対解釈）。

相続開始前の遺留分の放棄（遺留分の事前放棄）

CASE 20-3

資産家であるAには，子として，長男B，次男C，三男Dの3人がいます。Aは，遺産をBだけに承継させる計画を立てて，Bに全財産を譲(ゆず)るという遺言をしました。Aは，計画を完全に実現させるには，CもDも遺留分を主張しないようにする必要があると考えて，今のうちに遺留分を放棄するよう，CとDに強く求めました。

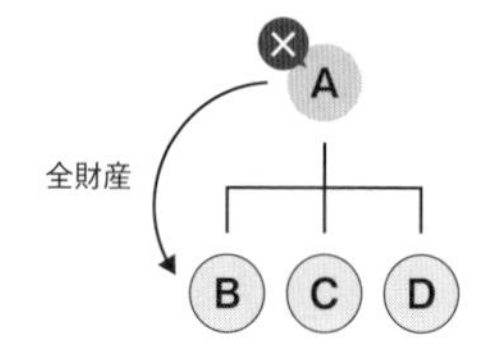

⇒第11章32

被相続人Aが死亡する前に，このままだとAの相続人となりそうな者（推定相続人。CASE 20-3だとB・C・Dがこれにあたります）が，遺留分を放棄することもできます（遺留分の事前放棄といいます）。

ただし，遺留分の事前放棄の場合には，家庭裁判所の許可を受けないと，有効な遺留分の放棄となりません（1049条1項）。CASE 20-3 のように，Aが生前に，自分の相続についての遺留分を放棄するようCやDに強く求めることが考えられます。そこで，家庭裁判所が，遺留分の放棄がCやDの真意に基づいたものであるのかをチェックすることになっているのです。

遺留分の放棄の効果

(1) 相続開始後に遺留分の放棄がされた場合

CASE 20-3 では，Aの遺言のせいで，CとDの遺留分がいずれも侵害されることになります。

ここで，Dが遺留分を放棄したとしても，そのことによってCの遺留分は何の影響も受けません（1049条2項）。

(2) 相続開始後に相続の放棄がされた場合

CASE 20-4

Aには子として，長男B，次男C，三男Dの3人がいます。Aは，遺産をBだけに承継させる計画を立てて，Bに全財産を譲るという遺言をしました。Aが死亡して相続が開始しましたが，Cは相続を単純承認し，Dは相続を放棄しました。

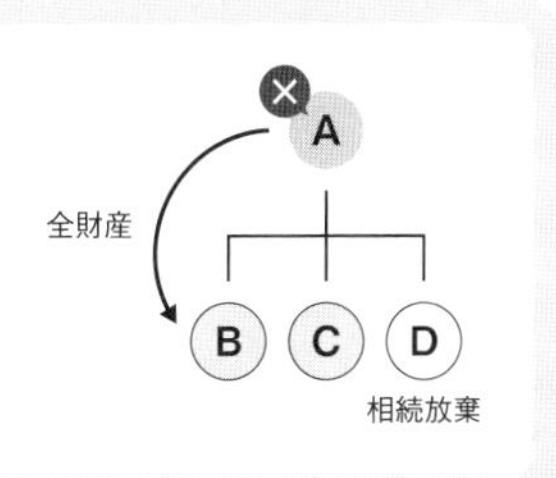

(1)と区別すべきなのが，相続を放棄して（938条），相続人でなくなったために，遺留分権利者でもなくなるという CASE 20-4 の場合です。

CASE 20-4 では，Dが相続を放棄したことによって，Cの法定相続分は，3分の1ではなく2分の1であることになります。そして，詳しくは 2 で説明しますが，Cの法定相続分が大きくなるほど，Cの遺留分額も大きくなります。したがって，Dが相続を放棄したことが，Cの法定相続分だけでなくCの遺留分にも影響を与えることになります。

 遺留分侵害額の計算方法

遺留分権利者の遺留分が侵害されているかどうかは，次のようにして判定しま

す（1046条2項）。

① その遺留分権利者の遺留分額を計算します。
② その人が被相続人からもらった財産の価額が，①の額よりも小さければ，差額分だけ，遺留分が侵害されています。

なお，財産の価額としては，相続開始の時における評価額を用います。

CASE 20-5 をもとにして，計算方法を見ていきましょう。

CASE 20-5

Aが死亡し，相続が開始しました。Aの相続人は，妻Bと子Cの2人です。Aの遺産に債務はなく，積極財産としては甲土地（価額4000万円）だけがありましたが，Aはこれを Cに遺贈していました。また，Aは，死亡の3年前に，Bに乙土地（相続開始時の価額1億6000万円）を贈与していました。

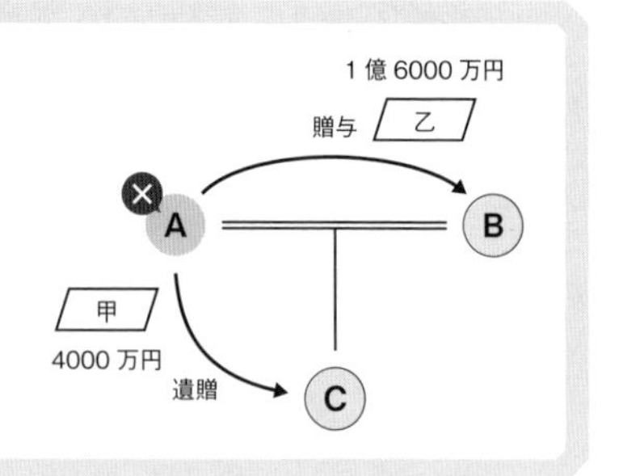

1 遺留分額の算定

まず，誰が遺留分権利者であるかを確認しておきましょう。BとCは，相続人であり，Aの兄弟姉妹ではありませんので，どちらも遺留分権利者です（1042条1項）。

計算式

では，Bの遺留分額はいくらになるでしょうか。遺留分額は，1042条によると，遺留分を算定するための財産（1043条。以下では「基礎財産」と呼びます）の価額に，1042条1項で規定されている割合（原則として2分の1。直系尊属のみが遺留分権利者である場合に限り，3分の1）をかけ，遺留分権利者が数人いる場合にはさらに法定相続分をかけて（1042条2項），算出します。

遺留分額 ＝ 基礎財産の価額 × 1/2（または1/3）（× 法定相続分）
1042条1項　遺留分権利者複数の場合

基礎財産の価額

1043条1項によると，基礎財産の価額は次のように計算します。

(1) 遺産の価額

まず，被相続人Aが相続開始時に有していた積極財産の価額から，Aが残した債務の全額を引きます。この計算により，Aの遺産の正味（しょうみ）の価額[2]が算出されます。

CASE 20-5では，Aが相続開始時に有していた積極財産は甲土地（価額4000万円）であり，債務はありませんので，Aの遺産の正味の価額は，4000万円－0＝4000万円です。

(2) 生前贈与の算入

(a) 算入の必要性　次に，Aの遺産の正味の価額に，Aが生前に贈与していた財産の価額を足します。Aが死亡して相続や遺贈によって取得したのでも，Aの生前に贈与によって取得したのでも，Aからもらったという点で違いはありません。そこで，基礎財産の価額の計算の際には，Aが生前に贈与していた財産も考慮するのです[3]。

(b) 算入される贈与の範囲　もっとも，1044条は，次の表のように，基礎財産の価額の計算の際に考慮すべき生前贈与の範囲を制限しています。

受贈者	原則	例外
相続人でない者	相続開始前の1年間にされた贈与の価額を加算（1044条1項前段）	被相続人と受贈者の両方が，遺留分権利者に損害を加えることを知って行った贈与の価額は，贈与の時期に関係なく加算（1044条1項後段）
相続人	相続開始前の10年間にされた贈与（婚姻もしくは養子縁組のためまたは生計の資本として受けたものに限る）の価額を加算（1044条3項）	

note

[2] 用語　正味の価額とは，積極財産（プラスの価額をもつ）と消極財産（マイナスの価額をもつ）のすべてをひっくるめた，実質的な価額のことです。例えば，ある人が4000万円の価額の土地を所有しているが，1000万円の借金がある場合に，その人がもっている正味の財産の価額は，4000万円－1000万円＝3000万円です。

[3] 説明　これは，特別受益の持戻し（903条1項。→第14章2）で，みなし相続財産の価額を計算するのと似た操作です。しかし，みなし相続財産の価額の計算の場合には，共同相続人間の実質的公平を図るという903条1項の規定の趣旨から，相続人に対する生前贈与だけを考慮します。これに対して，遺留分の基礎財産の価額の計算の場合には，1044条の規定に従い，相続人でない者に対する生前贈与も考慮します。

CASE 20-5では，基礎財産の価額の算出の際に，相続開始時の3年前にされたBへの生前贈与もカウントします。BはAの相続人だからです。したがって，基礎財産の価額は，4000万円＋1億6000万円＝2億円です。

遺留分額

ここまでくれば，遺留分権利者の遺留分額の計算は簡単です。Bの遺留分額を計算してみましょう。

まず，1042条1項で規定されている割合をかけます。その割合は，相続人が直系尊属のみである場合（実際にはあまり起こりません）に限り，3分の1で，それ以外の場合は2分の1です。CASE 20-5では，Aの相続人は妻Bと子Cですので，2分の1をかけることになります。

さらに，CASE 20-5では，遺留分権利者はBとCの2人なので，法定相続分の割合をかける必要もあります（1042条2項）。

したがって，

2億円 × 1/2 × 1/2 ＝ 5000万円

となり，Bの遺留分額は5000万円となります。Cの遺留分額についても計算は全く同じで，5000万円となります。

2　遺留分侵害額の算定

被相続人からもらった財産

次に，遺留分権利者が，被相続人からどれくらいの価額の財産をもらったのかを考えます。つまり，贈与や遺贈によって，または相続によって，被相続人から得た財産の価額を考えます。これが，1で計算した遺留分額（最低保障額）よりも少なければ，その遺留分権利者の遺留分が侵害されていることになります。

CASE 20-5では，Bが，Aから乙土地の贈与を受けており，相続開始時の価額は1億6000万円です。また，Cは，Aから甲土地の遺贈を受けており，相続開始時の価額は4000万円です。

遺留分の侵害の有無

これを，**1** で計算した遺留分額である 5000 万円と照らし合わせてみましょう。

B は 5000 万円を大きく上回る価額の乙土地を A から贈与されていますので，B の遺留分は侵害されていません。

しかし，C は，価額 4000 万円の甲土地しかもらっていません。つまり，C は，5000 万円－4000 万円＝1000 万円だけ，遺留分を侵害されています。したがって，C は，1048 条の期間内に遺留分侵害額の請求権を行使すれば，1000 万円の侵害額債権を取得することになります。

一般的な計算式

1046 条 2 項は，遺留分侵害額の一般的な計算式を次のように規定しています。

> 遺留分侵害額 ＝ 遺留分額 －〔遺留分権利者が受けた贈与または遺贈の価額（1 号）＋ 遺留分権利者が相続人として遺産分割で取得する積極財産の価額（2 号）－ 遺留分権利者が被相続人から承継する債務（遺留分権利者承継債務）の額（3 号）〕

下線部は，遺留分権利者が被相続人からもらえる財産の正味の価額を，一般的な形で示したものです。もっとも，CASE **20-5** は，B と C のあいだで遺産分割すべき遺産がなく，債務もないという単純な事例でしたので，下線部のうち「遺留分権利者が受けた……遺贈の価額」だけしか出てこなかったわけです。

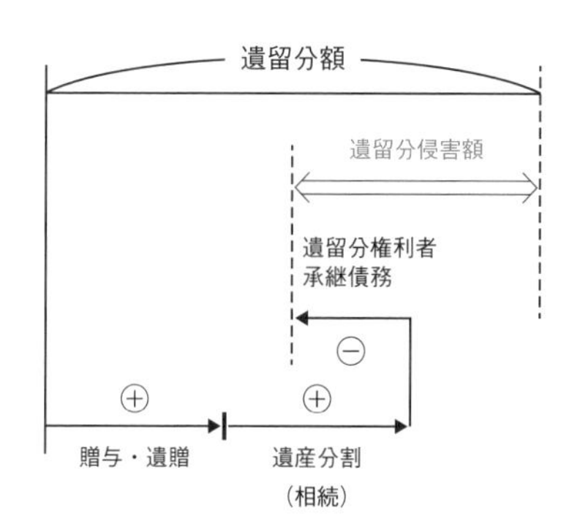

侵害額債権の実現

1　債務者

遺留分権利者は，誰に対して侵害額債権をもつのでしょうか。ここまで学んできたことを確認しながら，考えてみましょう。

CASE 20-6

Aが死亡して，相続が開始しました。Aには配偶者Bと，子C・Dがいましたが，Dは相続を放棄しました。Aの遺産に債務はなく，積極財産としては甲土地（価額6500万円）だけがありましたが，AはこれをBに遺贈していました。また，Aは死亡の半年前に，乙土地（相続開始時の価額1億3500万円）をDに贈与し，死亡の3年前に，4000万円の金銭をCに贈与していました。

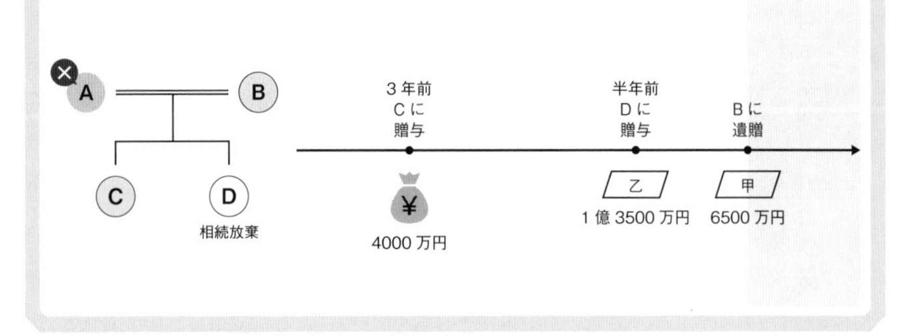

遺留分侵害額の計算（復習）

(1)　遺留分額の計算

CASE 20-6において，遺留分権利者となるのは，配偶者Bと，子Cの2人だけです。子Dは相続を放棄して，相続人ではなくなったため（939条），遺留分権利者でもなくなります（1042条1項）。

遺留分算定のための基礎財産の価額は，次のとおり，2億4000万円です。相続人でないDへの贈与は相続開始時から1年以内にされており（1044条1項），また，相続人であるCへの4000万円の贈与は相続開始時から10年以内にされているので（1044条3項），どちらも基礎財産の価額の計算の際に考慮されます。

6500 万円（土地甲）	＋1 億 3500 万円（土地乙）	＋4000 万円[4]（金銭）	＝2 億 4000 万円
遺産の正味の価額	半年前に D へ贈与	3 年前に C へ贈与	

B と C の法定相続分は，いずれも 2 分の 1 です。したがって，B と C の遺留分額（最低保障額）は，次のとおり，各 6000 万円となります。

2 億 4000 万円	× 1/2	× 1/2	＝6000 万円
基礎財産の価額	1042 条 1 項 2 号	1042 条 2 項	

⑵ 遺留分権利者がもらった財産の価額

次に，遺留分権利者が被相続人からもらった財産の価額を確認しましょう。

CASE 20-6 において，B は，A から甲土地の遺贈を受けています。また，A の唯一の遺産であった甲土地は B に遺贈されていて，遺産分割すべき財産が残っていませんので，C が A からもらったのは 4000 万円の金銭だけであることになります。

⑶ 遺留分侵害額の計算

⑴でみたとおり，B と C の遺留分額はそれぞれ 6000 万円です。そうすると，価額 6500 万円の甲土地をもらった B は，遺留分を侵害されていません。しかし，4000 万円の金銭をもらっただけの C は，6000 万円－4000 万円＝2000 万円だけ遺留分を侵害されています。したがって，C は，1048 条の期間内に遺留分侵害額の請求権を行使すれば，2000 万円の侵害額債権を取得します。

では，C は誰に対していくら支払を求めることができるのでしょうか。それを以下でみていきます。

侵害額債権の債務者

⑴ 債務者となりうる者――受遺者・受贈者

遺留分の侵害は，被相続人が無償の財産処分（遺贈や生前贈与）をした場合にだけ生じます（もっとも，無償の財産処分をすれば必ず遺留分の侵害という結果が生じる

note

[4] 発展 遺留分の計算の際にも，持戻しの計算（→第 14 章 2 1）と同じように，相続開始時における財産の価額を用います。CASE 20-6 では，C への贈与時と相続開始時とで，貨幣価値には一切変動がなかったものとします。

わけではありません)。ここで，遺留分の侵害を受けた遺留分権利者は，侵害という結果を生じさせた原因となる遺贈や生前贈与を特定して，それを受けた者（受遺者や受贈者）に対して遺留分侵害額の支払を求めることができることになっています。

(2) 具体的な確定方法

CASE 20-6 で，A から財産をもらったのは，受遺者 B と，受贈者 C・D です。では，2000 万円分だけ遺留分の侵害を受けた C は，誰に対していくらの侵害額債権をもつ（逆の側からみると，誰がいくらの侵害額債務を C に対して負う）ことになるのでしょうか。

この点を定めるのが，1047 条 1 項の規定です。その内容は，次のようにまとめられます。

(a) 財産処分の時点の確定　まず，被相続人がした無償の財産処分がどの時点でされたかを確定します。遺贈については，遺言をした時点ではなく，相続開始時にされた財産処分であるものと考えます。

(b) 時間順――相続開始時から近い順　そして，相続開始時から近い順に，侵害額債務を負います。したがって，受遺者と受贈者では，受遺者のほうが先に侵害額債務を負います（1047 条 1 項 1 号)。また，生前贈与が複数回された場合には，相続開始時により近い時点にされた贈与を受けた者が先に，侵害額債務を負います（同項 3 号)。

もっとも，受遺者や受贈者は，被相続人からもらった財産の価額（「遺贈……又は贈与……の目的の価額」）を超える額の侵害額債務を負わされることはありません（1047 条 1 項柱書)。もしそのようなことを認めてしまうと，受遺者や受贈者は，遺贈や贈与を受けたことで，かえって損をしてしまうことになるからです。

(c) 同じ時点でされた遺贈や贈与がある場合　複数の受遺者がいたり，同一時点で複数の者に対して贈与がされたりした場合には，各受遺者・受贈者は，被相続人からもらった財産の価額（「その目的の価額」）で比例配分した額だけ，侵害額債務を負います（1047 条 1 項 2 号)。例えば，遺留分侵害額が 3000 万円であり，3 人の者が各 2000 万円の金銭の遺贈を受けていた場合には，3 人の受遺者はそれぞれ 1000 万円の侵害額債務を負います。

具体例

以上のルールを CASE 20-6 にあてはめてみましょう。

(a) **時間順――第一順位**　A が無償での財産処分をした履歴を，過去にさかのぼっていく形で整理すると，相続開始時の B への甲土地（価額 6500 万円）の遺贈，半年前の D への乙土地（価額 1 億 3500 万円）の贈与，3 年前の C への 4000 万円の金銭の贈与の順になります。

(b) **負担の限度**　そうすると，遺贈を受けた B が，C の遺留分侵害額 2000 万円の全額を負担することになるのでしょうか。

しかし，B もまた，遺留分額 6000 万円の遺留分権利者であり，A からは甲土地（価額 6500 万円）をもらっただけです。ここで，B がさらに 2000 万円の侵害額債務を負わされてしまうと，B は正味では，遺留分額を下回る額しか A からもらわなかったことになってしまいます。

そこで，このような場合には，B は，6500 万円－6000 万円＝500 万円だけ払う義務を負えばよいことになっています（1047 条 1 項柱書で，受遺者または受贈者は，相続人でもある場合には，「遺贈……又は贈与……の目的の価額……から第 1042 条の規定による遺留分として……受けるべき額を控除した額……を限度として，遺留分侵害額を負担する」といっているのは，このような意味です）。B にも遺留分額である 6000 万円分は確保させる必要があるためです。

(c) **時間順――第二順位**　そうすると，C の遺留分侵害額 2000 万円のうち，まず，500 万円は B が負担することが決まりました。では，残りの 1500 万円は誰が負担するのでしょうか。

次に負担の順番がまわってくるのは，A 死亡の半年前にされた乙土地（価額 1 億 3500 万円）の贈与を受けた D です。D は遺留分権利者ではありませんので遺留分額もなく，1 億 3500 万円を限度として，遺留分侵害額を負担します。つまり，1500 万円の全額について侵害額債務を負わされても，特に問題はありません。

以上により，CASE 20-6 では，C の遺留分侵害額 2000 万円について，B が 500 万円，D が 1500 万円の侵害額債務をそれぞれ負うことになります。

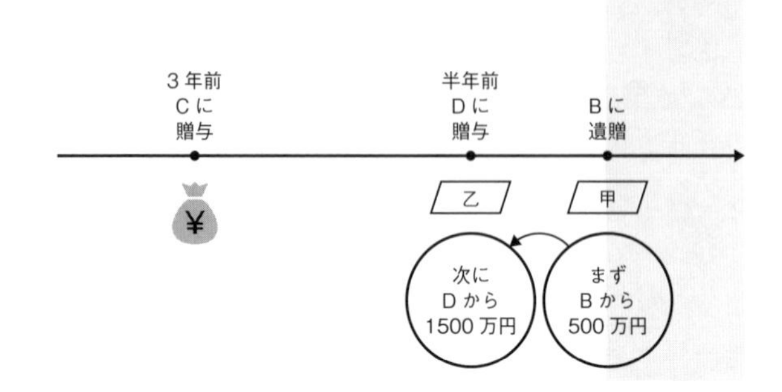

2 侵害額債権の実現を妨（さまた）げる事由

CASE 20-6 において，C が遺留分侵害額の請求権を行使する旨の意思表示をすると，C はその時から，B と D に対してそれぞれ 500 万円と 1500 万円の支払を請求することができます。これが原則です。

期限の許与

しかし，B や D は確かに A から土地をもらっていますが，すぐに C に支払うための現金を用意できるとは限りません。そこで，裁判所は，侵害額債権の債務者である B や D の請求により，相当の期限を許与して，支払の期限（弁済期）を先延ばしにすることができます（1047 条 5 項）。

債務者の無資力

CASE 20-7

CASE 20-6 において，B は，C から 500 万円の支払の請求を受けた頃には事業経営に失敗しており，めぼしい財産がなく，C に 500 万円を払える見込みがありませんでした。C は，A から乙土地を贈与されて財産的に余裕がありそうな D に，もとから D が負担すべき 1500 万円だけでなく，B が払うべきであった 500 万円も支払ってほしいと考えています。

C が B に対する 500 万円の侵害額債権をもっていても，B に十分な財産がないために（そのような状態を無資力といいます），実際には支払を受けられないこと

⇒4 巻第 7 章 3

があります。その場合に，Cは，他の受遺者や受贈者（CASE 20-7 だとD）に対して，本来はBが払うべきであった500万円も肩代わりして支払うよう，請求することができるでしょうか。

1047条4項は，受遺者または受贈者の無資力によって生じた損失は，遺留分権利者の負担に帰すると規定しています。これは，CASE 20-7 でいうと，Cは，Bから回収することができなかった500万円を，代わりにDに支払えと主張することはできないことを意味します。

1 遺留分という権利をもつ者を，遺留分権利者といいます。相続人は原則として遺留分権利者となりますが，被相続人の兄弟姉妹（889条1項2号）は遺留分権利者となりません（1042条1項）。

2 被相続人が無償の財産処分（遺贈や生前贈与）を行ったことにより，遺留分権利者が，被相続人から，最低保障額（遺留分額）を下回る価額の財産しかもらうことができていない場合に，その不足分の埋め合わせを金銭で受けられるようにすることが，遺留分制度の趣旨です。

3 遺留分権利者は，遺留分を放棄することができます（1049条1項）。遺留分を放棄しても，他の遺留分権利者の遺留分には影響を与えません（1049条2項）。

4 遺留分権利者が遺留分の侵害を受けているかどうかは，次のように判定します。
   ① まず，その人の遺留分額を計算します（1042条～1044条）。
   ② その人が被相続人からもらった財産の正味の価額が，①の額よりも小さければ，その差額だけ，遺留分が侵害されています（遺留分侵害額。1046条）。

5 遺留分の侵害を受けた遺留分権利者が，遺留分侵害額の請求権を行使すると（1048条），その侵害を生じさせる原因となった遺贈や贈与を受けた者に対する金銭債権（侵害額債権。1046条・1047条）が発生します。

6 侵害額債権の債務者となる受遺者や受贈者は，自分が被相続人からもらった財産の価額を超える額を支払う義務を負いません（1047条1項柱書）。

7 遺留分権利者は，侵害額債権の債務者が無資力であったために支払を受けることができない場合に，他の受遺者や受贈者に対して肩代わりを求めることはできません（1047条4項）。

CHAPTER

第21章 相続と登記

INTRODUCTION

⇒第19章6

本章では，相続あるいは遺贈により被相続人が残した不動産を取得した者が，第三者に対して所有権の取得を主張するためには登記が必要かという問題を扱います。以下では，2つの場面に分けて説明します。

相続により相続人が不動産を取得する場合

899条の2第1項

第1に，相続により相続人が不動産を取得した場合にどのようなルールが適用されるのかについて説明します。

遺贈により受遺者が不動産を取得する場合

177条

第2に，相続ではなく遺贈により受遺者が不動産を取得する場合に，どのようなルールが適用されるのかについて説明します。

1 相続により相続人が不動産を取得する場合

1 問題類型

相続により相続人が不動産を取得する場合にも，いろいろな場面があります。以下では，2つの場合に分けて説明します。

遺言がない場合

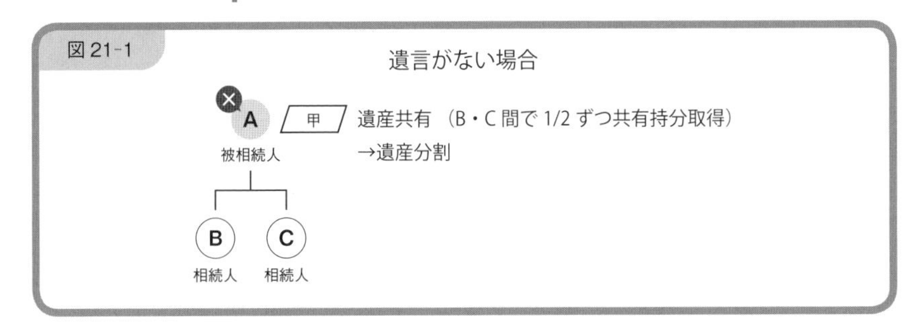

第1は，遺言がない場合です。この場合に，相続人が複数いるときは，被相続人の死亡により，共同相続人の間で遺産である不動産について法定相続分の割合で共有持分を取得します（898 条 2 項）。その後，通常は，共同相続人の間で遺産分割をすることにより，相続によりその不動産を取得する者が確定します。⇒第 16 章

遺言がある場合

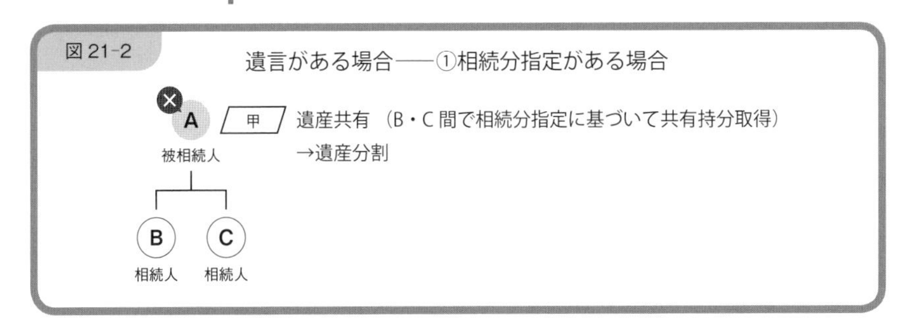

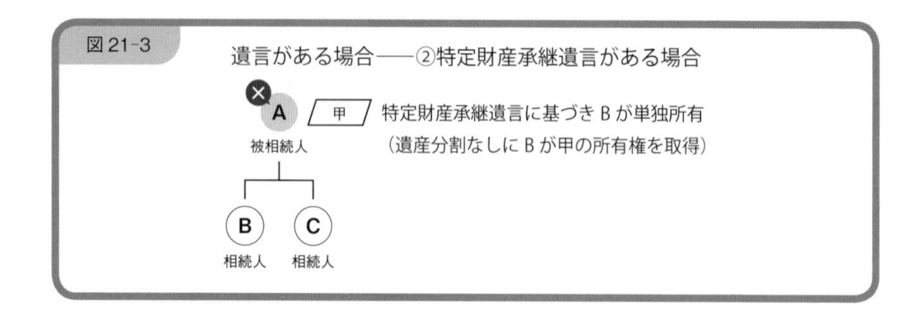

第2は，遺言がある場合です。ここでは，①被相続人が複数いる相続人の相続分を指定した場合（具体例は，CASE 21-4 で紹介します）と，②被相続人が相続財産のうち特定の不動産を特定の相続人に取得させる遺言（これを特定財産承継遺言といいます）を残した場合（具体例は，CASE 21-5 で紹介します）について説明します。

⇒第 19 章 4
⇒第 19 章 5 2

①の場合，共同相続人は，遺産に含まれる不動産について，指定された相続分の割合で共有持分を取得します（898 条 2 項）。その後，遺産分割により，その不動産を取得する者が決まります。②の場合，相続開始時に，特定財産承継遺言の名宛人（特定財産承継遺言の目的となった財産の譲受人）となった相続人が承継の対象となった不動産を取得します。この不動産は，遺産分割の対象とはなりません。

2 遺言がない場合

物権変動に関する一般ルール

物権の変動（物権を取得したり，失ったりすること。物権変動ともいいます）を第三者に主張する（これを対抗するといいます）ための一般ルールは，(ア)から(ウ)の 3 つのルールからなっています。

(ア) 物権変動は，変動原因（例えば意思表示）があるときは，その効力を生じます（176 条）。

その上で，177 条は，以下の 2 つのことを定めています。

(イ) 「第三者」は，物権変動があったことを認めないことができます。

(ウ) その場合でも，その物権変動について登記をそなえたときは，「第三者」に対しても，物権変動があったことを主張（対抗）することができます。

(イ)と(ウ)を組み合わせると，177条は，第三者の取引の安全の要請を考慮して，登記をしないと第三者に物権の変動を対抗できないというルールをもうけているといえます。

判例は，この177条について，次のような2つのルールを採用しています。

① 不動産に関する物権が変動した場合には，その変動した原因を問わず，登記をしなければ，その変動を第三者に対抗できません（大連判明治41年12月15日民録14輯1301頁）。
② 177条の規定する「第三者」は，登記がないことを主張する正当な利益を有する者に限られ，無権利者や不法行為者は「第三者」にあたりません（大連判明治41年12月15日民録14輯1276頁）。

相続を原因とする登記の方法

相続人が複数いる場合に，ある相続人が相続財産である不動産を遺産分割により取得するとき，次の2つの方法で登記をすることができます。

(1) 遺産分割前に登記を行う場合

第1に，2度に分けて登記をする方法があります。

まず，相続開始後，まだ遺産分割がなされていない段階で，その不動産について，相続を原因として共同相続人が法定相続分だけ持分を有していることを内容とする登記を行います（このように共有持分に応じた登記をすることを共有登記といいます）。

相続を原因とする登記については，相続人による単独申請ができます（不登63条2項）。この単独申請というのは，相続人が1人のときは，1人でできることを意味しています。相続人が複数いる場合の共有登記についても，共有物を維持するために必要であり共有者（ここでは共同相続人）全員の利益となる行為（このような行為を「保存行為」といいます）ですので，共有持分を持つ相続人の1人が単独で行うことができます（252条5項）。

続いて，遺産分割がされた後に，その不動産を単独で取得することになった相続人が，相続を原因として，被相続人から直接に不動産を取得したことを内容とする登記を行います。この場合，共有登記の修正という形をとります（これを「更正(こうせい)登記」といいます）。この更正登記は，不動産を単独で所有することになった相続人が単独で行うことができます。

(2) 遺産分割前に登記を行わない場合

第2に，遺産分割前は，相続を原因とする共有登記をせずに被相続人名義のままにしておき，遺産分割が終了した後に，その不動産を単独で取得することになった相続人が，被相続人から直接に不動産を取得したことを内容とする所有権移転登記を行うこともできます。この場合も，不動産を取得した相続人が単独で登記を行うことができます（不登63条2項）。

共同相続と登記

CASE 21-1

①被相続人Aが甲土地を残して死亡しました。相続人として，子B・Cがいました。②遺産分割がされる前に，Cが，甲土地について自分が単独で相続したと偽って登記をするとともに，第三者Dに甲土地を譲渡し，移転登記をそなえました。この場合に，Bは，甲土地について2分の1の共有持分を取得したことをDに対抗することができるでしょうか。

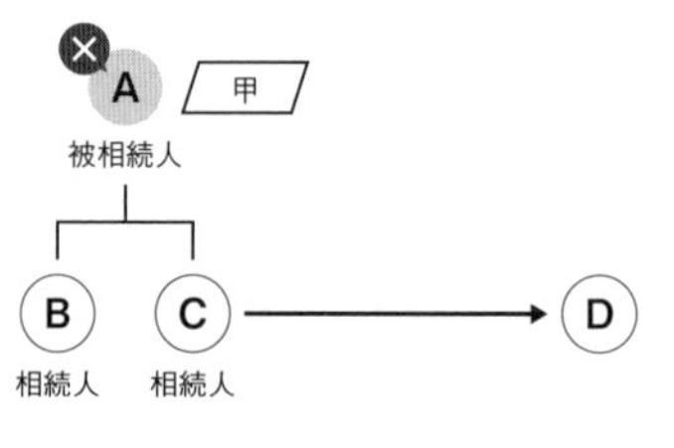

(1) 899条の2第1項が採用したルール

CASE 21-1 では，遺産分割がまだされていませんので，相続財産である甲土地をBとCが法定相続分の割合，つまり2分の1ずつの割合で共有持分を取得しています。それにもかかわらず，Cが甲土地を相続により単独で所有を取得したと偽って登記をしており，さらにDに譲渡して移転登記もそなえました。この場合に，Bは登記をそなえなくても持分の取得をDに主張できるかが問題となります。

2018年の民法改正により新設された899条の2第1項は，相続による権利の承継は，「次条〔第900条〕及び第901条の規定により算定した相続分を超える部分について」は，対抗要件（不動産については登記）をそなえなければ，第三者に対抗することができないとしています。900条・901条は法定相続分を定める規定ですので，上記の部分は，「法定相続分を超える部分について」はという意味になります。

これは，法定相続分にしたがった不動産物権の取得は，対抗要件をそなえなくても，第三者に対抗することができることを前提としています。これによると，Bは，登記がなくても，甲土地について相続により2分の1の持分を取得したことをDに対抗することができます。

⑵ このルールを採用した理由

899条の2第1項が採用したルールは，CASE 21-1 の場面でAの死亡により法定相続分の持分を取得することは，177条の「物権変動」，つまり第三者の取引の安全の要請を優先するべき物権変動にはあたらないこととしたものです。

このような扱いをなぜするかというと，ある不動産を遺産共有する際には，それぞれの共同相続人が個々の財産に対する法定相続分を取得することは，相続制度では当然に予定されており，取引の安全を害することになっても尊重されるべきものであると考えられているためです。

遺産分割と登記

CASE 21-2

①被相続人Aが甲土地を残して死亡しました。相続人として，子B・Cがいました。B・Cは遺産分割前に，甲土地について相続を原因とする共有登記をしました。②その後，B・C間で遺産分割が行われ，甲土地はすべてBが取得することとなりました。③しかし，Bが遺産分割にしたがった登記をする前に，Cは，甲土地について相続を原因とする共有登記が残っていることを利用して，甲土地について自分は2分の1の持分を持っていると偽って，Dにその持分を売却し，その持分の移転登記をそなえました。この場合，Bは，Dに対して，この移転登記を消す（これを「抹消（まっしょう）する」といいます）ことを求めることができるでしょうか。

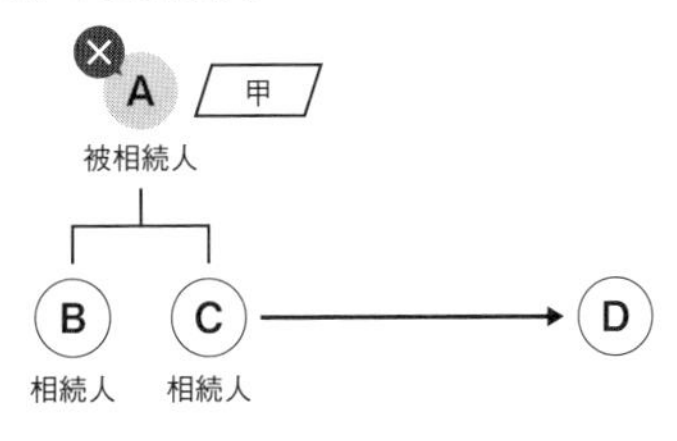

⑴ 899条の2第1項が採用したルール

899条の2第1項は，相続による権利の承継は，「遺産の分割によるものかどうかにかかわらず」――つまり遺産の分割による場合も含めて――，法定相続分を超える部分については，対抗要件をそなえなければ（不動産の場合は登記をそなえなければ），第三者に対抗することができないこととしています。

遺産分割をする前には，Bは，甲土地について，法定相続分である2分の1の持分を持っていました。しかし，その後，遺産分割により，Bは，甲土地を自分1人で（つまり単独で）所有することになりました。これは，甲土地について，Bが法定相続分を超える権利を承継したことを意味します。

したがって，899条の2第1項によると，Bは，登記をそなえなければ，Dに対して法定相続分を超える残りの2分の1の持分について権利を取得したことを対抗できないことになります。改正前の判例（最判昭和46年1月26日民集25巻1号90頁）も，同じ結論でした。

(2) このルールを採用した理由

なぜ，このような立場を採用したのでしょうか。相続開始時にCが取得する2分の1の法定相続分に対応する持分に着目してみましょう（下記の図も参照してください）[1]。

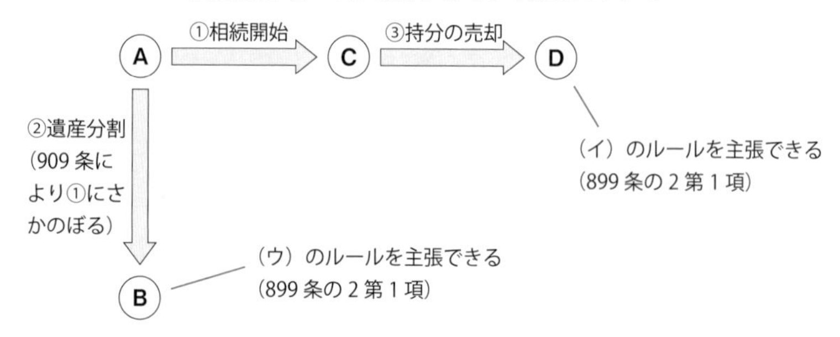

この持分は，甲土地のすべての持分をBが取得することを内容とする遺産分割により，相続開始時にさかのぼってAからBへと移転したものと扱われます（909条本文）。

もっとも，AからBへ遺産分割により物権を取得したことは，Bが物権の取

note

[1] 説明 DがCから譲り受けたのは，甲に対するCの持分であり，Bの持分ではありません。そのため，Bの持分に関してDは無権利者であり177条の「第三者」とはいえないので，Bは登記なくしてDに自らの持分を主張できます。

得を登記しない限り，Dにとっては分かりません。そこで，899条の2第1項は，取引安全の要請のために，Aという共通の者から物権を取得する原因（Aから相続により2分の1の持分を取得したCからDにその持分を譲渡するという意思表示）があるDは，遺産分割によりAからBへの物権の取得を認めないことができるという立場をとっています（**2** の冒頭で紹介した(イ)のルールが適用されます）。つまり，Dは，BがAから持分を取得したことを認めない結果として，Cが相続によりAからその持分を取得し，176条の意思表示によりDがCからその持分を取得することが可能になります。

その場合でも，Bが遺産分割によりCの持分に相当する分を取得したことについて先に登記をそなえたときは，相手方Dにその持分の取得を対抗することができます（**2** の冒頭で紹介した(ウ)のルールが適用されます）。

相続放棄と登記

CASE 21-3

①被相続人Aが甲土地を残して死亡しました。相続人として，子B・C・Dがいましたが，Dは相続放棄（⇒第12章）をしました。②その後，B・C間で遺産分割がされる前に，Dの債権者Eは，Dが債務を弁済しないので，甲土地についてB・C・Dが相続を原因としてそれぞれ3分の1の持分を取得したという共有登記[2]をして，甲土地のDの持分を差し押えました（差押えをしたことが登記されます）[3]。この場合に，B・Cは，Eに対して，Dは相続放棄をしているので，BとCのみが甲土地の所有権を取得しているとして，差押えは許されないと主張することができるでしょうか。

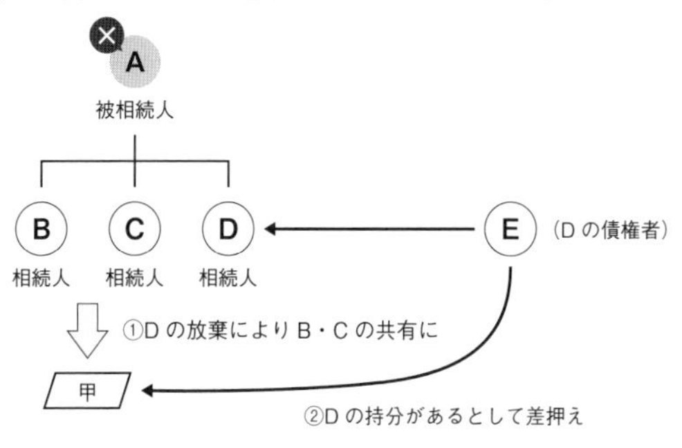

(1) 2018年改正前の判例

Dが相続放棄をする前は，甲土地についてB・C・Dは3分の1ずつの持分を持っていました。相続放棄により，Dは，初めから相続人とならなかったものとみなされます（939条）。したがって，Dの相続放棄により，B・Cは，相続の開始時に，相続により2分の1ずつの持分を取得したことになります。

もっとも，B・Cは，Dの相続放棄により，甲土地についてB・Cの持分が2分の1ずつになったことについて登記をしていません。このような場合に，B・Cは，Eに対して，登記をせずにそれぞれ2分の1の持分を取得したことを主張できるでしょうか。

2018年の民法改正前の判例（最判昭和42年1月20日民集21巻1号16頁）は，Dの相続放棄により，Dが相続の開始時から相続人でなかったことになるという効果は，誰に対しても登記なしに主張することができるとしています。

これによると，B・Cは，登記をしなくても，Dの相続放棄によって，相続の開始時から甲土地についてそれぞれ2分の1の持分を取得したことをEに対抗できます。したがって，B・Cは，Eに対して差押えは許されないと主張できることになります。

(2) 899条の2第1項が採用したルール

2018年の民法改正による899条の2第1項も，この結論を変更するものではありません。この規定は，相続による権利の承継は，法定相続分を超える部分については，対抗要件をそなえなければ第三者に対抗することができないとしています。

CASE 21-3では，Dが相続放棄をした後のB・Cの法定相続分は，それぞれ2分の1です。B・Cは，法定相続分を超える権利の取得に基づく主張をしていないことになります。したがって，B・Cは，Eに対して登記なくして自らが有

note

2 説明 Eは，Dに代わって，相続を原因とする共有登記をすることができます。その際に，債権者代位権（423条以下）という制度を用います。債権者代位権とは，債権者が自己の債権をきちんと履行される状態を確保する（これを「保全する」といいます）ため，債務者に代わって債務者に属する権利を行使する権利のことです（→4巻第7章）。Eは，甲土地について債務者Dが相続により取得した持分が登記されていないという理由で，Dに代わって登記をしています（不登59条7号）。

債権者代位権は，一般的には債務者の無資力（債務者の責任財産が債務の弁済をするのに十分ではなくなること）が要求されます（→4巻第7章 3）が，この場合は要求されません。その理由は次の通りです。Eは，甲土地のDの持分に対して強制執行をする前提としてこのような登記をしていますが，不動産に対して強制執行をする際，債務者が無資力であることは要求されていません。このため，強制執行の前提として登記を債務者に代わって行うことも，債務者の無資力は要求されないこととなっています（債権者代位権の転用〔→4巻第7章 5〕の一場面です）。

3 用語 差押えとは，債務者の財産に対する強制執行の第1段階として，あらかじめ債務者がその財産の財産を処分できないようにすることをいいます。

する甲土地の持分の取得を対抗することができます。

⑶　遺産分割と登記との関係

この「相続放棄と登記」の事例の解決法は，「遺産分割と登記」の事例の解決法とどういう関係にあるでしょうか。

(a)　**遺産分割と登記：遡及効の修正**　「遺産分割と登記」に関する CASE 21-2 では，909 条本文で遺産分割の効果は相続開始時にさかのぼると規定しているにもかかわらず，899 条の 2 第 1 項は，遺産分割により法定相続分を超える持分を取得した B は，登記をしなければその持分の取得を第三者 D に対抗できないこととしていました。

そして，そのようなルールを採用するのは，遺産分割がされたことは外からみて分からないので，取引安全の要請を優先するためでした。

(b)　**相続放棄と登記：遡及効の貫徹**　これに対し，「相続放棄と登記」に関する CASE 21-3 では，相続放棄がされたことは外からみて分からないとしても，取引安全の要請を劣後させるという立場をとっています。このような立場に基づいて 939 条の遡及効を修正することなく貫徹させています。

(c)　**遡及効を貫徹する理由**　このように，放棄後の B・C が法定相続分にしたがって甲土地の持分を取得することを保護するのはなぜでしょうか。次のような 2 つの理由が考えられます。

① 相続放棄は，相続する・しない自由を保護するための制度です。この自由を保護するために，相続人の相続放棄の意思は尊重されなければならないといえます。そうであれば，相続放棄をした者の債権者も，放棄者の法的地位を前提に権利行使をすることができるに過ぎないということができます。それだけ，相続する自由・しない自由を保護することは重要であると考えられているのです。

② CASE 21-3 の D の債権者である E の差押えを許した場合，D にとってみると，D は相続放棄により消極財産（被相続人が負っていた債務）は承継しないのに，積極財産（被相続人が有していたプラスの財産）については，取引の安全を考慮して，相続財産を D の債務の責任財産[4]とすることができることになります。相続放棄をしていない B・C は，消極財産を承継しなければならないので，B・C と D との間に不

note

[4] 用語　債務者が金銭債務を履行しない場合，債権者は，裁判所に対して，債務者の財産を差し押えて，その財産を競売（けいばい）することでお金に換え，そのお金を債権者に渡すよう求めることができます。この債務者に対する差押えや競売の対象となる財産を責任財産といいます。原則として，債務者の財産が債務者の責任財産となります。

公平が生じてしまいます。このような不公平が生じないようにするためには，取引の安全の要請を劣後させる必要があるといえます。

3 遺言がある場合

相続分の指定があったとき

CASE 21-4

①被相続人Aが甲土地を残して死亡しました。相続人として，子B・Cがいました。Aは，Bの相続分を3分の2，Cの相続分を3分の1と指定する遺言を残しました。②Cは，遺産分割前に，甲土地についてB・Cそれぞれ2分の1ずつ相続により取得したと偽って共有登記をした上で，第三者Dに甲土地の持分2分の1を自らの持分として譲渡し，持分の移転登記もそなえました。この場合に，Bは，甲土地について3分の2の共有持分を取得したことを，登記なくしてDに対抗することができるでしょうか。

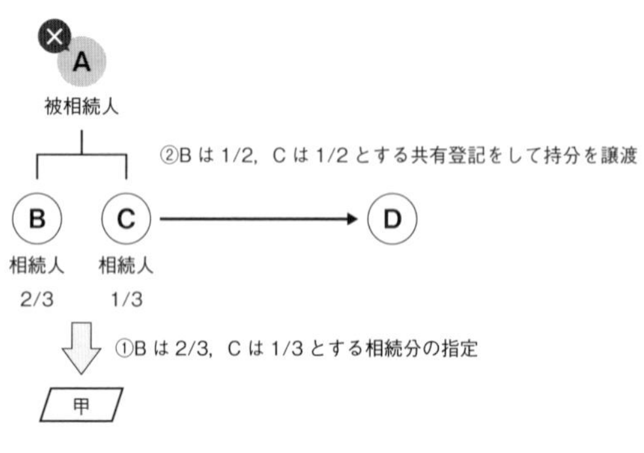

(1) 899条の2第1項が採用したルール

Aによる相続分の指定があったとき，BとCは，その指定された相続分にしたがった持分を取得します（902条1項）。

899条の2第1項は，相続による権利の承継は，「次条〔900条〕及び第901条の規定により算定した相続分を超える部分」，つまり法定相続分を超える部分については，対抗要件をそなえなければ，第三者に対抗することができないこととしています。

これによると，CASE 21-4のBは，相続分の指定により取得した3分の2の相続分のうち，2分の1の法定相続分を超える部分，つまり6分の1（2/3−1/2=1/6）の持分の取得については，その旨の登記をしていませんので第三者Dに対抗できないことになります。したがって，Bは，法定相続分に基づく2分の1しか甲土地の持分の取得を対抗することができません。

(2) このルールを採用した理由

CASE 21-1について説明した通り，法定相続分にしたがった権利の取得については，取引の安全を害してでも保護すべきであるといえます。

これに対して，相続分の指定があったことは外からみて分かりません。そのため，相続分の指定により法定相続分を超える持分を取得する者がいる場合には，第三者の取引の安全を優先する必要があるといえます。そこで，法定相続分を超える持分の取得を第三者に主張するのに登記を要求しているのです。

特定財産承継遺言があったとき

CASE 21-5

①被相続人Aが甲土地を残して死亡しました。相続人として，子B・Cがいました。Aは，甲土地をすべてBに相続させるという内容の遺言（特定財産承継遺言）をしていました。しかし，②Cは，甲土地についてB・Cそれぞれ2分の1ずつ相続により持分を取得したと偽って共有登記をした上で，第三者Dに甲土地の持分2分の1を譲渡し，移転登記もそなえました。この場合に，Bは，相続により甲土地を自らが単独で取得したことを，登記がなくてもDに対抗することができるでしょうか。

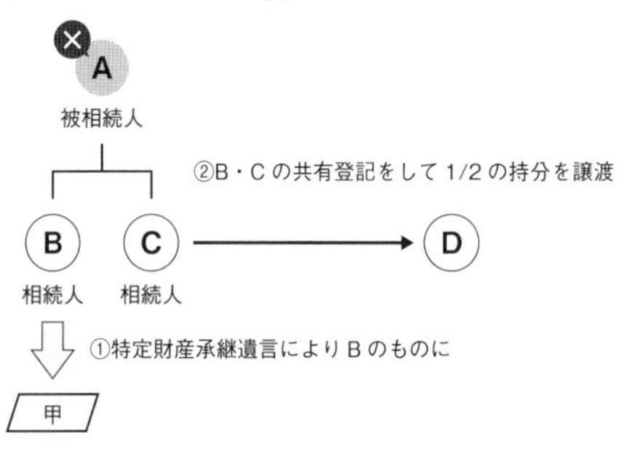

⇒第19章§2
特定財産承継遺言は，遺産分割をすることなく，相続開始時に甲土地の所有権を確定的に相続人の1人であるBに取得させる，という効果を持ちます。

ここでも899条の2第1項が適用され，法定相続分を超える部分の取得については，登記をしなければ第三者に対抗できないこととなります。

その趣旨は，特定財産承継遺言によって法定相続分を越える持分を取得することは外からみて分からないので，取引の安全を優先する必要があるというものです。

これによると，Bが特定財産承継遺言によって法定相続分を越える持分を取得したことは，その旨の登記をしていないため，第三者Dに対抗することができないこととなります。

 遺贈により不動産を取得する場合

1では，被相続人の死亡により，ある不動産が「相続」により承継された場合について説明してきました。次に，ある不動産が「遺贈」により承継された場合について説明します。

1 遺言執行者がいない場合

CASE 21-6

①被相続人Aが甲土地を残して死亡しました。相続人として，子B・Cがいました。Aは，甲土地をすべてDに遺贈しました（第19章6を参照）。②Dが遺贈について登記をする前に，Cは，甲土地についてB・Cそれぞれ2分の1ずつ相続により取得したという内容の共有登記をした上で，第三者Eに甲土地の持分2分の1を譲渡し，持分の移転登記もそなえました。この場合に，Dは，遺贈により甲土地を自らが取得したことを，Eに対抗することができるでしょうか。

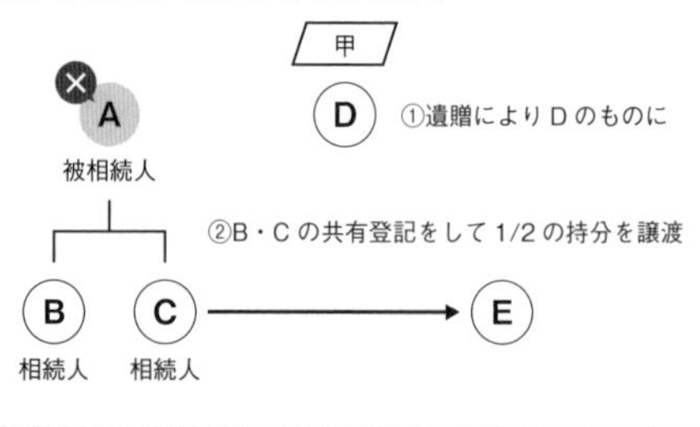

判例の立場

CASE 21-6のAは，Dに対し，甲土地を目的物とする特定遺贈[5]をしています。特定遺贈がされた場合，遺言者Aの死亡時に，甲土地の所有権は受遺者D

に移転します（大判大正5年11月8日民集22輯2078頁）。そこで，「遺贈」により甲土地の権利が移転した場合に，受遺者Dがこの権利の取得を第三者に対抗するのに登記を要するかが問題となります[6]。

899条の2第1項は，「相続による権利の承継は」と規定しています。これは，「遺贈による権利の承継」は除くという意味を持ちます。したがって，「相続による権利の承継」に関する特別のルールである899条の2第1項ではなく，不動産に関する権利の承継を第三者に対抗する場合に関する一般原則である177条が適用されます。

この場合，判例（最判昭和39年3月6日民集18巻3号437頁）は，登記がなければ遺贈による権利の取得を第三者に対抗することができない，としています。つまり，遺贈による権利の取得は177条が適用される物権変動にあたるため，Dが甲土地の遺贈による取得をEに対抗するには登記が必要となります。

判例の立場の説明

このルールは，次のように説明することができます。遺贈がされたことは外から見て分からないため，第三者の取引の安全を優先する必要があります。そこで，共同相続人の1人であるCから物権を取得する原因を有する第三者Eは，Dが遺贈により物権（Cが相続により取得した2分の1の持分）を取得したことを認めないことができることにしたのです。

2 遺言執行者がいる場合

CASE 21-7

①被相続人Aが甲土地を残して死亡しました。相続人として，子B・Cがいました。Aは，甲土地をすべてDに遺贈するとともに遺言執行者Eを指定しました。しかし，

⇒第19章⑦3

note

[5] 用語　特定遺贈とは，遺贈の対象を具体的に特定するものをいいます。

[6] 説明　相続人に対して不動産の特定遺贈がされた場合，この特定遺贈を受けた相続人は単独で所有権の移転登記を申請することができます（不登63条3項）。

これに対し，相続人以外の者に対して不動産の特定遺贈がされた場合，受遺者は遺贈義務者，すなわち相続人または遺言執行者を相手として移転登記を申請することができます。この場合，登記権利者（登記をすることにより直接利益を受ける者。この場合は受遺者）と登記義務者（登記をすることにより直接不利益を受ける者。この場合は相続人またはその代わりを務める遺言執行者）により共同で申請することになります（不登60条）。

②Cは，甲土地についてB・Cそれぞれ２分の１ずつ相続により取得したという内容の共有登記をした上で，第三者Fに甲土地の持分２分の１を譲渡し，移転登記もそなえました。この場合に，Dは，遺贈により甲土地を自らが取得したことを，登記なくしてFに対抗することができるでしょうか。

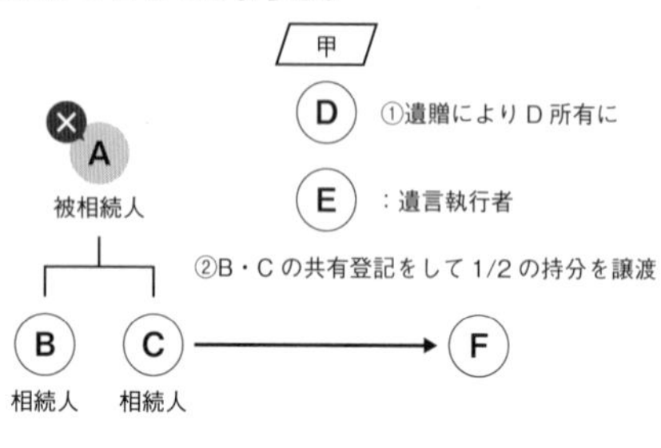

原　則

遺言執行者がいる場合，相続人は，相続財産の処分その他遺言の執行を妨げるべき行為をすることができません（1013条1項）。それにもかかわらず，上記の事例のように，Cが甲土地についての自己の持分を譲渡した場合，その行為は無効となります（1013条2項本文）。つまり，Fは，甲土地の所有権（2分の1の持分）を取得することができなくなります。

それゆえ，Fは，登記がないことを主張する正当な利益を有する177条の「第三者」とはなりません。したがって，Dは，登記をしていなくても，Fに対して遺贈により甲土地を取得したことを対抗できます（最判昭和62年4月23日民集41巻3号474頁）。

例　外

しかし，このルールには例外が認められています。1013条2項は，「ただし，これをもって善意の第三者に対抗することができない」と規定しています。例えば，FがC・F間の譲渡の時点で遺言執行者がいることを知らなかったとき，Dは，Fに対して，CからFへの持分の譲渡が無効であることを主張できません。

その結果，Fは，持分を取得する原因があることになり，177条の「第三者」にあたることになります。これにより，Dは，遺言執行者がいない場合と同じように，Cの持分については，登記がなければ遺贈による甲土地の取得をFに対抗することができなくなります。

POINT

1. ある不動産について遺産共有状態にあり，遺産分割が終わっていない場合，相続人は，法定相続分に対応する持分を取得したことを登記がなくても第三者に対抗することができます（899条の2第1項はこのような立場を前提としています）。
2. 遺産分割により，ある不動産について法定相続分を超える持分を取得した相続人は，登記をしないと遺産分割により法定相続分を超える持分を取得したことを第三者に対抗することができません（899条の2第1項）。
3. 共同相続人のうち相続放棄をした者がおり，その者が相続人でなくなった（939条）ために，放棄をしなかった相続人の不動産の持分が放棄前と比べて増加した場合，放棄をしなかった相続人は，相続放棄の結果有することになった法定相続分に対応する持分を取得したことを登記がなくても第三者に対抗することができます（最判昭和42年1月20日民集21巻1号16頁）。
4. 相続分の指定によりある不動産について法定相続分を超える持分を取得した相続人がいる場合，その相続人は，登記をしないと，法定相続分を超える持分を取得したことを第三者に対抗することができません（899条の2第1項）。
5. 特定財産承継遺言によりある不動産について法定相続分を超える持分を取得した相続人がいる場合，その相続人は，登記をしないと，法定相続分を超える持分を取得したことを第三者に対抗することができません（899条の2第1項）。
6. 特定遺贈によりある不動産を取得した受遺者がおり，遺言執行者がいない場合，その受遺者は，登記をしなければ，遺贈により不動産を取得したことを第三者に対抗することができません（177条）。
7. 遺言執行者がいる場合，相続人は，相続財産の処分その他遺言の執行を妨げるべき行為をすることができません（1013条1項）。ある不動産全体について特定遺贈がされるとともに遺言執行者が選任された場合，相続人がその不動産について持分の譲渡を行ったとしてもその譲渡は無効です（1013条2項本文）。ただし，持分の譲受人が遺言執行者のいることについて善意である場合，受遺者は，持分の譲渡が無効であることを持分の譲受人に対して主張することはできません（1013条2項ただし書）。

事項索引

あ　行

か　行

さ 行

た　行

な　行

は　行

ま 行

や 行

ら 行

わ 行

その他

判例索引

【有斐閣ストゥディア】

民法 7　家族

Civil Law 7

2023 年 12 月 25 日　初版第 1 刷発行
2024 年 10 月 10 日　初版第 2 刷発行

監修者　山本敬三
著　者　金子敬明
　　　　幡野弘樹
　　　　羽生香織
発行者　江草貞治
発行所　株式会社有斐閣
　　　　〒101-0051 東京都千代田区神田神保町 2-17
　　　　https://www.yuhikaku.co.jp/
装　丁　キタダデザイン
印　刷　大日本法令印刷株式会社
製　本　大口製本印刷株式会社
装丁印刷　株式会社亨有堂印刷所

落丁・乱丁本はお取替えいたします。定価はカバーに表示してあります。

Printed in Japan ISBN 978-4-641-15115-4